EVE

DICCIO PRÁCTICO

de

CONJUGACIÓN

-ar

A · · · Z

EVEREST

DICCIONARIOS

El Diccionario **Práctico de Conjugación** ha sido concebido y realizado por el equipo lexicográfico de Editorial Everest.

Coordinación editorial: José Cruz Rodríguez

Redacción y maquetación: Yolanda Lobejón

Revisión lexicográfica: Ana Cristina López

Diseño de cubierta: Jesús Cruz

TERCERA EDICIÓN

Carretera León-La Coruña, km 5 - LEÓN
ISBN: 84-241-1514-7
Depósito legal: LE. 108-2001
Printed in Spain - Impreso en España

EDITORIAL EVERGRÁFICAS, S. L.
Carretera León-La Coruña, km 5
LEÓN (España)

Presentación

Editorial Everest saca a la luz –dentro de su nueva colección de Diccionarios Prácticos– el *Diccionario de Conjugación*. Pero, ¿qué entendemos por conjugación? El diccionario de la RAE define este concepto como: «Serie ordenada de las distintas formas de un mismo verbo o comunes a un grupo de verbos de igual flexión, con las cuales se denotan sus diferentes modos, tiempos, números y personas.»

El presente diccionario está dividido en tres partes. La primera recoge un resumen conciso y completo de todas las cuestiones relacionadas con la conjugación y el verbo en general: las características morfológicas del verbo, las perífrasis verbales, los diversos valores de los tiempos verbales, la clasificación de los verbos, la conjugación verbal y sus irregularidades, así como el reflejo en el verbo de los diferentes tratamientos: tuteo, respeto y voseo. Todo acompañado de cuadros explicativos y múltiples ejemplos. La segunda parte presenta una colección de 89 modelos verbales de conjugación, mientras que la tercera y última, ofrece un listado, por orden alfabético, de aproximadamente 10 000 verbos en infinitivo, remitiendo cada uno de ellos a su respectivo modelo de conjugación.

Todas las irregularidades acentuales y ortográficas, o las simples modificaciones en las desinencias y raíces de los verbos, están recogidas en los 89 paradigmas verbales. Entre éstos, los modelos 1 y 2 corresponden a los verbos auxiliares. Los modelos 3 al 5 son los correspondientes a los verbos regulares. Del modelo 6 al 13 encontramos los verbos con irregularidad acentual. Los verbos con irregularidad ortográfica son los modelos del 14 al 22. Los modelos del 23 al 73 corresponden a los verbos irregulares. Por su parte los verbos que presentan irregularidad ortográfica junto con otro tipo de irregularidad –gramatical o acentual– son los modelos del 74 al 85. Por último los verbos defectivos son los que corrresponden a los modelos del 86 al 89.

¿A quién va dirigido este diccionario? Por lo anteriormente expuesto es fácil deducir que al público en general, pero principalmente quisiéramos que fuese un instrumento de consulta para todas aquellas personas que utilizan la lengua escrita como herramienta de trabajo y, en especial, para los estudiantes. Deseamos que este *Diccionario Práctico de Conjugación* sirva para el enriquecimiento lingüístico de sus usuarios y, de alguna manera, contribuya a la fecundidad y la exaltación de la expresión de nuestro fecundo idioma: el español.

EDITORIAL EVEREST

Índice

1. Introducción

1.1. El verbo

1.2. Características morfológicas del verbo

1.3. Valores de los tiempos verbales

1.4. Clasificación de los verbos

1.5. La conjugación verbal

1.6. Tratamientos

1. INTRODUCCIÓN

1.1. EL VERBO

En la formación de la oración intervienen dos sintagmas o grupos que cumplen dos funciones esenciales. El sintagma nominal sujeto que desempeña la función de sujeto –"persona o cosa de la cual decimos algo"– y el sintagma verbal que desempeña la función de predicado –"todo lo que decimos (predicamos) del sujeto"–. Para que una oración esté bien construida no es necesario que aparezcan explícitos todos sus elementos, bien porque son fácilmente deducibles por el contexto: (*yo*) *canté una canción romántica*, bien porque al hablante no le interesa detallarlos: (*yo*) *canté;* pero hay un elemento imprescindible para que exista oración, el verbo: *canté.*

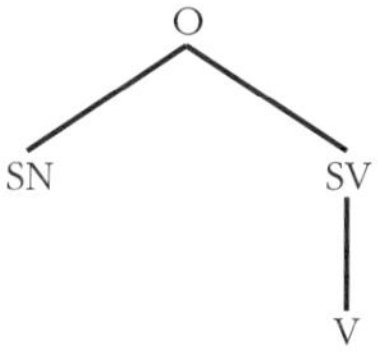

Se denomina verbo a una clase de palabras que indican la acción, la existencia o el estado de los seres, y que funcionan como núcleo del sintagma verbal. Admite variaciones para indicar el modo, tiempo, número, persona, aspecto y voz, mediante morfemas flexivos que se añaden al lexema o raíz verbal. Así, en *amábamos* encontramos una raíz *am-* y un conjunto de morfemas flexivos *-ábamos,* que indican que se trata de la primera persona del plural del pretérito imperfecto de indicativo del verbo *amar.*

1.2. CARACTERÍSTICAS MORFOLÓGICAS DEL VERBO

1.2.1. MORFEMAS VERBALES. LAS FORMAS PERSONALES

Los componentes básicos de un verbo son, por tanto, un lexema o raíz, que aporta el significado léxico, y los **morfemas flexivos o verbales**, que aportan la información gramatical. Respecto a los morfemas verbales es importante señalar la existencia de amalgamas morfemáticas, cuando un mismo morfema recoge diferentes valores morfemáticos. Ej.: *-aba* es un morfema de tiempo (pretérito), de modo (indicativo) y de aspecto (imperfecto).

Los morfemas verbales pueden ser:

A) **DE PERSONA**: indican las tres personas gramaticales, es decir, hacen referencia a cada uno de los elementos que intervienen en un acto de habla: hablante, oyente y lo que está fuera de ambos. Algunos lingüistas hablan de seis personas gramaticales y no de tres, relacionándolas con el número. Así la cuarta persona sería *nosotros*, la quinta *vosotros* y la sexta *ellos*.

• ***Primera persona***: la que habla (*yo*). El hablante coincide con el sujeto gramatical (*amo*).

• ***Segunda persona***: la que escucha (*tú*). El oyente coincide con el sujeto gramatical (*amas*).

• ***Tercera persona***: aquella de quien se habla (*él*). El sujeto gramatical no coincide ni con el hablante ni con el oyente (*ama*).

B) DE NÚMERO: indican cuántos realizan la acción.

• ***Singular***: la acción la realiza un solo ser (*yo corro*).

• ***Plural***: la acción la realizan dos o más (*nosotros corremos*).

Los morfemas que indican la persona y el número –también llamados **desinencias**– no pueden aislarse entre sí, por lo que deberíamos hablar de morfemas de "persona-número", de forma conjunta. Estos dos formantes no pertenecen a la estructura interna del verbo, ya que dependen de la concordancia exigida por el sujeto. Aunque existen algunas variantes, por ejemplo la desinencia *-mos* pierde las *-s* con el pronombre enclítico *nos* (*vámonos*); o se pierde la desinencia *-d* del imperativo ante el pronombre enclítico *os* (*amaos*) –excepto en el imperativo del verbo *ir* (*idos*)–, podemos encontrar las siguientes desinencias:

		DESINENCIAS		
		Generales	**Del perfecto simple**	**Del imperativo**
singular	1ª pers.	-	-	-
	2ª pers.	*-s*	*-ste*	
	3ª pers.	-	-	
plural	1ª pers.	*-mos*	*-mos*	*-d*
	2ª pers.	*-is*	*-steis*	
	3ª pers.	*-n*	*-ron*	

C) DE TIEMPO: indican la localización temporal de la acción verbal respecto al momento en que se habla. Según Andrés Bello, "el tiempo es una manera de concebir la realidad como un vector cuyo origen es el pasado y que se desarrolla progresivamente".

• ***Presente***: la acción se está realizando (*yo como*).

• ***Pretérito o pasado***: la acción se ha realizado ya (*yo comí*).

• ***Futuro***: la acción se realizará más tarde (*yo comeré*).

La utilización de estas formas temporales no es tan simple, ya que depende en gran medida de la "perspectiva temporal" que quiera dar el hablante a los hechos a los que alude. Por ejemplo, podemos utilizar el presente para referirnos a acciones o hechos que pueden ser anteriores y/o posteriores al acto de habla (*el sol sale por el este y se pone por el oeste*). Las formas del pretérito pueden aludir a acciones que se incluyen en el futuro (*corría en el próximo maratón, pero se ha puesto enferma*). Y el futuro puede señalar una posibilidad simultánea respecto del momento presente o de uno anterior (*será ya muy tarde*). La situación es aún más complicada en el subjuntivo, ya que las referencias temporales se desdibujan entre los diferentes matices con los que se presenta la acción. Así, el imperfecto de subjuntivo, por ejemplo, puede referirse a acciones pasadas, presentes o futuras.

D) DE MODO: indican la forma en que el hablante considera la acción verbal.

- ***Indicativo***: la acción se presenta con objetividad, como algo perteneciente a la realidad (*María se levanta*). El llamado modo ***potencial o condicional*** presenta la acción no como un hecho real, sino como una posibilidad (*comerías*). Actualmente, la mayoría de los lingüistas lo incluyen dentro del indicativo y no como un modo aparte, ya que su comportamiento es análogo al del resto de los tiempos de este modo verbal.

- ***Subjuntivo***: la acción se presenta subjetivamente, como un hecho dudoso, deseado, posible, etc. (*quizá María se levante*). Son muchos los valores que puede aportar el subjuntivo al enunciado. En oraciones independientes lo podemos encontrar señalando: deseo, concesión, mandato, ruego, consejo, duda. En oraciones subordinadas es el verbo de la principal el que expresa los diferentes valores.

- ***Imperativo***: la acción se presenta como un mandato, ruego, petición, etc. (*María, levántate*). La Real Academia Española sólo admite dos formas: la segunda persona singular (*ama*) y plural (*amad*). La primera persona singular no existe, ya que nadie se da órdenes a sí mismo. La primera persona del plural (*amemos*) y la tercera singular (*ame*) o plural (*amen*) tampoco pertenecen al imperativo, se toman prestadas del presente de subjuntivo –en los modelos aparecen estas formas dentro del imperativo por su frecuente uso con modalidad imperativa–. El uso del imperativo está restringido por una serie de condiciones: la acción debe situarse en el momento presente, su oración tiene que ser afirmativa –nunca negativa, ni interrogativa– y debe englobarse dentro del estilo directo (*le dijo: ven*). Cuando una de estas condiciones no se cumple aparecen de nuevo las formas verbales del subjuntivo (*no cantes; le dijo que viniera*). Esto ha llevado a considerar a algunos lingüistas que el imperativo no es un modo independiente, sino que forma parte del subjuntivo con unas características especiales.

E) DE ASPECTO: indican una perspectiva sobre la acción verbal, bien considerándola en su cumplimiento o bien en su desarrollo. El aspecto diferencia los tiempos perfectos o compuestos, más el pretérito perfecto simple, de los tiempos simples o formas verbales imperfectivas.

- ***Perfectivo o puntual***: se considera la acción en su cumplimiento, como acabada (*Sara comió mucho*).

- ***Imperfectivo o durativo***: se considera la acción en su desarrollo, sin contemplar su final (*Sara comía mucho*).

Algunos lingüistas consideran la existencia de otros tipos de aspecto: reiterativo, frecuentativo, iterativo, etc. Pero estos valores son en realidad semánticos. Generalmente afectan a toda la conjugación de un verbo –no oponen tiempos entre sí–, por ejemplo, el verbo *repicar* es reiterativo siempre. Otras veces estos valores dependen del contexto: *anduvo a los ocho meses* tiene un valor ingresivo –designa el comienzo de la acción–. Son los llamados ***modos de acción***. Los aspectos perfectivo e imperfectivo, en cambio, no dependen del contexto y sí que oponen los tiempos compuestos, más el pretérito perfecto simple, de los simples.

repicaba: reiterativo + imperfectivo
ha repicado: reiterativo + perfectivo

El aspecto carece de morfema exclusivo, generalmente aparece amalgamado con el tiempo y el modo. Al conjunto de estos morfemas la Real Academia Española lo denomina **características**. Cada uno de los modos contiene uno o varios tiempos, que a su vez comprenden formas simples y compuestas. Estas últimas se forman con el verbo auxiliar *haber* y el participio del verbo que se conjuga en la forma invariable *-do*. Existen diferentes propuestas terminológicas para esta clasificación, aunque quizá la más extendida es la que propone la Real Academia Española, consideramos importante señalar la propugnada por el famoso lingüista Andrés Bello, vigente en muchos países de América. Las variaciones a partir de estas terminologías son mínimas, añadimos la del lingüista Gili Gaya como ejemplo.

	Real Academia	**Andrés Bello**	**Gili Gaya**
INDICATIVO	Presente Pret. imperfecto Pret. perfecto simple Pret. perfecto compuesto Pret. pluscuamperfecto Pret. anterior Futuro (simple) Futuro perfecto Condicional Condicional perfecto	Presente Copretérito Pretérito Antepresente Antecopretérito Antepretérito Futuro Antefuturo Pospretérito Antepospretérito	Presente Pret. imperfecto Pret. perfecto absoluto Pret. perfecto actual Pluscuamperfecto Antepretérito Futuro absoluto Antefuturo Futuro hipotético Antefuturo hipotético
SUBJUNTIVO	Presente Pret. imperfecto Pret. perfecto Pret. pluscuamperfecto Futuro (imperfecto) Futuro perfecto	Presente Pretérito Antepresente Antecopretérito Futuro Antefuturo	Presente Pret. imperfecto Pret. perfecto Pluscuamperfecto Futuro hipotético Antefuturo hipotético
IMPERATIVO	Presente	Presente	Presente

F) DE VOZ: indican si el sujeto realiza la acción o la padece.

•***Activa***: el sujeto es agente –la causa activa de la acción– (*yo escribo*).

•***Pasiva***: el sujeto es paciente y el agente es otro, que puede o no ir expreso (*yo soy amado*). La relación entre el sujeto y el predicado no se modifica, pero psicológicamente cambia el punto de vista del que habla. Se construye con el verbo *ser* seguido del participio del verbo que se conjuga. El productor de la acción o complemento agente se añade al verbo por medio de la preposición *por* (*la actriz fue aplaudida por el público*). La llamada ***pasiva refleja*** se forma con el verbo en 3ª persona, precedido de la partícula *se*; el sujeto paciente debe concordar con el verbo (*se venden pisos*). En general, el español tiene preferencia por la construcción activa, aunque a veces las circunstancias imponen el uso de la pasiva, cuando el agente es desconocido o indiferente, o cuando hay una voluntad de omitirlo. Pero, incluso en estos casos, las llamadas oraciones de pasiva refleja e impersonales hacen retroceder cada vez más el empleo de la pasiva. La Real Academia Española habla también de una pasiva con *estar* (*está prohibido por las autoridades pisar el césped*). Con *estar* la acción se da como terminada y cumplida antes del tiempo que indica el verbo auxiliar. La preferencia por uno u otro verbo depende en cada caso del significado del participio y de la acepción en que se use.

1.2.2. MORFEMAS DERIVATIVOS. LAS FORMAS NO PERSONALES

Además de los morfemas verbales o flexivos, las raíces verbales también admiten morfemas derivativos con los que se forman las llamadas **formas no personales de los verbos**: infinitivo, gerundio y participio. Estas tres unidades se caracterizan por estar desprovistas de los morfemas propios de las otras formas verbales. También se denominan "formas nominales del verbo" ya que funcionan como sustantivos, adverbios y adjetivos, respectivamente, aunque no por ello pierden las funciones propias del verbo, pudiendo convertirse en núcleo de una proposición oracional y llevar complementos como cualquier otra forma verbal (*escribir cartas; escribiendo cartas*).

INFINITIVO: es un sustantivo verbal masculino		
Terminación	am**ar** (1ª) tem**er** (2ª) part**ir** (3ª)	
Función sintáctica	Verbo	Al *salir* de casa... (N. del pred.)
	Sustantivo	Quiero *cantar*... (O. D.)
GERUNDIO: es un adverbio verbal		
Terminación	am**ando** (1ª) tem**iendo** (2ª) part**iendo** (3ª)	
Función sintáctica	Verbo	*Haciendo* eso... (N. del pred.)
	Adverbio	Se marchó *llorando*... (C. C.)
PARTICIPIO: es un adjetivo verbal		
Terminación	am**ado** (1ª) tem**ido** (2ª) part**ido** (3ª)	
Función sintáctica	Verbo	*Acabado* el libro...(N. del pred.)
	Adjetivo	Juan es *agradecido*... (Atributo)

A) **EL INFINITIVO**: derivado verbal cuyas funciones van desde núcleo de una proposición subordinada (*el profesor nos mandó hacer un trabajo sobre el verbo*), núcleo de oraciones independientes (*¡a callar!*) y núcleo de un sintagma nominal (*querer es poder*), coincidiendo sus funciones en este caso con las del sustantivo, incluso puede aparecer con artículo y/o adyacentes (*el murmurar de la fuente*). Así, lo podemos encontrar como sujeto (*estudiar puede ser divertido*), complemento directo (*quiero ser veterinaria*), atributo (*querer es poder*), complemento circunstancial (*vinieron para jugar con nosotros*), etc. También puede llevar complementos como cualquier otra forma verbal (*te vendrá bien salir con tus amigos al cine*) e incluso puede tener su propio sujeto, aunque no tenga marcas concordantes con él (*al llegar yo, él se fue*).

Existe un infinitivo simple y otro compuesto, que se forma con el infinitivo del verbo auxiliar *haber* y el participio del verbo conjugado (*haber amado*). La diferencia entre ambos es que el simple sitúa la acción en un momento determinado, mientras que el compuesto la sitúa en un momento anterior a éste (*aprobé por haber estudiado mucho*).

B) **EL GERUNDIO**: derivado verbal cuyas funciones coinciden con las del adverbio, por lo que puede aparecer como complemento circunstancial en una oración (*acabó llorando*), como adyacente de un sintagma nominal (*Elena, mirándole a los ojos, le dijo que no*) o como núcleo de una proposición subordinada en función de complemento circunstancial (*no llegaremos nunca, yendo tan despacio*). Puede llevar complementos (*saliendo de casa esta tarde, me encontré con Javier*) y sujeto (*no estando mis padres, debo cuidar a mi hermano*). El gerundio aporta un sentido de duración a la acción, lo cual supone la simultaneidad de las acciones.

También existe un gerundio simple y otro compuesto. El compuesto se forma con el gerundio del verbo auxiliar *haber* y el participio del verbo conjugado (*habiendo amado*), añade al sentido de duración la anterioridad (*habiendo acabado de estudiar, me fui al parque*).

C) **EL PARTICIPIO**: derivado verbal cuyas funciones coinciden con las del adjetivo. Los participios tienen variación de género y número (*amado / amada*), dependiendo del sustantivo con el que están relacionados y con el cual concuerdan (*las mujeres nombradas*), también admiten gradación como el adjetivo (*más amado / menos amado*), incluso pueden sustantivarse (*el nombrado / la nombrada / lo nombrado*). Pueden funcionar como adyacentes de un sustantivo (*el público, aburrido del espectáculo, abandonó la sala*), atributos (*este trabajo es muy cansado*) y predicativos (*se quedó satisfecho con sus explicaciones*). Como el resto de las formas no personales, el participio también puede llevar complementos o sujeto (*llegado el momento de la separación, se despidieron con un simple adiós*), este ejemplo se corresponde con las llamadas ***construcciones absolutas***, cuya función es la de complemento circunstancial.

Recordemos que el participio también participa en la formación de las formas compuestas del verbo (*he amado*) y de la voz pasiva (*soy amado*). No existe el participio compuesto.

1.2.3. PERÍFRASIS VERBALES

Las formas no personales del verbo pueden formar, además, las llamadas **perífrasis verbales** (*rompió a llorar, está cansado, viene cantando...*), sintagmas compuestos por un verbo auxiliar "desemantizado" –el cual ha perdido gran parte de su significado– y conjugado, más un infinitivo, gerundio o participio –que aportan el significado a la estructura– a veces puede aparecer entre ellos una preposición de unión –sólo con el infinitivo–. El verbo auxiliar, además de expresar persona, número, tiempo, modo y aspecto, matiza "el modo de acción" de la forma no personal, consiguiendo que la unión entre ambas formas verbales constituya una auténtica unidad léxica, unidad que aporta un nuevo rasgo semántico. Si comparamos la acción que designa el verbo *escribir* solo, con las locuciones *tener que escribir, estar escribiendo* e *ir a escribir,* notaremos que, en las perífrasis, al concepto de la acción designada por el verbo se le añadan ciertos matices: obligación en la primera, duración en la segunda y voluntad de ánimo para ejecutar la acción en la tercera. La multitud de posibilidades de combinación de estos elementos dan al idioma una gran variedad de formas para expresar los más diversos matices aspectuales de la acción verbal. Hay que resaltar que la unidad es sólo de carácter semántico no sintáctico.

Las perífrasis de infinitivo están más marcadas por un carácter progresivo, las de gerundio por un carácter durativo y las de participio por un carácter terminativo. Los diferentes valores de las perífrasis permiten una clasificación muy diversa, como la que el lingüista Roca Pons plantea en el siguiente cuadro:

PERÍFRASIS VERBALES	**progresivas**	**incoativas**	*ir a* + infinitivo *pasar a* + infinitivo *echar a* + infinitivo
		terminativas	*venir a* + infinitivo
		aproximativas	*venir a* + infinitivo
		reiterativas	*volver a* + infinitivo
		obligativas	*haber de* + infinitivo *haber que* + infinitivo *tener que* + infinitivo
		hipotéticas	*deber de* + infinitivo
	durativas		*estar* + gerundio *ir* + gerundio *venir* + gerundio *seguir* + gerundio *andar* + gerundio
	perfectivas		*venir a* + infinitivo *llegar a* + infinitivo *acabar de* + infinitivo *alcanzar a* + infinitivo *llevar* + participio *tener* + participio *traer* + participio *quedar* + participio *dejar* + participio *estar* + participio *ser* + participio

1.3. VALORES DE LOS TIEMPOS VERBALES

Los tiempos verbales se dividen según su aspecto, como ya hemos visto, en: perfectivos –se considera la acción acabada– e imperfectivos –se considera la acción en su desarrollo–. Pero existe otra clasificación: **tiempos absolutos** –se emplean en oraciones independientes– y **relativos** –deben ponerse en relación con otras formas verbales para que la oración tenga sentido, en estos casos hay que tomar como referencia, no el presente, sino el tiempo que aparece en el discurso–.

1.3.1. DEL INDICATIVO

A) PRESENTE: es un tiempo absoluto e imperfectivo; no expresa, en principio, ni pasado ni futuro. Es la forma no marcada en las oposiciones temporales, no tiene ni la marca [+pretérito] ni la marca [+futuro], lo que le permite aparecer con valores muy diversos:

- ***Presente actual o momentáneo***: la acción coincide exactamente con el momento en que se habla (*voy al mercado*).

- ***Presente habitual***: la acción, aunque no se esté produciendo exactamente ahora, ocurre habitualmente (*el autobús pasa por aquí todos los días*).

- ***Presente durativo***: la acción se realiza mientras se está hablando, pero comenzó antes y continuará después (*habla sin cesar*).

- ***Presente gnómico o de experiencia***: la acción vale no sólo para ahora, sino para cualquier momento. Es el presente que aparece en máximas, refranes, sentencias, etc. (*más vale pájaro en mano que ciento volando*).

- ***Presente histórico o narrativo***: la acción tiene lugar en el pasado, se utiliza para dar más fuerza a lo narrado, actualizándolo (*Colón descubre América en el año 1492*).

- ***Presente de conato***: se refiere a una acción pasada que estuvo a punto de ocurrir, pero no se produjo (*casi me caigo*).

- ***Presente-futuro***: trata de acercar al momento presente lo que está por venir (*ahora mismo salgo*).

- ***Presente de mandato***: tiene valor de futuro, pero con un matiz de obligatoriedad (*vas a estudiar ahora mismo*).

B) PRETÉRITO IMPERFECTO: es un tiempo relativo e imperfectivo. Expresa una acción inacabada o imperfecta con una gran amplitud temporal, lo cual le hace muy útil para las narraciones y descripciones. El otro tiempo con el que se relaciona puede ser también un imperfecto (*si ella hablaba, él escuchaba absorto*), en este caso además las acciones son paralelas, pero también puede tratarse de una acción continua que es cortada por otra (*cuando apareciste, estaba estudiando*).

•***Imperfecto de apertura***: aparece al comienzo de un relato, de ahí su nombre, en vez del pretérito perfecto simple, más adecuado por su significación (*amanecía cuando llegó el tren a la estación*).

•***Imperfecto de cierre***: aparece después de uno o varios pretéritos perfectos, como elemento que aporta variedad al discurso (*cenamos, fuimos al cine y a bailar, y horas después llegábamos a casa muertos de cansancio*).

•***Imperfecto de conato***: la acción se convierte en un intento, pues no llega a realizarse (*ya me iba, pero pueden pasar*).

•***Imperfecto de cortesía***: tiene valor de presente, pero evita la posible brusquedad de una petición, ruego o pregunta (*¿qué deseaba usted?*).

•***Imperfecto de opinión***: rebaja también el tono, en este caso de una opinión, la acción no se refiere exclusivamente al pasado, sino que continúa en el presente (*merecía aprobar*).

•***Imperfecto-futuro en las oraciones condicionales***: en el lenguaje coloquial sustituye al condicional (*si me lo pidiera, yo aceptaba encantada*).

C) **PRETÉRITO PERFECTO SIMPLE (O INDEFINIDO) Y COMPUESTO**: los dos son tiempos absolutos y perfectivos –recordemos que el pretérito perfecto simple es el único tiempo simple con aspecto perfectivo–. La diferencia entre ambos es que el primero expresa una acción acabada en una unidad de tiempo que ya ha pasado para el hablante (*ayer fui al cine*), mientras que el segundo expresa una acción acabada en una unidad de tiempo que todavía no ha terminado para el hablante (*hoy he ido al cine*). A menudo se producen interferencias entre ambas formas, bien por un uso inadecuado, bien por un uso regional –en Asturias y Galicia predomina el uso del pretérito perfecto simple, ya que tanto el asturiano como el gallego no utilizan la forma compuesta–, bien para producir determinados efectos, como dar más relieve a la acción. A veces influye más el tiempo psicológico que el cronológico (*el accidente ocurrió esta semana / el accidente ocurría ayer*).

•***Negación en el presente***: el pretérito perfecto simple puede sugerir negación (*esta casa fue mía*, sugiere que ya no lo es).

•***Extensión hacia el futuro***: ambos tiempos pueden referirse al futuro, pero se trata de un futuro muy inmediato (*¡por fin!, ya llegué* –cuando estamos a punto de llegar a un sitio–; *en unos días he acabado el trabajo y nos iremos*).

D) **PRETÉRITO PLUSCUAMPERFECTO**: es un tiempo relativo y perfectivo, presenta una acción anterior a otra también pasada, que a su vez se expresa a través de otro pretérito absoluto (*cuando llegaron, ya se había ido todo el mundo*). Se puede emplear en vez del perfecto simple para indicar la rapidez con que se ha producido una acción (*sacó los caramelos y, al momento, habían desaparecido todos*). A veces, también puede expresar un tiempo remoto sin ninguan referencia a otro momento del pasado (*eso ya lo había dicho yo*).

•***De cortesía***: tiene valor de presente, pero evita la posible brusquedad de una petición, ruego o pregunta (*señor, había pensado pedirle...*).

•***En las oraciones condicionales***: en el lenguaje coloquial sustituye al condicional perfecto (*si hubiera tenido dinero entonces, me había comprado la moto*).

E) **PRETÉRITO ANTERIOR**: es un tiempo relativo y perfectivo, expresa una acción inmediatamente anterior a otra también pasada. La diferencia con el pluscuamperfecto es la proximidad de los hechos (*se fueron cuando hubo acabado la conferencia*). Este rasgo de inmediatez también se consigue a través del pluscuamperfecto y del perfecto simple junto con adverbios o locuciones adverbiales del tipo: *apenas, en cuanto, tan pronto como, así que*, etc., que aportan ese matiz (*se fueron apenas había acabado la conferencia / se fueron en cuanto acabó la conferencia*). Por ello, el pretérito anterior ha caído en desuso y no aparece casi nunca en el lenguaje coloquial.

F) **FUTURO**: es un tiempo absoluto e imperfectivo, expresa acción futura en relación con el tiempo en que hablamos, sin precisar el momento (*mañana será otro día*).

•***Apelativo***: expresa un mandato (*esta tarde harás todos tus deberes y después te irás a la cama*). Puede sustituir al imperativo en oraciones negativas e interrogativas, resaltando el valor obligativo aún más (*no matarás*).

•***Conminatorio***: expresa una amenaza (*me las pagarás*).

•***Probabilidad***: expresa una hipótesis o conjetura (*serán las cinco*), a menudo con un matiz de incertidumbre (*¿tendremos suficiente leña?*).

•***Cortesía***: atenúa la posible brusquedad de una pregunta, ruego, etc. (*¿será usted tan amable de indicarme...?*).

•***Concesivo***: formando oraciones concesivas –oraciones subordinadas que denotan un obstáculo para el cumpliemnto de la principal– (*será muy inteligente, pero no lo demuestra*).

•***Sorpresa***: expresa sorpresa ante algo (*¿será posible?*).

G) **FUTURO PERFECTO**: es un tiempo relativo y perfectivo, indica una acción futura y acabada, anterior a otra también futura (*cuando llegues, yo me habré marchado ya*).

•***Probabilidad***: expresa una hipótesis o conjetura (*¿habrá salido ya?*).

•***Sorpresa***: expresa sorpresa ante algo (*¡habráse visto!*).

H) **CONDICIONAL**: es un tiempo relativo e imperfectivo, expresa una acción futura con respecto al pasado, independientemente de que se cumpla en el presente, pasado o futuro en relación con el momento en que se habla (*pensaba que no llegarías nunca*).

•***Oraciones condicionales***: aparece en la apódosis o principal, nunca en la prótasis o subordinada. En este tipo de oraciones pierde el valor de futuro del pasado, en el ejemplo expresa futuro con respecto al tiempo actual.

si llegas pronto esta tarde (prótasis), *podríamos ir al cine* (apódosis)

•***Probabilidad o hipótesis***: es uno de sus rasgos semánticos fundamentales, puede referirse al pasado (*serían las cinco cuando llegó*) o al futuro (*no sería extraño que mañana nevara*).

•***De permiso o concesión***: deriva de su valor de hipótesis y marca una negativa en el presente de algo que se afirma en el pasado (*sería muy guapo en sus tiempos, pero ahora...*).

•***De conato***: también derivado de su valor hipotético (*iría encantada, pero tengo mucho trabajo*).

•***De cortesía***: evita la posible brusquedad de una petición, ruego o pregunta (*sería usted tan amable de...*).

I) CONDICIONAL PERFECTO: es un tiempo relativo y perfectivo, expresa una acción futura respecto de un momento del pasado, anterior a otro momento que se señala en la oración (*me dijiste que, cuando llegara, ya habrías acabado tu trabajo*).

•***En las oraciones condicionales***: puede aparecer en la apódosis como el condicional simple (*si hubieses llegado pronto, habríamos ido a dar un paseo*).

•***Probabilidad o hipótesis***: es uno de sus rasgos semánticos fundamentales, como el condicional simple, pero sólo con respecto al pasado (*habrían dado las cinco, cuando llegamos a comer*).

•***De cortesía***: evita la posible brusquedad de una petición, ruego o pregunta, es poco frecuente (*habría querido pedirle...*).

1.3.2. DEL SUBJUNTIVO

A) PRESENTE: es un tiempo relativo e imperfectivo, expresa indistintamente presente o futuro, nunca pasado, por tanto puede indicar tanto simultaneidad (*temo que venga*) o posterioridad (*le diré que venga mañana*) en relación a otra acción.

•***Duda***: formando oraciones dubitativas (*tal vez apruebe*).

•***Deseo***: formando oraciones desiderativas (*¡ojalá apruebe!*).

•***En sustitución del imperativo***: aparece en el estido indirecto, en la formulación negativa de un ruego o una orden, etc. (*os ordeno que os vayáis ahora mismo / no os vayáis todavía, aún no he acabado*).

B) **PRETÉRITO IMPERFECTO**: es un tiempo relativo e imperfectivo, su referencia temporal es más amplia que la del presente, ya que también puede indicar pasado, es decir, anterioridad con respecto a otra acción (*le dije que viniera*). También puede expresar los mismos matices –duda, deseo, etc.– que el presente, pero reforzados (*¡ojalá aprobara!*). Por tanto, el presente y el imperfecto cubren una misma zona temporal –la del presente y la del futuro–, el empleo de una u otra forma depende del matiz que queramos dar a la oración:

aunque me lo pida no lo haré
aunque me lo pidiera no lo haría

La diferencia entre estas oraciones estriba en el grado de probabilidad: con el presente la eventualidad parece más probable, más próxima al hablante, que con el imperfecto.

C) **PRETÉRITO PERFECTO**: es un tiempo relativo y perfectivo, expresa una acción acabada en una unidad de tiempo que incluye pasado (*espero que hayas acabado ya los deberes*) o futuro (*cuando hayas acabado tus deberes, podrás ir al cine*), pero en la cual se siente instalado el hablante.

D) **PRETÉRITO PLUSCUAMPERFECTO**: es un tiempo relativo y perfectivo, expresa una acción acabada en una unidad de tiempo que ya ha concluido para el hablante (*no sabía que venías, sino hubiera ido a buscarte*).

E) **FUTURO Y FUTURO PERFECTO**: son dos tiempos relativos, el primero imperfectivo y el segundo perfectivo, expresan eventualidad (*si me llegare algún aviso, dímelo / si alguien lo hubiere visto lo diría*). Apenas se usan en el español actual, ya que han sido desplazados por otras formas (*si alguien lo hubiera visto lo diría*), aunque se conservan en algunas zonas de América, en el lenguaje administrativo y en ciertas fórmulas estereotipadas (*donde fueres haz lo que vieres*).

1.3.3. DEL IMPERATIVO

A) **PRESENTE**: sirve para expresar mandato (*¡haz los deberes!*). Recordemos que el imperativo es un modo especial con un solo tiempo y dos personas, que no se puede usar en oraciones negativas ni interrogativas, ni en el estilo indirecto y que en estos casos se suple con el subjuntivo. El uso del infinitivo en lugar del imperativo es un vulgarismo (*¡callaros!* en lugar de *¡callaos!*).

1.4. CLASIFICACIÓN DE LOS VERBOS

Los verbos se pueden clasificar desde diversos criterios: morfológicos, sintácticos y semánticos, aunque a veces no resulta fácil decidir cual de ellos es el fundamental. Cada autor establece unos criterios con los que construye su propia clasificación. El lingüista Castro Alonso los divide en cinco grupos (veáse cuadro); los dos primeros grupos responden a un criterio estrictamente etimológico.

CLASIFICACIÓN DE LOS VERBOS (Castro Alonso)			
Por su origen	**Primitivos:** *correr*		
	Derivados: *corretear*		
Por su composición	**Simples:** *tener*		
	Compuestos: *con-tener*		
	Parasintéticos: *en-dul-zar*		
Por su significación y función sintáctica	**Copulativos:** *ser/estar*		
	Predicativos	**Transitivos**	**Activos:** *amar*
			Pasivos: *ser amado*
		Intransitivos	**De movimiento:** *andar*
			De estado: *yacer*
			Neutros: *parecer*
		Reflexivos: *atreverse*	
		Recíprocos: *comunicarse*	
Por su construcción y uso gramatical	**Auxiliares**	**De voz activa:** *haber*	
		De voz pasiva: *ser/estar*	
		En forma perifrástica: *ir a explicar*	
	Regulares: *amar/temer/partir*		
	Irregulares	**Comunes:** *apretar/tener*	
		Propias: *decir*	
	Defectivos	**Por su significación:** *ladrar*	
		Por su estructura: *abolir*	
		Por su naturaleza: *llover* (unipersonales)	
		Por su uso: *hay cosas que hacer* (impersonales)	
Por su modo de acción	**Perfectivos:** *nacer*		
	Imperfectivos: *querer*		
	Frecuentativos: *tutear*		
	Reiterativos: *golpear*		
	Incoativos: *anochecer*		
	Modales: *poder/soler*		

Sólo definiremos los grupos más importantes y representativos: copulativos, predicativos, transitivos, intransitivos, reflexivos y recíprocos. De los regulares, irregulares y defectivos hablaremos en el siguiente capítulo; los verbos auxiliares ya han sido tratados en los apartados anteriores.

1.4.1. COPULATIVOS Y PREDICATIVOS

Los verbos **copulativos** o **atributivos** se limitan a unir el sujeto con el predicado nominal de una oración, carecen de verdadero contenido predicativo –no expresan estados externos o procesos del sujeto–. El verbo copulativo por excelencia del español es el verbo *ser* (*Juan es aburrido*). Si establecemos una gradación entre los verbos copulativos, el siguiente grado lo formaría el verbo *estar* (*Juan está aburrido*). La diferencia fundamental entre ambos verbos estriba en que con el primero el predicado es expresado como una cualidad del sujeto; mientras que con el segundo el predicado es expresado como un estado, entendiendo por estado una situación en que se encuentra el sujeto, ya sea de carácter transitorio o definitivo, que puede ser el resultado de un proceso verbal. También se admite un valor copulativo en otros verbos: *hallarse, quedar, ir, andar, venir,* etc. (*Juan se halla cansado*). Otro verbo típicamente copulativo es *parecer* (*Juan parece cansado*).

Los verbos **predicativos** sí poseen un verdadero contenido predicativo –de ahí su nombre–, es decir, expresan estado, acción o pasión y aportan una información o carga semántica de carácter léxico (*corrió mucho para llegar al tren*). Se dividen en dos grandes grupos: transitivos e intransitivos.

1.4.2. TRANSITIVOS E INTRANSITIVOS

Tradicionalmente se llaman **transitivos** aquellos verbos que necesitan un complemento directo para concretar o completar su significado (*ayer les envié una postal a mis padres*), mientras que los **intransitivos** tienen el significado completo y no necesitan un complemento directo, se usan en todo su amplitud significativa (*el sol brilla con fuerza*). Pero el límite que los separa no es tan claro, ya que la mayoría de los verbos pueden usarse como transitivos o intransitivos según el contexto. Aunque algunos verbos son solamente intransitivos como *nacer, brillar, fluir,* etc. y otros casi siempre se emplean con su complemento como *hacer, dar, tener,* etc. Actualmente algunos lingüistas hablan de construcciones transitivas o intransitivas, según lleven complemento directo o no. También se suele definir a los verbos transitivos como aquellos en que la acción o proceso pasa de un agente o ejecutor a un paciente u objeto en que se realiza la acción. En los verbos intransitivos, por el contrario, aunque también necesitan un sujeto que realice la acción, ésta no pasa a otro objeto.

1.4.3. REFLEXIVOS Y RECÍPROCOS

Los verbos **reflexivos** son aquellos cuya acción recae sobre el sujeto que la realiza (*lávate bien todos los días*). El complemento directo es un pronombre de la misma persona que el sujeto (*me, te, se, nos, os, se*), cuando aparece otro complemento directo el pronombre pasa a ser complemento indirecto (*lávate las manos*). Estos verbos pueden funcionar o no como reflexivos según el contexto (*lavé la ropa*). Existen otros verbos siempre reflexivos, cuyo pronombre no tiene una función específica y forma parte del núcleo del sintagma verbal, son los llamados **verbos pronominales**: *atreverse, arrepentirse,* etc. (*no me atreví a entrar*).

Los verbos **recíprocos** tienen por sujeto agente a dos o más personas, animales o cosas que ejercen una acción sobre los otros, al tiempo que la reciben ellos (*todos nos saludamos afectuosamente*). Para algunos lingüistas los verbos recíprocos son verbos reflexivos utilizados con valor recíproco.

1.5. LA CONJUGACIÓN VERBAL

1.5.1. VERBOS REGULARES E IRREGULARES. LAS TRES CONJUGACIONES

El lingüista Lázaro Carreter define la conjugación como "cada uno de los paradigmas que adoptan en su flexión los verbos de una lengua". Si nos fijamos en estos tres verbos: *amar, temer, partir,* y los comparamos en la primera persona plural del presente de indicativo: *amamos, tememos, partimos,* comprobamos que entre ellos sólo exite una diferencia: las vocales *-a- / -e- / -i-* que unen la raíz con la desinencia *-mos,* se trata de la **vocal temática** que da lugar a las tres conjugaciones que existen en español: la primera –verbos acabados en *-ar*–; la segunda –verbos acabados en *-er*– y la tercera –verbos acabados en *-ir*–. Todos ellos mantienen su raíz invariable. Existen otros verbos cuya raíz sufre modificaciones, por ejemplo, la raíz del verbo *sentir* es *sent-*, pero en la primera persona singular del presente de indicativo: *siento,* la raíz ha sufrido una variación vocálica, también se pueden dar otro tipo de modificaciones. Los verbos que sufren estas variaciones son **irregulares**, mientras que los primeros son **regulares**, no experimentan ninguna variación formal ni en el lexema, ni en el tema, ni en las características, ni en las desinencias verbales, excepto algunas diferencias en la posición del acento de intensidad.

Existen, por tanto, diferentes **tipos de conjugación**, cuya clasificación puede establecerse desde diversos puntos de vista:

a) Según la vocal temática de la forma en infinitivo:

- 1ª conjugación */a/: -ar*
- 2ª conjugación */e/: -er*
- 3º conjugación */i/: -ir*

b) Por su adecuación a un modelo o modelos:

- Conjugación regular
- Conjugación irregular

Existen diferentes tipos de irregularidades, que pueden afectar a la raíz, al tema, a las desinencias, etc. Las modificaciones ortográficas y acentuales no han de ser consideradas irregularidades en sentido estricto, ya que debemos atender a los sonidos con que se pronuncia y no a las letras con que se escribe, impuestas por la ortografía (*dirigir/dirijo*). Los verbos defectivos pueden ser considerados como un caso especial de irregularidad, aunque muchos de ellos son regulares en las personas y tiempos en los que se conjugan, de ahí que algunos lingüistas los separen, estableciendo dos tipos más de conjugación: la completa y la defectiva.

Los verbos regulares se ajustan siempre a otros que se toman como modelo. Aquí se han tomado como paradigmas verbales o modelos, los verbos: *amar, temer y partir* (veánse modelos conjugados, números 3, 4 y 5, respectivamente). Muchas de las irregularidades se pueden agrupar, de ahí que podamos utilizar otros paradigmas-modelos que sirven para varios verbos irregulares.

1.5.2. IRREGULARIDADES ORTOGRÁFICAS

Algunos verbos presentan irregularidades exclusivamente ortográficas, como ya hemos indicado, que se corresponden con las presentadas en el siguiente cuadro (veánse modelos conjugados, números 14 al 22). Estas mismas variaciones ortográficas se dan en verbos que presentan, además, otro tipo de irregularidades que afectan a su morfología (veánse modelos conjugados, números 74 al 85).

Los terminados en	cambian	por	seguidos de	en los siguientes tiempos
-car (abarcar)	**c**	**qu**	-e	Presente de subjuntivo y de imperativo (*abarque, abarques,...*) y 1ª pers. sing. del pret. perfecto simple (*abarqué*)
-gar (ahogar)	**g**	**gu**	-e	Presente de subjuntivo y de imperativo (*ahogue, ahogues,...*) y 1ª pers. sing. del pret. perfecto simple (*ahogué*)
-zar (abrazar)	**z**	**c**	-e	Presente de subjuntivo y de imperativo (*abrace, abraces, ...*) y 1ª pers. sing. del pret. perfecto simple (*abracé*)
-cer, **-cir** (ejercer, esparcir)	**c**	**z**	-a, -o	Presente de subjuntivo y de imperativo (*ejerza, ejerzas,...*) y 1ª pers. sing. del presente de indicativo (*ejerzo, esparzo*)
-ger, **-gir** (proteger,urgir)	**g**	**j**	-a, -o	Presente de subjuntivo y de imperativo (*proteja, protejas,...*) y 1ª pers. sing. del presente de indicativo (*protejo, urjo*)
-guir (distinguir)	**gu**	**g**	-a, -o	Presente de subjuntivo y de imperativo (*distinga, distingas,...*) y 1ª pers. sing. del presente de indicativo (*distingo*)
-quir (delinquir)	**qu**	**c**	-a, -o	Presente de subjuntivo y de imperativo (*delinca, delincas,...*) y 1ª pers. sing. del presente de indicativo (*delinco*)

1.5.3. IRREGULARIDADES ACENTUALES

Los verbos terminados en *-iar, -uar* y aquellos cuya raíz contiene los diptongos *-ai-* o *-au-*, en la última sílaba, presentan irregularidades acentuales relativas a la conservación o no conservación de los diptongos. Algunos verbos combinan este tipo de irregularidades con modificaciones de otro tipo como *enraizar* que también tiene irregularidades ortográficas (modelo número 82).

Existen nueve paradigmas principales de verbos con este tipo de irregularidad que enunciaremos según el verbo que les sirve de modelo en este libro (veánse modelos conjugados, números 6 al 13 y 58):

A) **CAMBIAR** (modelo nº 11): La **-i** final de la raíz *cambi-* es átona en todas las formas del verbo. Esa **-i** siempre se combina formando diptongo con la vocal que le sigue.

B) **DESVIAR** (modelo nº 13): La **-i** final de la raíz *desvi-* es tónica en las personas *yo, tú, él* o *usted* y *ellos* o *ustedes,* de los presentes de indicativo y subjuntivo y del imperativo. En todas las demás formas esa **-i** es átona, a pesar de lo cual nunca se une formando diptongo con la vocal que la sigue, es decir, ambas se articulan siempre en dos sílabas distintas.

C) **AVERIGUAR** (modelo nº 9): La **-u** final de la raíz *averigu-* es átona en todas las formas de este verbo. La **-u-** siempre se combina formando diptongo con la vocal que la sigue. Se conjugan como él todos los verbos acabados en *-guar* y *-cuar.*

D) **ACTUAR** (modelo nº 6): La **-u** de la raíz *actu-* es tónica en las personas *yo, tú, él* o *usted* y *ellos* o *ustedes,* de los presentes de indicativo, subjuntivo e imperativo. En todas las demás formas del verbo esa **-u** es átona a pesar de lo cual nunca se une formando diptongo con la vocal que la sigue.

E) **BAILAR** (modelo nº 10): La segunda vocal del grupo **-ai-** siempre se combina formando diptongo con la vocal precedente.

F) **AHIJAR** (modelo nº 7): La segunda vocal del grupo **-ai-** es tónica en las personas *yo, tú, él* o *usted* y *ellos* o *ustedes,* de los presentes de indicativo, subjuntivo e imperativo. En todas la demás formas, esa segunda vocal **-i-** es átona y constituye diptongo con la vocal precedente.

G) **CAUSAR** (modelo nº 12): La segunda vocal del grupo **-au-** siempre se combina formando diptongo con la vocal precedente, es decir, articulándose ambas dentro de una sola sílaba.

H) **AULLAR** (modelo nº 8): La segunda vocal del grupo **-au-** es tónica en las personas *yo, tú, él* o *usted* y *ellos* o *ustedes,* de los presentes de indicativo, subjuntivo e imperativo. En todas las demás formas del verbo, esa segunda vocal **-u-** es átona y constituye diptongo con la vocal precedente.

I) **PROHIBIR** (modelo nº 58): Las formas a las que corresponde ir acentuadas en la base *(yo, tú, él* o *usted* y *ellos* o *ustedes)* deshacen el diptongo de los fonemas **-oi-**, el segundo de los cuales lleva el acento de la palabra.

1.5.4. OTRO TIPO DE IRREGULARIDADES

La mayoría de las irregularidades que se presentan en la conjugación española afectan a la raíz verbal. La Real Academia Española las divide en vocálicas, consonánticas y mixtas.

IRREGULARIDADES QUE AFECTAN A LA RAÍZ VERBAL			
VOCÁLICAS	**Diptongación**	*e < ie*	*acertar/acierto*
		o < ue	*sonar/sueno*
		i < ie	*adquirir/adquiero*
		u < ue	*jugar/juego*
	Cierre	*e < i*	*pedir/pido*
		o < u	*dormir/durmió*
CONSONÁNTICAS	**Sustitución de una consonante por otra**		*hacer/haga; haber/haya*
	Adición de una consonante	a la consonante final de la raíz	*nacer/nazco; venir/vengo*
		a la última vocal de la raíz	*huir/huyo; oír/oye*
MIXTAS	**Sustitución de una vocal y una consonante por otra vocal y otra consonante**		*decir/digo; saber/sepa*
	Agregación del grupo *-ig-* a la última vocal de la raíz		*oír/oigo; traer/traiga*

Pero también existen otro tipo de **irregularidades que afectan al tema o al tema y a la raíz verbal** (*di, haz, doy, voy...*), en la mayoría de estos casos la irregularidad suele venir asociada con otra que afecta a la raíz. Son irregularidades de carácter excepcional:

A) CONTRACCIONES: por ejemplo, si comparamos las formas *leer, leo, lees* con *ver, veo, ves*, observamos que en el segundo se produce una contracción –una reducción silábica– en el infinitivo, gerundio, participio y presente de indicativo, excepto la primera persona.

B) VERBOS CON MÁS DE UNA RAÍZ: el verbo *ser* usa la raíz *fu-* para el perfecto simple y tiempos afines (*fuimos, fuera...*) y *s-* o *es-* (*soy, es, era..., era* está basado en la raíz *es-*) para los tiempos no perfectos. El verbo *ir* tiene raíz triple (*voy, fui, iré*). A este tipo de verbos se les llama ***polirrizos***.

C) FUTUROS Y CONDICIONALES IRREGULARES: algunos verbos sincopan la vocal de la terminación *-er, -ir* del infinitivo interponiendo la oclusiva *-d-* entre la última consonante de la raíz y la *-r* del infinitivo: *pondré, pondría / tendré, tendría / valdré, valdría / saldré, saldría / vendré, vendría*; otros sincopan la vocal pero sin interposición de la consonante: *habré, habría / cabré, cabría / sabré, sabría / querré, querría / podré, podría*; otros pierden la vocal, la consonante final de la raíz y modifican la vocal temática: *haré, haría / diré, diría*.

D) PARTICIPIOS IRREGULARES: algunos verbos tienen dos participios: *impreso / imprimido* del verbo *imprimir*, otros sólo uno irregular: *cubierto* del verbo *cubrir*.

E) GERUNDIOS IRREGULARES: siguen alguna de las irregularidades propias del verbo a que pertenecen: *pidiendo* de *pedir*, *durmiendo* de *dormir*; etc.

F) PERFECTOS FUERTES: se alejan de las formas regulares, no sólo por los cambios de su raíz, propios de los verbos irregulares, sino también por los cambios de su tema y de sus características. Es el caso de *traer* (*traje / trajo*), *hacer* (*hice / hizo*), *andar* (*anduve / anduvo*), *caber* (*cupe / cupo*), etc.

G) VERBOS DEFECTIVOS O INCOMPLETOS: aquellos verbos que no poseen el paradigma o conjugación completa. Las causas pueden ser muy variadas. Esta irregularidad puede afectar tanto a verbos regulares como irregulares. Los ***verbos unipersonales*** sólo se conjugan en la 3ª persona del singular, aunque a veces se usan otras personas con ciertas acepciones.

Ofrecemos a continuación un listado de verbos con participio irregular y otro de verbos con dos participios, así como un listado de verbos defectivos.

1.5.5. VERBOS CON PARTICIPIO IRREGULAR

abrir	abierto	**poner**	puesto
absolver	absuelto	**premorir**	premuerto
adscribir	adscrito o adscripto	**prescribir**	prescrito
arromper	arroto	**proscribir**	proscrito
circunscribir	circunscripto o circunscrito	**rarefacer**	rarefacto
cubrir	cubierto	**reabrir**	reabierto
decir	dicho	**recubrir**	recubierto
desabrir	desabierto	**rescribir**	rescripto o rescrito
describir	descrito	**resolver**	resoluto o resuelto
descubrir	descubierto	**revolver**	revuelto
desenvolver	desenvuelto	**romper**	roto
desvolver	desvuelto	**satisfacer**	satisfecho
devolver	devuelto	**sobrescribir**	sobrescripto o sobrescrito
disolver	disuelto	**subscribir**	subscrito o subscripto
encubrir	encubierto	**subtender**	subtenso
enhestar	enhiesto	**suscribir**	suscrito o suscripto
entreabrir	entreabierto	**transcribir**	transcrito o transcripto
envolver	envuelto	**trascribir**	trascrito o trascripto
escribir	escrito	**ver**	visto
hacer	hecho	**volver**	vuelto
inscribir	inscripto o inscrito		
licuefacer	licuefacto		
manuscribir	manuscrito		
morir	muerto		

1.5.6. VERBOS CON DOS PARTICIPIOS

	REGULARES	IRREGULARES
absorber	absorbido	absorto
abstraer	abstraído	abstracto
afligir	afligido	aflicto
ahitar	ahitado	ahíto
arrepentirse	arrepentido	arrepiso
astringir	astringido	astricto
asumir	asumido	asunto
atender	atendido	atento
bendecir	bendecido	bendito
bienquerer	bienquerido	bienquisto
circuncidar	circuncidado	circunciso
cocer	cocido	cocho
compeler	compelido	compulso
comprender	comprendido	comprenso
comprimir	comprimido	compreso
concluir	concluido	concluso
condensar	condensado	condenso
confesar	confesado	confeso
confundir	confundido	confuso
consumir	consumido	consunto
contraer	contraído	contracto
contundir	contundido	contuso
convencer	convencido	convicto
convertir	convertido	converso
corregir	corregido	correcto
corromper	corrompido	corrupto
descalzar	descalzado	descalzo
desceñir	desceñido	descinto
descomprimir	descomprimido	descompreso
descontentar	descontentado	descontento
despertar	despertado	despierto
desproveer	desproveído	desprovisto
difundir	difundido	difuso
dispersar	dispersado	disperso
dividir	dividido	diviso
efundir	efundido	efuso
elegir	elegido	electo
enjertar	enjertado	enjerto
enjugar	enjugado	enjuto
excluir	excluido	excluso
eximir	eximido	exento
expeler	expelido	expulso
expresar	expresado	expreso
expulsar	expulsado	expulso
extender	extendido	extenso
extinguir	extinguido	extinto
fijar	fijado	fijo

	REGULARES	IRREGULARES
freír	freído	frito
hartar	hartado	harto
imprimir	imprimido	impreso
incluir	incluido	incluso
incurrir	incurrido	incurso
infundir	infundido	infuso
infurtir	infurtido	infurto
injertar	injertado	injerto
insertar	insertado	inserto
invertir	invertido	inverso
juntar	juntado	junto
maldecir	maldecido	maldito
malquerer	malquerido	malquisto
manifestar	manifestado	manifiesto
manumitir	manumitido	manumiso
nacer	nacido	nato
oprimir	oprimido	opreso
pagar	pagado	pago
poseer	poseído	poseso
preelegir	preelegido	preelecto
prender	prendido	preso
presumir	presumido	presunto
pretender	pretendido	pretenso
producir	producido	producto
propender	propendido	propenso
prostituir	prostituido	prostituto
proveer	proveído	provisto
reasumir	reasumido	reasunto
recluir	recluido	recluso
reelegir	reelegido	reelecto
refreír	refreído	refrito
reimprimir	reimprimido	reimpreso
reinsertar	reinsertado	reinserto
reteñir	reteñido	retinto
retorcer	retorcido	retuerto
salpresar	salpresado	salpreso
salvar	salvado	salvo
sepelir	sepelido	sepulto
sepultar	sepultado	sepulto
sofreír	sofreído	sofrito
soltar	soltado	suelto
substituir	substituido	substituto
sujetar	sujetado	sujeto
suprimir	suprimido	supreso
suspender	suspendido	suspenso
sustituir	sustituido	sustituto
teñir	teñido	tinto
tesar	tesado	teso
torcer	torcido	tuerto

1.5.7. VERBOS DEFECTIVOS

abarse	se usan sólo las formas no personales y la 2ª pers. sing. y pl. del imperativo.
abolir	del presente de indicativo sólo se usan la 1ª y 2ª pers. del pl., carece de presente de subjuntivo y del imperativo sólo se usa la 2ª pers. pl.
acaecer	se usan sólo las 3ª pers. (sing. y pl.).
acontecer	se usan sólo las 3ª pers. (sing. y pl.).
adir	se usan sólo las formas no personales.
agredir	se conjuga como abolir.
aguerrir	se conjuga como abolir.
antojarse	se usan sólo las 3ª pers. (sing. y pl.), con alguno de los pronombres personales átonos (*me, te, se...*).
aplacer	se usan sólo las formas no personales y la 3ª pers. sing. y pl. de cada uno de los tiempos.
arrecirse	se conjuga como abolir.
atañer	se usan sólo las formas no personales y las 3ª pers. sing. y pl. de cada uno de los tiempos.
aterirse	se conjuga como abolir.
balbucir	no se usa en la 1ª pers. sing. del presente de indicativo ni en el presente de subjuntivo.
blandir	se conjuga como abolir.
cariar	se usan sólo las 3ª pers. (sing. y pl.).
colorir	se conjuga como abolir.
concernir	sólo se usan las formas no personales, la 3ª pers. sing. y pl. del presente y del pret. imperfecto de indicativo, y la 3ª pers. sing. y pl. del presente de subjuntivo.
denegrir	sólo se usa el participio y el infinitivo.
descolorir	sólo se usa el participio y el infinitivo.
despavorir	se conjuga como abolir.
desvaír	se conjuga como embaír.
embaír	se conjuga como abolir, pero tiene sus propias irregularidades.
emolir	se conjuga como abolir.
empedernir	se conjuga como abolir.
fallir	se conjuga como abolir.
garantir	se conjuga como abolir. En América no es defect.
guarnir	se conjuga como abolir.
incoar	es de la 1ª conjugación, pero se usan las mismas formas que abolir.
incumbir	se usan sólo las formas no personales y la 3ª pers. sing. y pl. de cada uno de los tiempos.
manir	se conjuga como abolir.
preterir	se conjuga como abolir sólo en las formas no personales.
soler	sólo se usan los tiempos presente, pret. perfecto simple y compuesto e imperfecto del indicativo; el presente de subjuntivo; y las fomas no personales.
transgredir	se conjuga como abolir.
transir	sólo es frecuente el uso de su participio, *transido.*
usucapir	sólo se usa en las formas no personales.

1.6. TRATAMIENTOS

Se pueden producir alteraciones de las tres personas gramaticales, así como en la combinación entre dichas personas y los pronombre personales y posesivos. Muchas de estas alteraciones se producen por el especial **tratamiento** de cortesía, respeto, acatamiento o reverencia que se da a ciertos destinatarios.

1.6.1. EL TUTEO Y EL TRATAMIENTO DE RESPETO

El **tuteo** es un tratamiento familiar y amistoso que consiste en el uso del pronombre de 2ª persona (singular o plural) con la desinencia correspondiente. El paradigma tradicional de la 2ª persona es:

		SINGULAR	PLURAL
VERBO		*amas, amabas, amaste...*	*amáis, amabais, amasteis...*
PRONOMBRE PERSONAL	**Nominativo**	*tú*	*vosotros, vosotras*
	Dativo y acusativo	*te*	*os*
	Caso preposicional	*ti, contigo*	*vosotros, vosotras*
PRONOMBRE POSESIVO		*tu, tuyo, tuya, tuyos, tuyas*	*vuestro, vuestra, vuestros, vuestras*
PRONOMBRE REFLEXIVO		(todas las formas anteriores menos *tú*)	(todas las formas anteriores)

El **tratamiento de cortesía o respeto** consiste en el uso de los pronombres personales *usted* (para el singular) o *ustedes* (para el plural). El paradigma de tratamiento de la 3ª persona es:

		SINGULAR	PLURAL
VERBO		*ama, amaba, amó...*	*aman, amaban, amaron...*
PRONOMBRE PERSONAL	**Nominativo**	*usted*	*ustedes*
	Dativo	m. *le, se* f. *le (la), se*	m. *les, se* f. *les (las), se*
	Acusativo	m. *lo, le* f. *la*	m. *los, les* f. *las*
	Caso preposicional	*usted*	*ustedes*
PRONOMBRE POSESIVO		*su, suyo, suya, suyos, suyas*	*su, suyo, suya, suyos, suyas*
PRONOMBRE REFLEXIVO		*se* prep. + *sí* (todas las formas anteriores menos nominativo, dativo y acusativo)	*se* prep. + *sí* (todas las formas anteriores menos nominativo, dativo y acusativo)

Existen otros tratamientos: *majestad, excelencia, eminencia,* etc.

1.6.2. EL VOSEO

El **voseo** consiste en el uso del pronombre *vos* y/o sus formas verbales. En la época medieval se usaban las formas *tú* (familiar) y *vos* (respeto) para la 2ª persona singular; en el siglo XVI también *vuestra merced* + la 3ª persona singular (máxima formalidad), que va desplazando a *vos* y de la que se origina *usted.* En los siglos XVI y XVII existe un complejo sistema de tratamientos, en el que podemos encontrar a *vos* con su antiguo significado o alternando con *tú*, situación que provoca también una alternancia de sus respectivos paradigmas. Poco a poco se pierde su antiguo significado, posiblemente en el siglo XVII. En al actualidad existe una gran variedad estructural. El paradigma pronominal para la 2ª persona en casi todas las regiones con voseo es:

		SINGULAR	PLURAL
VERBO		*sabés, hagas...*	*saben, hagan...*
PRONOMBRE PERSONAL	**Nominativo**	*vos*	*ustedes*
	Dativo	*te*	*les*
	Acusativo	*te*	*los, las*
	Caso preposicional	*vos*	*ustedes*
PRONOMBRE POSESIVO		*tu, tuyo, tuya, tuyos, tuyas*	*de ustedes*
PRONOMBRE REFLEXIVO		*te*	*se*

El voseo afecta al sistema de la conjugación. Las formas verbales voseantes alternan con formas pronominales de tuteo (*tú amás*) o al contrario (*vos tienes*). También existe voseo verbal diptongado (*vos amáis*) y diferentes tipos de monoptongación (*tenís, cantarís*) o voseo verbal sin *-s* (*mirá, llegá*).

Desde el siglo XVI al XIX se daban, en Hispanoamérica, mezclas de los paradigmas *vosotros* y *ustedes.* En la actualidad se conserva *ustedes* con sus respectivas formas verbales, excepto algún caso de *vosotros* con las formas verbales de *ustedes.*

El voseo domina en Argentina, Uruguay, Paraguay, América Central (excepto Panamá) y el estado de Chiapas en México. No existe en Las Antillas, gran parte de Perú y Bolivia, ni México. En las demás zonas se alternan el voseo y el tuteo. En las zonas hispanohablantes de Estados Unidos no se registra.

2. Modelos de conjugación. Paradigmas verbales

1 haber

MODO INDICATIVO

Tiempos simples	Tiempos compuestos	
Presente	**Pret. perf. compuesto**	
he	he	habido
has	has	habido
ha	ha	habido
hemos	hemos	habido
habéis	habéis	habido
han	han	habido
Pret. imperfecto	**Pret. pluscuamperfecto**	
había	había	habido
habías	habías	habido
había	había	habido
habíamos	habíamos	habido
habíais	habíais	habido
habían	habían	habido
Pret. perf. simple	**Pret. anterior**	
hube	hube	habido
hubiste	hubiste	habido
hubo	hubo	habido
hubimos	hubimos	habido
hubisteis	hubisteis	habido
hubieron	hubieron	habido
Futuro	**Futuro perfecto**	
habré	habré	habido
habrás	habrás	habido
habrá	habrá	habido
habremos	habremos	habido
habréis	habréis	habido
habrán	habrán	habido
Condicional	**Condicional compuesto**	
habría	habría	habido
habrías	habrías	habido
habría	habría	habido
habríamos	habríamos	habido
habríais	habríais	habido
habrían	habrían	habido

MODO SUBJUNTIVO

Tiempos simples	Tiempos compuestos	
Presente	**Pret. perfecto**	
haya	haya	habido
hayas	hayas	habido
haya	haya	habido
hayamos	hayamos	habido
hayáis	hayáis	habido
hayan	hayan	habido
Pret. imperfecto	**Pret. pluscuamperfecto**	
hubiera o hubiese	hubiera o hubiese habido	
hubieras o hubieses	hubieras o hubieses habido	
hubiera o hubiese	hubiera o hubiese habido	
hubiéramos o hubiésemos	hubiéramos o hubiésemos habido	
hubierais o hubieseis	hubierais o hubieseis habido	
hubieran o hubiesen	hubieran o hubiesen habido	
Futuro	**Futuro perfecto**	
hubiere	hubiere	habido
hubieres	hubieres	habido
hubiere	hubiere	habido
hubiéremos	hubiéremos	habido
hubiereis	hubiereis	habido
hubieren	hubieren	habido

MODO IMPERATIVO

Presente

he tú
haya él
hayamos nosotros
habed vosotros
hayan ellos

FORMAS NO PERSONALES

Infinitivo	**Infinitivo compuesto**
haber	haber habido
Gerundio	**Gerundio compuesto**
habiendo	habiendo habido
Participio	
habido	

2 ser

MODO INDICATIVO

Tiempos simples	Tiempos compuestos
Presente soy eres es somos sois son	**Pret. perf. compuesto** he sido has sido ha sido hemos sido habéis sido han sido
Pret. imperfecto era eras era éramos erais eran	**Pret. pluscuamperfecto** había sido habías sido había sido habíamos sido habíais sido habían sido
Pret. perf. simple fui fuiste fue fuimos fuisteis fueron	**Pret. anterior** hube sido hubiste sido hubo sido hubimos sido hubisteis sido hubieron sido
Futuro seré serás será seremos seréis serán	**Futuro perfecto** habré sido habrás sido habrá sido habremos sido habréis sido habrán sido
Condicional sería serías sería seríamos seríais serían	**Condicional compuesto** habría sido habrías sido habría sido habríamos sido habríais sido habrían sido

MODO SUBJUNTIVO

Tiempos simples	Tiempos compuestos
Presente sea seas sea seamos seáis sean	**Pret. perfecto** haya sido hayas sido haya sido hayamos sido hayáis sido hayan sido
Pret. imperfecto fuera o fuese fueras o fueses fuera o fuese fuéramos o fuésemos fuerais o fueseis fueran o fuesen	**Pret. pluscuamperfecto** hubiera o hubiese sido hubieras o hubieses sido hubiera o hubiese sido hubiéramos o hubiésemos sido hubierais o hubieseis sido hubieran o hubiesen sido
Futuro fuere fueres fuere fuéremos fuereis fueren	**Futuro perfecto** hubiere sido hubieres sido hubiere sido hubiéremos sido hubiereis sido hubieren sido

MODO IMPERATIVO

Presente

sé tú
sea él
seamos nosotros
sed vosotros
sean ellos

FORMAS NO PERSONALES

Infinitivo ser	**Infinitivo compuesto** haber sido
Gerundio siendo	**Gerundio compuesto** habiendo sido
Participio sido	

3 amar

MODO INDICATIVO

Tiempos simples	Tiempos compuestos
Presente amo amas ama amamos amáis aman	**Pret. perf. compuesto** he amado has amado ha amado hemos amado habéis amado han amado
Pret. imperfecto amaba amabas amaba amábamos amabais amaban	**Pret. pluscuamperfecto** había amado habías amado había amado habíamos amado habíais amado habían amado
Pret. perf. simple amé amaste amó amamos amasteis amaron	**Pret. anterior** hube amado hubiste amado hubo amado hubimos amado hubisteis amado hubieron amado
Futuro amaré amarás amará amaremos amaréis amarán	**Futuro perfecto** habré amado habrás amado habrá amado habremos amado habréis amado habrán amado
Condicional amaría amarías amaría amaríamos amaríais amarían	**Condicional compuesto** habría amado habrías amado habría amado habríamos amado habríais amado habrían amado

MODO SUBJUNTIVO

Tiempos simples	Tiempos compuestos
Presente ame ames ame amemos améis amen	**Pret. perfecto** haya amado hayas amado haya amado hayamos amado hayáis amado hayan amado
Pret. imperfecto amara o amase amaras o amases amara o amase amáramos o amásemos amarais o amaseis amaran o amasen	**Pret. pluscuamperfecto** hubiera o hubiese amado hubieras o hubieses amado hubiera o hubiese amado hubiéramos o hubiésemos amado hubierais o hubieseis amado hubieran o hubiesen amado
Futuro amare amares amare amáremos amareis amaren	**Futuro perfecto** hubiere amado hubieres amado hubiere amado hubiéremos amado hubiereis amado hubieren amado

MODO IMPERATIVO

Presente

ama tú
ame él
amemos nosotros
amad vosotros
amen ellos

FORMAS NO PERSONALES

Infinitivo amar	**Infinitivo compuesto** haber amado
Gerundio amando	**Gerundio compuesto** habiendo amado
Participio amado	

4 temer

MODO INDICATIVO

Tiempos simples	Tiempos compuestos	
Presente	**Pret. perf. compuesto**	
temo	he	temido
temes	has	temido
teme	ha	temido
tememos	hemos	temido
teméis	habéis	temido
temen	han	temido
Pret. imperfecto	**Pret. pluscuamperfecto**	
temía	había	temido
temías	habías	temido
temía	había	temido
temíamos	habíamos	temido
temíais	habíais	temido
temían	habían	temido
Pret. perf. simple	**Pret. anterior**	
temí	hube	temido
temiste	hubiste	temido
temió	hubo	temido
temimos	hubimos	temido
temisteis	hubisteis	temido
temieron	hubieron	temido
Futuro	**Futuro perfecto**	
temeré	habré	temido
temerás	habrás	temido
temerá	habrá	temido
temeremos	habremos	temido
temeréis	habréis	temido
temerán	habrán	temido
Condicional	**Condicional compuesto**	
temería	habría	temido
temerías	habrías	temido
temeríamos	habría	temido
temerían	habríamos	temido
temeríais	habríais	temido
temerían	habrían	temido

MODO SUBJUNTIVO

Tiempos simples	Tiempos compuestos	
Presente	**Pret. perfecto**	
tema	haya	temido
temas	hayas	temido
tema	haya	temido
temamos	hayamos	temido
temáis	hayáis	temido
teman	hayan	temido
Pret. imperfecto	**Pret. pluscuamperfecto**	
temiera o temiese	hubiera o hubiese temido	
temieras o temieses	hubieras o hubieses temido	
temiera o temiese	hubiera o hubiese temido	
temiéramos o temiésemos	hubiéramos o hubiésemos temido	
temierais o temieseis	hubierais o hubieseis temido	
temieran o temiesen	hubieran o hubiesen temido	
Futuro	**Futuro perfecto**	
temiere	hubiere	temido
temieres	hubieres	temido
temiere	hubiere	temido
temiéremos	hubiéremos	temido
temiereis	hubiereis	temido
temieren	hubieren	temido

MODO IMPERATIVO

Presente

teme tú
tema él
temamos nosotros
temed vosotros
teman ellos

FORMAS NO PERSONALES

Infinitivo temer	**Infinitivo compuesto** haber temido
Gerundio temiendo	**Gerundio compuesto** habiendo temido
Participio temido	

5 partir

MODO INDICATIVO

Tiempos simples	Tiempos compuestos
Presente	**Pret. perf. compuesto**
parto	he partido
partes	has partido
parte	ha partido
partimos	hemos partido
partís	habéis partido
parten	han partido
Pret. imperfecto	**Pret. pluscuamperfecto**
partía	había partido
partías	habías partido
partía	había partido
partíamos	habíamos partido
partíais	habíais partido
partían	habían partido
Pret. perf. simple	**Pret. anterior**
partí	hube partido
partiste	hubiste partido
partió	hubo partido
partimos	hubimos partido
partisteis	hubisteis partido
partieron	hubieron partido
Futuro	**Futuro perfecto**
partiré	habré partido
partirás	habrás partido
partirá	habrá partido
partiremos	habremos partido
partiréis	habréis partido
partirán	habrán partido
Condicional	**Condicional compuesto**
partiría	habría partido
partirías	habrías partido
partiría	habría partido
partiríamos	habríamos partido
partiríais	habríais partido
partirían	habrían partido

MODO SUBJUNTIVO

Tiempos simples	Tiempos compuestos
Presente	**Pret. perfecto**
parta	haya partido
partas	hayas partido
parta	haya partido
partamos	hayamos partido
partáis	hayáis partido
partan	hayan partido
Pret. imperfecto	**Pret. pluscuamperfecto**
partiera o partiese	hubiera o hubiese partido
partieras o partieses	hubieras o hubieses partido
partiera o partiese	hubiera o hubiese partido
partiéramos o partiésemos	hubiéramos o hubiésemos partido
partierais o partieseis	hubierais o hubieseis partido
partieran o partiesen	hubieran o hubiesen partido
Futuro	**Futuro perfecto**
partiere	hubiere partido
partieres	hubieres partido
partiere	hubiere partido
partiéremos	hubiéremos partido
partiereis	hubiereis partido
partieren	hubieren partido

MODO IMPERATIVO

Presente

parte tú
parta él
partamos nosotros
partid vosotros
partan ellos

FORMAS NO PERSONALES

Infinitivo partir	**Infinitivo compuesto** haber partido
Gerundio partiendo	**Gerundio compuesto** habiendo partido
Participio partido	

6 actuar

MODO INDICATIVO

Tiempos simples	Tiempos compuestos
Presente	**Pret. perf. compuesto**
actúo	he actuado
actúas	has actuado
actúa	ha actuado
actuamos	hemos actuado
actuáis	habéis actuado
actúan	han actuado
Pret. imperfecto	**Pret. pluscuamperfecto**
actuaba	había actuado
actuabas	habías actuado
actuaba	había actuado
actuábamos	habíamos actuado
actuabais	habíais actuado
actuaban	habían actuado
Pret. perf. simple	**Pret. anterior**
actué	hube actuado
actuaste	hubiste actuado
actuó	hubo actuado
actuamos	hubimos actuado
actuasteis	hubisteis actuado
actuaron	hubieron actuado
Futuro	**Futuro perfecto**
actuaré	habré actuado
actuarás	habrás actuado
actuará	habrá actuado
actuaremos	habremos actuado
actuaréis	habréis actuado
actuarán	habrán actuado
Condicional	**Condicional compuesto**
actuaría	habría actuado
actuarías	habrías actuado
actuaría	habría actuado
actuaríamos	habríamos actuado
actuaríais	habríais actuado
actuarían	habrían actuado

MODO SUBJUNTIVO

Tiempos simples	Tiempos compuestos
Presente	**Pret. perfecto**
actúe	haya actuado
actúes	hayas actuado
actúe	haya actuado
actuemos	hayamos actuado
actuéis	hayáis actuado
actúen	hayan actuado
Pret. imperfecto	**Pret. pluscuamperfecto**
actuara o actuase	hubiera o hubiese actuado
actuaras o actuases	hubieras o hubieses actuado
actuara o actuase	hubiera o hubiese actuado
actuáramos o actuásemos	hubiéramos o hubiésemos actuado
actuarais o actuaseis	hubierais o hubieseis actuado
actuaran o actuasen	hubieran o hubiesen actuado
Futuro	**Futuro perfecto**
actuare	hubiere actuado
actuares	hubieres actuado
actuare	hubiere actuado
actuáremos	hubiéremos actuado
actuareis	hubiereis actuado
actuaren	hubieren actuado

MODO IMPERATIVO

Presente

actúa tú
actúe él
actuemos nosotros
actuad vosotros
actúen ellos

FORMAS NO PERSONALES

Infinitivo actuar	**Infinitivo compuesto** haber actuado
Gerundio actuando	**Gerundio compuesto** habiendo actuado
Participio actuado	

7 ahijar

MODO INDICATIVO		MODO SUBJUNTIVO	
Tiempos simples	Tiempos compuestos	Tiempos simples	Tiempos compuestos
Presente ahíjo ahíjas ahíja ahijamos ahijáis ahíjan	**Pret. perf. compuesto** he ahijado has ahijado ha ahijado hemos ahijado habéis ahijado han ahijado	**Presente** ahíje ahíjes ahíje ahijemos ahijéis ahíjen	**Pret. perfecto** haya ahijado hayas ahijado haya ahijado hayamos ahijado hayáis ahijado hayan ahijado
Pret. imperfecto ahijaba ahijabas ahijaba ahijábamos ahijabais ahijaban	**Pret. pluscuamperfecto** había ahijado habías ahijado había ahijado habíamos ahijado habíais ahijado habían ahijado	**Pret. imperfecto** ahijara o ahijase ahijaras o ahijases ahijara o ahijase ahijáramos o ahijásemos ahijarais o ahijaseis ahijaran o ahijasen	**Pret. pluscuamperfecto** hubiera o hubiese ahijado hubieras o hubieses ahijado hubiera o hubiese ahijado hubiéramos o hubiésemos ahijado hubierais o hubieseis ahijado hubieran o hubiesen ahijado
Pret. perf. simple ahijé ahijaste ahijó ahijamos ahijasteis ahijaron	**Pret. anterior** hube ahijado hubiste ahijado hubo ahijado hubimos ahijado hubisteis ahijado hubieron ahijado	**Futuro** ahijare ahijares ahijare ahijáremos ahijareis ahijaren	**Futuro perfecto** hubiere ahijado hubieres ahijado hubiere ahijado hubiéremos ahijado hubiereis ahijado hubieren ahijado
Futuro ahijaré ahijarás ahijará ahijaremos ahijaréis ahijarán	**Futuro perfecto** habré ahijado habrás ahijado habrá ahijado habremos ahijado habréis ahijado habrán ahijado		
Condicional ahijaría ahijarías ahijaría ahijaríamos ahijaríais ahijarían	**Condicional compuesto** habría ahijado habrías ahijado habría ahijado habríamos ahijado habríais ahijado habrían ahijado		

MODO IMPERATIVO
Presente ahíja tú ahíje él ahijemos nosotros ahijad vosotros ahíjen ellos

FORMAS NO PERSONALES	
Infinitivo ahijar	**Infinitivo compuesto** haber ahijado
Gerundio ahijando	**Gerundio compuesto** habiendo ahijado
Participio ahijado	

8 aullar

MODO INDICATIVO

Tiempos simples	Tiempos compuestos
Presente	**Pret. perf. compuesto**
aúllo	he aullado
aúllas	has aullado
aúlla	ha aullado
aullamos	hemos aullado
aulláis	habéis aullado
aúllan	han aullado
Pret. imperfecto	**Pret. pluscuamperfecto**
aullaba	había aullado
aullabas	habías aullado
aullaba	había aullado
aullábamos	habíamos aullado
aullabais	habíais aullado
aullaban	habían aullado
Pret. perf. simple	**Pret. anterior**
aullé	hube aullado
aullaste	hubiste aullado
aulló	hubo aullado
aullamos	hubimos aullado
aullasteis	hubisteis aullado
aullaron	hubieron aullado
Futuro	**Futuro perfecto**
aullaré	habré aullado
aullarás	habrás aullado
aullará	habrá aullado
aullaremos	habremos aullado
aullaréis	habréis aullado
aullarán	habrán aullado
Condicional	**Condicional compuesto**
aullaría	habría aullado
aullarías	habrías aullado
aullaría	habría aullado
aullaríamos	habríamos aullado
aullaríais	habríais aullado
aullarían	habrían aullado

MODO SUBJUNTIVO

Tiempos simples	Tiempos compuestos
Presente	**Pret. perfecto**
aúlle	haya aullado
aúlles	hayas aullado
aúlle	haya aullado
aullemos	hayamos aullado
aulléis	hayáis aullado
aúllen	hayan aullado
Pret. imperfecto	**Pret. pluscuamperfecto**
aullara o aullase	hubiera o hubiese aullado
aullaras o aullases	hubieras o hubieses aullado
aullara o aullase	hubiera o hubiese aullado
aulláramos o aullásemos	hubiéramos o hubiésemos aullado
aullarais o aullaseis	hubierais o hubieseis aullado
aullaran o aullasen	hubieran o hubiesen aullado
Futuro	**Futuro perfecto**
aullare	hubiere aullado
aullares	hubieres aullado
aullare	hubiere aullado
aulláremos	hubiéremos aullado
aullareis	hubiereis aullado
aullaren	hubieren aullado

MODO IMPERATIVO

Presente

aúlla tú
aúlle él
aullemos nosotros
aullad vosotros
aúllen ellos

FORMAS NO PERSONALES

Infinitivo aullar	**Infinitivo compuesto** haber aullado
Gerundio aullando	**Gerundio compuesto** habiendo aullado
Participio aullado	

9 averiguar

MODO INDICATIVO		MODO SUBJUNTIVO	
Tiempos simples	Tiempos compuestos	Tiempos simples	Tiempos compuestos
Presente	**Pret. perf. compuesto**	**Presente**	**Pret. perfecto**
averiguo	he averiguado	averigüe	haya averiguado
averiguas	has averiguado	averigües	hayas averiguado
averigua	ha averiguado	averigüe	haya averiguado
averiguamos	hemos averiguado	averigüemos	hayamos averiguado
averiguáis	habéis averiguado	averigüéis	hayáis averiguado
averiguan	han averiguado	averigüen	hayan averiguado
Pret. imperfecto	**Pret. pluscuamperfecto**	**Pret. imperfecto**	**Pret. pluscuamperfecto**
averiguaba	había averiguado	averiguara o averiguase	hubiera o hubiese averiguado
averiguabas	habías averiguado	averiguaras o averiguases	hubieras o hubieses averiguado
averiguaba	había averiguado	averiguara o averiguase	hubiera o hubiese averiguado
averiguábamos	habíamos averiguado	averiguáramos o averiguásemos	hubiéramos o hubiésemos averiguado
averiguabais	habíais averiguado	averiguarais o averiguaseis	hubierais o hubieseis averiguado
averiguaban	habían averiguado	averiguaran o averiguasen	hubieran o hubiesen averiguado
Pret. perf. simple	**Pret. anterior**	**Futuro**	**Futuro perfecto**
averigüé	hube averiguado	averiguare	hubiere averiguado
averiguaste	hubiste averiguado	averiguares	hubieres averiguado
averiguó	hubo averiguado	averiguare	hubiere averiguado
averiguamos	hubimos averiguado	averiguáremos	hubiéremos averiguado
averiguasteis	hubisteis averiguado	averiguareis	hubiereis averiguado
averiguaron	hubieron averiguado	averiguaren	hubieren averiguado
Futuro	**Futuro perfecto**		
averiguaré	habré averiguado		
averiguarás	habrás averiguado		
averiguará	habrá averiguado		
averiguaremos	habremos averiguado		
averiguaréis	habréis averiguado		
averiguarán	habrán averiguado		
Condicional	**Condicional compuesto**		
averiguaría	habría averiguado		
averiguarías	habrías averiguado		
averiguaría	habría averiguado		
averiguaríamos	habríamos averiguado		
averiguaríais	habríais averiguado		
averiguarían	habrían averiguado		

MODO IMPERATIVO

Presente
averigua tú
averigüe él
averigüemos nosotros
averiguad vosotros
averigüen ellos

FORMAS NO PERSONALES

Infinitivo	Infinitivo compuesto
averiguar	haber averiguado
Gerundio	**Gerundio compuesto**
averiguando	habiendo averiguado
Participio	
averiguado	

10 bailar

MODO INDICATIVO		MODO SUBJUNTIVO	
Tiempos simples	Tiempos compuestos	Tiempos simples	Tiempos compuestos
Presente bailo bailas baila bailamos bailáis bailan	**Pret. perf. compuesto** he bailado has bailado ha bailado hemos bailado habéis bailado han bailado	**Presente** baile bailes baile bailemos bailéis bailen	**Pret. perfecto** haya bailado hayas bailado haya bailado hayamos bailado hayáis bailado hayan bailado
Pret. imperfecto bailaba bailabas bailaba bailábamos bailabais bailaban	**Pret. pluscuamperfecto** había bailado habías bailado había bailado habíamos bailado habíais bailado habían bailado	**Pret. imperfecto** bailara o bailase bailaras o bailases bailara o bailase bailáramos o bailásemos bailarais o bailaseis bailaran o bailasen	**Pret. pluscuamperfecto** hubiera o hubiese bailado hubieras o hubieses bailado hubiera o hubiese bailado hubiéramos o hubiésemos bailado hubierais o hubieseis bailado hubieran o hubiesen bailado
Pret. perf. simple bailé bailaste bailó bailamos bailasteis bailaron	**Pret. anterior** hube bailado hubiste bailado hubo bailado hubimos bailado hubisteis bailado hubieron bailado	**Futuro** bailare bailares bailare bailáremos bailareis bailaren	**Futuro perfecto** hubiere bailado hubieres bailado hubiere bailado hubiéremos bailado hubiereis bailado hubieren bailado
Futuro bailaré bailarás bailará bailaremos bailaréis bailarán	**Futuro perfecto** habré bailado habrás bailado habrá bailado habremos bailado habréis bailado habrán bailado		
Condicional bailaría bailarías bailaría bailaríamos bailaríais bailarían	**Condicional compuesto** habría bailado habrías bailado habría bailado habríamos bailado habríais bailado habrían bailado		

MODO IMPERATIVO

Presente
baila tú
baile él
bailemos nosotros
bailad vosotros
bailen ellos

FORMAS NO PERSONALES	
Infinitivo bailar	**Infinitivo compuesto** haber bailado
Gerundio bailando	**Gerundio compuesto** habiendo bailado
Participio bailado	

11 cambiar

MODO INDICATIVO

Tiempos simples	Tiempos compuestos
Presente	**Pret. perf. compuesto**
cambio	he cambiado
cambias	has cambiado
cambia	ha cambiado
cambiamos	hemos cambiado
cambiáis	habéis cambiado
cambian	han cambiado
Pret. imperfecto	**Pret. pluscuamperfecto**
cambiaba	había cambiado
cambiabas	habías cambiado
cambiaba	había cambiado
cambiábamos	habíamos cambiado
cambiabais	habíais cambiado
cambiaban	habían cambiado
Pret. perf. simple	**Pret. anterior**
cambié	hube cambiado
cambiaste	hubiste cambiado
cambió	hubo cambiado
cambiamos	hubimos cambiado
cambiasteis	hubisteis cambiado
cambiaron	hubieron cambiado
Futuro	**Futuro perfecto**
cambiaré	habré cambiado
cambiarás	habrás cambiado
cambiará	habrá cambiado
cambiaremos	habremos cambiado
cambiaréis	habréis cambiado
cambiarán	habrán cambiado
Condicional	**Condicional compuesto**
cambiaría	habría cambiado
cambiarías	habrías cambiado
cambiaría	habría cambiado
cambiaríamos	habríamos cambiado
cambiaríais	habríais cambiado
cambiarían	habrían cambiado

MODO SUBJUNTIVO

Tiempos simples	Tiempos compuestos
Presente	**Pret. perfecto**
cambie	haya cambiado
cambies	hayas cambiado
cambie	haya cambiado
cambiemos	hayamos cambiado
cambiéis	hayáis cambiado
cambien	hayan cambiado
Pret. imperfecto	**Pret. pluscuamperfecto**
cambiara o cambiase	hubiera o hubiese cambiado
cambiaras o cambiases	hubieras o hubieses cambiado
cambiara o cambiase	hubiera o hubiese cambiado
cambiáramos o cambiásemos	hubiéramos o hubiésemos cambiado
cambiarais o cambiaseis	hubierais o hubieseis cambiado
cambiaran o cambiasen	hubieran o hubiesen cambiado
Futuro	**Futuro perfecto**
cambiare	hubiere cambiado
cambiares	hubieres cambiado
cambiare	hubiere cambiado
cambiáremos	hubiéremos cambiado
cambiareis	hubiereis cambiado
cambiaren	hubieren cambiado

MODO IMPERATIVO

Presente
cambia tú
cambie él
cambiemos nosotros
cambiad vosotros
cambien ellos

FORMAS NO PERSONALES

Infinitivo cambiar	**Infinitivo compuesto** haber cambiado
Gerundio cambiando	**Gerundio compuesto** habiendo cambiado
Participio cambiado	

12 causar

MODO INDICATIVO

Tiempos simples	Tiempos compuestos
Presente causo causas causa causamos causáis causan	**Pret. perf. compuesto** he causado has causado ha causado hemos causado habéis causado han causado
Pret. imperfecto causaba causabas causaba causábamos causabais causaban	**Pret. pluscuamperfecto** había causado habías causado había causado habíamos causado habíais causado habían causado
Pret. perf. simple causé causaste causó causamos causasteis causaron	**Pret. anterior** hube causado hubiste causado hubo causado hubimos causado hubisteis causado hubieron causado
Futuro causaré causarás causará causaremos causaréis causarán	**Futuro perfecto** habré causado habrás causado habrá causado habremos causado habréis causado habrán causado
Condicional causaría causarías causaría causaríamos causaríais causarían	**Condicional compuesto** habría causado habrías causado habría causado habríamos causado habríais causado habrían causado

MODO SUBJUNTIVO

Tiempos simples	Tiempos compuestos
Presente cause causes cause causemos causéis causen	**Pret. perfecto** haya causado hayas causado haya causado hayamos causado hayáis causado hayan causado
Pret. imperfecto causara o causase causaras o causases causara o causase causáramos o causásemos causarais o causaseis causaran o causasen	**Pret. pluscuamperfecto** hubiera o hubiese causado hubieras o hubieses causado hubiera o hubiese causado hubiéramos o hubiésemos causado hubierais o hubieseis causado hubieran o hubiesen causado
Futuro causare causares causare causáremos causareis causaren	**Futuro perfecto** hubiere causado hubieres causado hubiere causado hubiéremos causado hubiereis causado hubieren causado

MODO IMPERATIVO

Presente

causa tú
cause él
causemos nosotros
causad vosotros
causen ellos

FORMAS NO PERSONALES

Infinitivo causar	**Infinitivo compuesto** haber causado
Gerundio causando	**Gerundio compuesto** habiendo causado
Participio causado	

13 desviar

MODO INDICATIVO		MODO SUBJUNTIVO	
Tiempos simples	Tiempos compuestos	Tiempos simples	Tiempos compuestos
Presente	**Pret. perf. compuesto**	**Presente**	**Pret. perfecto**
desvío	he desviado	desvíe	haya desviado
desvías	has desviado	desvíes	hayas desviado
desvía	ha desviado	desvíe	haya desviado
desviamos	hemos desviado	desviemos	hayamos desviado
desviáis	habéis desviado	desviéis	hayáis desviado
desvían	han desviado	desvíen	hayan desviado
Pret. imperfecto	**Pret. pluscuamperfecto**	**Pret. imperfecto**	**Pret. pluscuamperfecto**
desviaba	había desviado	desviara o desviase	hubiera o hubiese desviado
desviabas	habías desviado	desviaras o desviases	hubieras o hubieses desviado
desviaba	había desviado	desviara o desviase	hubiera o hubiese desviado
desviábamos	habíamos desviado	desviáramos o desviásemos	hubiéramos o hubiésemos desviado
desviabais	habíais desviado	desviarais o desviaseis	hubierais o hubieseis desviado
desviaban	habían desviado	desviaran o desviasen	hubieran o hubiesen desviado
Pret. perf. simple	**Pret. anterior**	**Futuro**	**Futuro perfecto**
desvié	hube desviado	desviare	hubiere desviado
desviaste	hubiste desviado	desviares	hubieres desviado
desvió	hubo desviado	desviare	hubiere desviado
desviamos	hubimos desviado	desviáremos	hubiéremos desviado
desviasteis	hubisteis desviado	desviareis	hubiereis desviado
desviaron	hubieron desviado	desviaren	hubieren desviado
Futuro	**Futuro perfecto**		
desviaré	habré desviado		
desviarás	habrás desviado		
desviará	habrá desviado		
desviaremos	habremos desviado		
desviaréis	habréis desviado		
desviarán	habrán desviado		
Condicional	**Condicional compuesto**		
desviaría	habría desviado		
desviarías	habrías desviado		
desviaría	habría desviado		
desviaríamos	habríamos desviado		
desviaríais	habríais desviado		
desviarían	habrían desviado		

MODO IMPERATIVO

Presente
desvía tú
desvíe él
desviemos nosotros
desviad vosotros
desvíen ellos

FORMAS NO PERSONALES

Infinitivo desviar	**Infinitivo compuesto** haber desviado
Gerundio desviando	**Gerundio compuesto** habiendo desviado
Participio desviado	

14 abarcar

MODO INDICATIVO		MODO SUBJUNTIVO	
Tiempos simples	Tiempos compuestos	Tiempos simples	Tiempos compuestos
Presente abarco abarcas abarca abarcamos abarcáis abarcan	**Pret. perf. compuesto** he abarcado has abarcado ha abarcado hemos abarcado habéis abarcado han abarcado	**Presente** abarque abarques abarque abarquemos abarquéis abarquen	**Pret. perfecto** haya abarcado hayas abarcado haya abarcado hayamos abarcado hayáis abarcado hayan abarcado
Pret. imperfecto abarcaba abarcabas abarcaba abarcábamos abarcabais abarcaban	**Pret. pluscuamperfecto** había abarcado habías abarcado había abarcado habíamos abarcado habíais abarcado habían abarcado	**Pret. imperfecto** abarcara o abarcase abarcaras o abarcases abarcara o abarcase abarcáramos o abarcásemos abarcarais o abarcaseis abarcaran o abarcasen	**Pret. pluscuamperfecto** hubiera o hubiese abarcado hubieras o hubieses abarcado hubiera o hubiese abarcado hubiéramos o hubiésemos abarcado hubierais o hubieseis abarcado hubieran o hubiesen abarcado
Pret. perf. simple abarqué abarcaste abarcó abarcamos abarcasteis abarcaron	**Pret. anterior** hube abarcado hubiste abarcado hubo abarcado hubimos abarcado hubisteis abarcado hubieron abarcado	**Futuro** abarcare abarcares abarcare abarcáremos abarcareis abarcaren	**Futuro perfecto** hubiere abarcado hubieres abarcado hubiere abarcado hubiéremos abarcado hubiereis abarcado hubieren abarcado
Futuro abarcaré abarcarás abarcará abarcaremos abarcaréis abarcarán	**Futuro perfecto** habré abarcado habrás abarcado habrá abarcado habremos abarcado habréis abarcado habrán abarcado		
Condicional abarcaría abarcarías abarcaría abarcaríamos abarcaríais abarcarían	**Condicional compuesto** habría abarcado habrías abarcado habría abarcado habríamos abarcado habríais abarcado habrían abarcado		

MODO IMPERATIVO
Presente abarca tú abarque él abarquemos nosotros abarcad vosotros abarquen ellos

FORMAS NO PERSONALES	
Infinitivo abarcar	**Infinitivo compuesto** haber abarcado
Gerundio abarcando	**Gerundio compuesto** habiendo abarcado
Participio abarcado	

15 abrazar

MODO INDICATIVO		MODO SUBJUNTIVO	
Tiempos simples	Tiempos compuestos	Tiempos simples	Tiempos compuestos
Presente abrazo abrazas abraza abrazamos abrazáis abrazan	**Pret. perf. compuesto** he abrazado has abrazado ha abrazado hemos abrazado habéis abrazado han abrazado	**Presente** abrace abraces abrace abracemos abracéis abracen	**Pret. perfecto** haya abrazado hayas abrazado haya abrazado hayamos abrazado hayáis abrazado hayan abrazado
Pret. imperfecto abrazaba abrazabas abrazaba abrazábamos abrazabais abrazaban	**Pret. pluscuamperfecto** había abrazado habías abrazado había abrazado habíamos abrazado habíais abrazado habían abrazado	**Pret. imperfecto** abrazara o abrazase abrazaras o abrazases abrazara o abrazase abrazáramos o abrazásemos abrazarais o abrazaseis abrazaran o abrazasen	**Pret. pluscuamperfecto** hubiera o hubiese abrazado hubieras o hubieses abrazado hubiera o hubiese abrazado hubiéramos o hubiésemos abrazado hubierais o hubieseis abrazado hubieran o hubiesen abrazado
Pret. perf. simple abracé abrazaste abrazó abrazamos abrazasteis abrazaron	**Pret. anterior** hube abrazado hubiste abrazado hubo abrazado hubimos abrazado hubisteis abrazado hubieron abrazado	**Futuro** abrazare abrazares abrazare abrazáremos abrazareis abrazaren	**Futuro perfecto** hubiere abrazado hubieres abrazado hubiere abrazado hubiéremos abrazado hubiereis abrazado hubieren abrazado
Futuro abrazaré abrazarás abrazará abrazaremos abrazaréis abrazarán	**Futuro perfecto** habré abrazado habrás abrazado habrá abrazado habremos abrazado habréis abrazado habrán abrazado	**MODO IMPERATIVO** **Presente** abraza tú abrace él abracemos nosotros abrazad vosotros abracen ellos	
Condicional abrazaría abrazarías abrazaría abrazaríamos abrazaríais abrazarían	**Condicional compuesto** habría abrazado habrías abrazado habría abrazado habríamos abrazado habríais abrazado habrían abrazado	**FORMAS NO PERSONALES** **Infinitivo** abrazar **Gerundio** abrazando **Participio** abrazado	 **Infinitivo compuesto** haber abrazado **Gerundio compuesto** habiendo abrazado

16 ahogar

MODO INDICATIVO

Tiempos simples	Tiempos compuestos
Presente	**Pret. perf. compuesto**
ahogo	he ahogado
ahogas	has ahogado
ahoga	ha ahogado
ahogamos	hemos ahogado
ahogáis	habéis ahogado
ahogan	han ahogado
Pret. imperfecto	**Pret. pluscuamperfecto**
ahogaba	había ahogado
ahogabas	habías ahogado
ahogaba	había ahogado
ahogábamos	habíamos ahogado
ahogabais	habíais ahogado
ahogaban	habían ahogado
Pret. perf. simple	**Pret. anterior**
ahogué	hube ahogado
ahogaste	hubiste ahogado
ahogó	hubo ahogado
ahogamos	hubimos ahogado
ahogasteis	hubisteis ahogado
ahogaron	hubieron ahogado
Futuro	**Futuro perfecto**
ahogaré	habré ahogado
ahogarás	habrás ahogado
ahogará	habrá ahogado
ahogaremos	habremos ahogado
ahogaréis	habréis ahogado
ahogarán	habrán ahogado
Condicional	**Condicional compuesto**
ahogaría	habría ahogado
ahogarías	habrías ahogado
ahogaría	habría ahogado
ahogaríamos	habríamos ahogado
ahogaríais	habríais ahogado
ahogarían	habrían ahogado

MODO SUBJUNTIVO

Tiempos simples	Tiempos compuestos
Presente	**Pret. perfecto**
ahogue	haya ahogado
ahogues	hayas ahogado
ahogue	haya ahogado
ahoguemos	hayamos ahogado
ahoguéis	hayáis ahogado
ahoguen	hayan ahogado
Pret. imperfecto	**Pret. pluscuamperfecto**
ahogara o ahogase	hubiera o hubiese ahogado
ahogaras o ahogases	hubieras o hubieses ahogado
ahogara o ahogase	hubiera o hubiese ahogado
ahogáramos o ahogásemos	hubiéramos o hubiésemos ahogado
ahogarais o ahogaseis	hubierais o hubieseis ahogado
ahogaran o ahogasen	hubieran o hubiesen ahogado
Futuro	**Futuro perfecto**
ahogare	hubiere ahogado
ahogares	hubieres ahogado
ahogare	hubiere ahogado
ahogáremos	hubiéremos ahogado
ahogareis	hubiereis ahogado
ahogaren	hubieren ahogado

MODO IMPERATIVO

Presente

ahoga tú
ahogue él
ahoguemos nosotros
ahogad vosotros
ahoguen ellos

FORMAS NO PERSONALES

Infinitivo ahogar	**Infinitivo compuesto** haber ahogado
Gerundio ahogando	**Gerundio compuesto** habiendo ahogado
Participio ahogado	

17 delinquir

MODO INDICATIVO

Tiempos simples	Tiempos compuestos
Presente	**Pret. perf. compuesto**
delinco	he delinquido
delinques	has delinquido
delinque	ha delinquido
delinquimos	hemos delinquido
delinquís	habéis delinquido
delinquen	han delinquido
Pret. imperfecto	**Pret. pluscuamperfecto**
delinquía	había delinquido
delinquías	habías delinquido
delinquía	había delinquido
delinquíamos	habíamos delinquido
delinquíais	habíais delinquido
delinquían	habían delinquido
Pret. perf. simple	**Pret. anterior**
delinquí	hube delinquido
delinquiste	hubiste delinquido
delinquió	hubo delinquido
delinquimos	hubimos delinquido
delinquisteis	hubisteis delinquido
delinquieron	hubieron delinquido
Futuro	**Futuro perfecto**
delinquiré	habré delinquido
delinquirás	habrás delinquido
delinquirá	habrá delinquido
delinquiremos	habremos delinquido
delinquiréis	habréis delinquido
delinquirán	habrán delinquido
Condicional	**Condicional compuesto**
delinquiría	habría delinquido
delinquirías	habrías delinquido
delinquiría	habría delinquido
delinquiríamos	habríamos delinquido
delinquiríais	habríais delinquido
delinquirían	habrían delinquido

MODO SUBJUNTIVO

Tiempos simples	Tiempos compuestos
Presente	**Pret. perfecto**
delinca	haya delinquido
delincas	hayas delinquido
delinca	haya delinquido
delincamos	hayamos delinquido
delincáis	hayáis delinquido
delincan	hayan delinquido
Pret. imperfecto	**Pret. pluscuamperfecto**
delinquiera o delinquiese	hubiera o hubiese delinquido
delinquieras o delinquieses	hubieras o hubieses delinquido
delinquiera o delinquiese	hubiera o hubiese delinquido
delinquiéramos o delinquiésemos	hubiéramos o hubiésemos delinquido
delinquierais o delinquieseis	hubierais o hubieseis delinquido
delinquieran o delinquiesen	hubieran o hubiesen delinquido
Futuro	**Futuro perfecto**
delinquiere	hubiere delinquido
delinquieres	hubieres delinquido
delinquiere	hubiere delinquido
delinquiéremos	hubiéremos delinquido
delinquiereis	hubiereis delinquido
delinquieren	hubieren delinquido

MODO IMPERATIVO

Presente
delinque tú
delinca él
delincamos nosotros
delinquid vosotros
delincan ellos

FORMAS NO PERSONALES

Infinitivo delinquir	**Infinitivo compuesto** haber delinquido
Gerundio delinquiendo	**Gerundio compuesto** habiendo delinquido
Participio delinquido	

18 distinguir

MODO INDICATIVO

Tiempos simples	Tiempos compuestos	
Presente	**Pret. perf. compuesto**	
distingo	he	distinguido
distingues	has	distinguido
distingue	ha	distinguido
distinguimos	hemos	distinguido
distinguís	habéis	distinguido
distinguen	han	distinguido
Pret. imperfecto	**Pret. pluscuamperfecto**	
distinguía	había	distinguido
distinguías	habías	distinguido
distinguía	había	distinguido
distinguíamos	habíamos	distinguido
distinguíais	habíais	distinguido
distinguían	habían	distinguido
Pret. perf. simple	**Pret. anterior**	
distinguí	hube	distinguido
distinguiste	hubiste	distinguido
distinguió	hubo	distinguido
distinguimos	hubimos	distinguido
distinguisteis	hubisteis	distinguido
distinguieron	hubieron	distinguido
Futuro	**Futuro perfecto**	
distinguiré	habré	distinguido
distinguirás	habrás	distinguido
distinguirá	habrá	distinguido
distinguiremos	habremos	distinguido
distinguiréis	habréis	distinguido
distinguirán	habrán	distinguido
Condicional	**Condicional compuesto**	
distinguiría	habría	distinguido
distinguirías	habrías	distinguido
distinguiría	habría	distinguido
distinguiríamos	habríamos	distinguido
distinguiríais	habríais	distinguido
distinguirían	habrían	distinguido

MODO SUBJUNTIVO

Tiempos simples	Tiempos compuestos	
Presente	**Pret. perfecto**	
distinga	haya	distinguido
distingas	hayas	distinguido
distinga	haya	distinguido
distingamos	hayamos	distinguido
distingáis	hayáis	distinguido
distingan	hayan	distinguido
Pret. imperfecto	**Pret. pluscuamperfecto**	
distinguiera o distinguiese	hubiera o hubiese	distinguido
distinguieras o distinguieses	hubieras o hubieses	distinguido
distinguiera o distinguiese	hubiera o hubiese	distinguido
distinguiéramos o distinguiésemos	hubiéramos o hubiésemos	distinguido
distinguierais o distinguieseis	hubierais o hubieseis	distinguido
distinguieran o distinguiesen	hubieran o hubiesen	distinguido
Futuro	**Futuro perfecto**	
distinguiere	hubiere	distinguido
distinguieres	hubieres	distinguido
distinguiere	hubiere	distinguido
distinguiéremos	hubiéremos	distinguido
distinguiereis	hubiereis	distinguido
distinguieren	hubieren	distinguido

MODO IMPERATIVO

Presente

distingue tú
distinga él
distingamos nosotros
distinguid vosotros
distingan ellos

FORMAS NO PERSONALES

Infinitivo distinguir	**Infinitivo compuesto** haber distinguido
Gerundio distinguiendo	**Gerundio compuesto** habiendo distinguido
Participio distinguido	

19 ejercer

MODO INDICATIVO		MODO SUBJUNTIVO	
Tiempos simples	Tiempos compuestos	Tiempos simples	Tiempos compuestos
Presente	**Pret. perf. compuesto**	**Presente**	**Pret. perfecto**
ejerzo ejerces ejerce ejercemos ejercéis ejercen	he ejercido has ejercido ha ejercido hemos ejercido habéis ejercido han ejercido	ejerza ejerzas ejerza ejerzamos ejerzáis ejerzan	haya ejercido hayas ejercido haya ejercido hayamos ejercido hayáis ejercido hayan ejercido
Pret. imperfecto	**Pret. pluscuamperfecto**	**Pret. imperfecto**	**Pret. pluscuamperfecto**
ejercía ejercías ejercía ejercíamos ejercíais ejercían	había ejercido habías ejercido había ejercido habíamos ejercido habíais ejercido habían ejercido	ejerciera o ejerciese ejercieras o ejercieses ejerciera o ejerciese ejerciéramos o ejerciésemos ejercierais o ejercieseis ejercieran o ejerciesen	hubiera o hubiese ejercido hubieras o hubieses ejercido hubiera o hubiese ejercido hubiéramos o hubiésemos ejercido hubierais o hubieseis ejercido hubieran o hubiesen ejercido
Pret. perf. simple	**Pret. anterior**	**Futuro**	**Futuro perfecto**
ejercí ejerciste ejerció ejercimos ejercisteis ejercieron	hube ejercido hubiste ejercido hubo ejercido hubimos ejercido hubisteis ejercido hubieron ejercido	ejerciere ejercieres ejerciere ejerciéremos ejerciereis ejercieren	hubiere ejercido hubieres ejercido hubiere ejercido hubiéremos ejercido hubiereis ejercido hubieren ejercido
Futuro	**Futuro perfecto**		
ejerceré ejercerás ejercerá ejerceremos ejerceréis ejercerán	habré ejercido habrás ejercido habrá ejercido habremos ejercido habréis ejercido habrán ejercido		
Condicional	**Condicional compuesto**		
ejercería ejercerías ejercería ejerceríamos ejerceríais ejercerían	habría ejercido habrías ejercido habría ejercido habríamos ejercido habríais ejercido habrían ejercido		

MODO IMPERATIVO
Presente
ejerce tú ejerza él ejerzamos nosotros ejerced vosotros ejerzan ellos

FORMAS NO PERSONALES	
Infinitivo ejercer	**Infinitivo compuesto** haber ejercido
Gerundio ejerciendo	**Gerundio compuesto** habiendo ejercido
Participio ejercido	

20 esparcir

MODO INDICATIVO		MODO SUBJUNTIVO	
Tiempos simples	Tiempos compuestos	Tiempos simples	Tiempos compuestos
Presente	**Pret. perf. compuesto**	**Presente**	**Pret. perfecto**
esparzo esparces esparce esparcimos esparcís esparcen	he esparcido has esparcido ha esparcido hemos esparcido habéis esparcido han esparcido	esparza esparzas esparza esparzamos esparzáis esparzan	haya esparcido hayas esparcido haya esparcido hayamos esparcido hayáis esparcido hayan esparcido
Pret. imperfecto	**Pret. pluscuamperfecto**	**Pret. imperfecto**	**Pret. pluscuamperfecto**
esparcía esparcías esparcía esparcíamos esparcíais esparcían	había esparcido habías esparcido había esparcido habíamos esparcido habíais esparcido habían esparcido	esparciera o esparciese esparcieras o esparcieses esparciera o esparciese esparciéramos o esparciésemos esparcierais o esparcieseis esparcieran o esparciesen	hubiera o hubiese esparcido hubieras o hubieses esparcido hubiera o hubiese esparcido hubiéramos o hubiésemos esparcido hubierais o hubieseis esparcido hubieran o hubiesen esparcido
Pret. perf. simple	**Pret. anterior**	**Futuro**	**Futuro perfecto**
esparcí esparciste esparció esparcimos esparcisteis esparcieron	hube esparcido hubiste esparcido hubo esparcido hubimos esparcido hubisteis esparcido hubieron esparcido	esparciere esparcieres esparciere esparciéremos esparciereis esparcieren	hubiere esparcido hubieres esparcido hubiere esparcido hubiéremos esparcido hubiereis esparcido hubieren esparcido

Futuro	**Futuro perfecto**
esparciré esparcirás esparcirá esparciremos esparciréis esparcirán	habré esparcido habrás esparcido habrá esparcido habremos esparcido habréis esparcido habrán esparcido
Condicional	**Condicional compuesto**
esparciría esparcirías esparciría esparciríamos esparciríais esparcirían	habría esparcido habrías esparcido habría esparcido habríamos esparcido habríais esparcido habrían esparcido

MODO IMPERATIVO

Presente
esparce tú
esparza él
esparzamos nosotros
esparcid vosotros
esparzan ellos

FORMAS NO PERSONALES

Infinitivo esparcir	**Infinitivo compuesto** haber esparcido
Gerundio esparciendo	**Gerundio compuesto** habiendo esparcido
Participio esparcido	

21 proteger

MODO INDICATIVO

Tiempos simples		Tiempos compuestos	
Presente		**Pret. perf. compuesto**	
protejo		he	protegido
proteges		has	protegido
protege		ha	protegido
protegemos		hemos	protegido
protegéis		habéis	protegido
protegen		han	protegido
Pret. imperfecto		**Pret. pluscuamperfecto**	
protegía		había	protegido
protegías		habías	protegido
protegía		había	protegido
protegíamos		habíamos	protegido
protegíais		habíais	protegido
protegían		habían	protegido
Pret. perf. simple		**Pret. anterior**	
protegí		hube	protegido
protegiste		hubiste	protegido
protegió		hubo	protegido
protegimos		hubimos	protegido
protegisteis		hubisteis	protegido
protegieron		hubieron	protegido
Futuro		**Futuro perfecto**	
protegeré		habré	protegido
protegerás		habrás	protegido
protegerá		habrá	protegido
protegeremos		habremos	protegido
protegeréis		habréis	protegido
protegerán		habrán	protegido
Condicional		**Condicional compuesto**	
protegería		habría	protegido
protegerías		habrías	protegido
protegería		habría	protegido
protegeríamos		habríamos	protegido
protegeríais		habríais	protegido
protegerían		habrían	protegido

MODO SUBJUNTIVO

Tiempos simples	Tiempos compuestos	
Presente	**Pret. perfecto**	
proteja	haya	protegido
protejas	hayas	protegido
proteja	haya	protegido
protejamos	hayamos	protegido
protejáis	hayáis	protegido
protejan	hayan	protegido
Pret. imperfecto	**Pret. pluscuamperfecto**	
protegiera o protegiese	hubiera o hubiese protegido	
protegieras o protegieses	hubieras o hubieses protegido	
protegiera o protegiese	hubiera o hubiese protegido	
protegiéramos o protegiésemos	hubiéramos o hubiésemos protegido	
protegierais o protegieseis	hubierais o hubieseis protegido	
protegieran o protegiesen	hubieran o hubiesen protegido	
Futuro	**Futuro perfecto**	
protegiere	hubiere	protegido
protegieres	hubieres	protegido
protegiere	hubiere	protegido
protegiéremos	hubiéremos	protegido
protegiereis	hubiereis	protegido
protegieren	hubieren	protegido

MODO IMPERATIVO

Presente

protege tú
proteja él
protejamos nosotros
proteged vosotros
protejan ellos

FORMAS NO PERSONALES

Infinitivo proteger	**Infinitivo compuesto** haber protegido
Gerundio protegiendo	**Gerundio compuesto** habiendo protegido
Participio protegido	

22 urgir

MODO INDICATIVO		MODO SUBJUNTIVO	
Tiempos simples	Tiempos compuestos	Tiempos simples	Tiempos compuestos
Presente urjo urges urge urgimos urgís urgen	**Pret. perf. compuesto** he urgido has urgido ha urgido hemos urgido habéis urgido han urgido	**Presente** urja urjas urja urjamos urjáis urjan	**Pret. perfecto** haya urgido hayas urgido haya urgido hayamos urgido hayáis urgido hayan urgido
Pret. imperfecto urgía urgías urgía urgíamos urgíais urgían	**Pret. pluscuamperfecto** había urgido habías urgido había urgido habíamos urgido habíais urgido habían urgido	**Pret. imperfecto** urgiera o urgiese urgieras o urgieses urgiera o urgiese urgiéramos o urgiésemos urgierais o urgieseis urgieran o urgiesen	**Pret. pluscuamperfecto** hubiera o hubiese urgido hubieras o hubieses urgido hubiera o hubiese urgido hubiéramos o hubiésemos urgido hubierais o hubieseis urgido hubieran o hubiesen urgido
Pret. perf. simple urgí urgiste urgió urgimos urgisteis urgieron	**Pret. anterior** hube urgido hubiste urgido hubo urgido hubimos urgido hubisteis urgido hubieron urgido	**Futuro** urgiere urgieres urgiere urgiéremos urgiereis urgieren	**Futuro perfecto** hubiere urgido hubieres urgido hubiere urgido hubiéremos urgido hubiereis urgido hubieren urgido
Futuro urgiré urgirás urgirá urgiremos urgiréis urgirán	**Futuro perfecto** habré urgido habrás urgido habrá urgido habremos urgido habréis urgido habrán urgido		
Condicional urgiría urgirías urgiría urgiríamos urgiríais urgirían	**Condicional compuesto** habría urgido habrías urgido habría urgido habríamos urgido habríais urgido habrían urgido		

MODO IMPERATIVO

Presente
urge tú
urja él
urjamos nosotros
urgid vosotros
urjan ellos

FORMAS NO PERSONALES

Infinitivo urgir	**Infinitivo compuesto** haber urgido
Gerundio urgiendo	**Gerundio compuesto** habiendo urgido
Participio urgido	

23 acertar

MODO INDICATIVO

Tiempos simples	Tiempos compuestos
Presente	**Pret. perf. compuesto**
acierto	he acertado
aciertas	has acertado
acierta	ha acertado
acertamos	hemos acertado
acertáis	habéis acertado
aciertan	han acertado
Pret. imperfecto	**Pret. pluscuamperfecto**
acertaba	había acertado
acertabas	habías acertado
acertaba	había acertado
acertábamos	habíamos acertado
acertabais	habíais acertado
acertaban	habían acertado
Pret. perf. simple	**Pret. anterior**
acerté	hube acertado
acertaste	hubiste acertado
acertó	hubo acertado
acertamos	hubimos acertado
acertasteis	hubisteis acertado
acertaron	hubieron acertado
Futuro	**Futuro perfecto**
acertaré	habré acertado
acertarás	habrás acertado
acertará	habrá acertado
acertaremos	habremos acertado
acertaréis	habréis acertado
acertarán	habrán acertado
Condicional	**Condicional compuesto**
acertaría	habría acertado
acertarías	habrías acertado
acertaría	habría acertado
acertaríamos	habríamos acertado
acertaríais	habríais acertado
acertarían	habrían acertado

MODO SUBJUNTIVO

Tiempos simples	Tiempos compuestos
Presente	**Pret. perfecto**
acierte	haya acertado
aciertes	hayas acertado
acierte	haya acertado
acertemos	hayamos acertado
acertéis	hayáis acertado
acierten	hayan acertado
Pret. imperfecto	**Pret. pluscuamperfecto**
acertara o acertase	hubiera o hubiese acertado
acertaras o acertases	hubieras o hubieses acertado
acertara o acertase	hubiera o hubiese acertado
acertáramos o acertásemos	hubiéramos o hubiésemos acertado
acertarais o acertaseis	hubierais o hubieseis acertado
acertaran o acertasen	hubieran o hubiesen acertado
Futuro	**Futuro perfecto**
acertare	hubiere acertado
acertares	hubieres acertado
acertare	hubiere acertado
acertáremos	hubiéremos acertado
acertareis	hubiereis acertado
acertaren	hubieren acertado

MODO IMPERATIVO

Presente
acierta tú
acierte él
acertemos nosotros
acertad vosotros
acierten ellos

FORMAS NO PERSONALES

Infinitivo acertar	**Infinitivo compuesto** haber acertado
Gerundio acertando	**Gerundio compuesto** habiendo acertado
Participio acertado	

24 adquirir

MODO INDICATIVO		MODO SUBJUNTIVO	
Tiempos simples	Tiempos compuestos	Tiempos simples	Tiempos compuestos
Presente	**Pret. perf. compuesto**	**Presente**	**Pret. perfecto**
adquiero adquieres adquiere adquirimos adquirís adquieren	he adquirido has adquirido ha adquirido hemos adquirido habéis adquirido han adquirido	adquiera adquieras adquiera adquiramos adquiráis adquieran	haya adquirido hayas adquirido haya adquirido hayamos adquirido hayáis adquirido hayan adquirido
Pret. imperfecto	**Pret. pluscuamperfecto**	**Pret. imperfecto**	**Pret. pluscuamperfecto**
adquiría adquirías adquiría adquiríamos adquiríais adquirían	había adquirido habías adquirido había adquirido habíamos adquirido habíais adquirido habían adquirido	adquiriera o adquiriese adquirieras o adquirieses adquiriera o adquiriese adquiriéramos o adquiriésemos adquirierais o adquirieseis adquirieran o adquiriesen	hubiera o hubiese adquirido hubieras o hubieses adquirido hubiera o hubiese adquirido hubiéramos o hubiésemos adquirido hubierais o hubieseis adquirido hubieran o hubiesen adquirido
Pret. perf. simple	**Pret. anterior**	**Futuro**	**Futuro perfecto**
adquirí adquiriste adquirió adquirimos adquiristeis adquirieron	hube adquirido hubiste adquirido hubo adquirido hubimos adquirido hubisteis adquirido hubieron adquirido	adquiriere adquirieres adquiriere adquiriéremos adquiriereis adquirieren	hubiere adquirido hubieres adquirido hubiere adquirido hubiéremos adquirido hubiereis adquirido hubieren adquirido
Futuro	**Futuro perfecto**		
adquiriré adquirirás adquirirá adquiriremos adquiriréis adquirirán	habré adquirido habrás adquirido habrá adquirido habremos adquirido habréis adquirido habrán adquirido		
Condicional	**Condicional compuesto**		
adquiriría adquirirías adquiriría adquiriríamos adquiriríais adquirirían	habría adquirido habrías adquirido habría adquirido habríamos adquirido habríais adquirido habrían adquirido		

MODO IMPERATIVO
Presente adquiere tú adquiera él adquiramos nosotros adquirid vosotros adquieran ellos

FORMAS NO PERSONALES	
Infinitivo adquirir	**Infinitivo compuesto** haber adquirido
Gerundio adquiriendo	**Gerundio compuesto** habiendo adquirido
Participio adquirido	

25 andar

MODO INDICATIVO

Tiempos simples	Tiempos compuestos	
Presente	**Pret. perf. compuesto**	
ando	he	andado
andas	has	andado
anda	ha	andado
andamos	hemos	andado
andáis	habéis	andado
andan	han	andado
Pret. imperfecto	**Pret. pluscuamperfecto**	
andaba	había	andado
andabas	habías	andado
andaba	había	andado
andábamos	habíamos	andado
andabais	habíais	andado
andaban	habían	andado
Pret. perf. simple	**Pret. anterior**	
anduve	hube	andado
anduviste	hubiste	andado
anduvo	hubo	andado
anduvimos	hubimos	andado
anduvisteis	hubisteis	andado
anduvieron	hubieron	andado
Futuro	**Futuro perfecto**	
andaré	habré	andado
andarás	habrás	andado
andará	habrá	andado
andaremos	habremos	andado
andaréis	habréis	andado
andarán	habrán	andado
Condicional	**Condicional compuesto**	
andaría	habría	andado
andarías	habrías	andado
andaría	habría	andado
andaríamos	habríamos	andado
andaríais	habríais	andado
andarían	habrían	andado

MODO SUBJUNTIVO

Tiempos simples	Tiempos compuestos	
Presente	**Pret. perfecto**	
ande	haya	andado
andes	hayas	andado
ande	haya	andado
andemos	hayamos	andado
andéis	hayáis	andado
anden	hayan	andado
Pret. imperfecto	**Pret. pluscuamperfecto**	
anduviera o anduviese	hubiera o hubiese andado	
anduvieras o anduvieses	hubieras o hubieses andado	
anduviera o anduviese	hubiera o hubiese andado	
anduviéramos o anduviésemos	hubiéramos o hubiésemos andado	
anduvierais o anduvieseis	hubierais o hubieseis andado	
anduvieran o anduviesen	hubieran o hubiesen andado	
Futuro	**Futuro perfecto**	
anduviere	hubiere	andado
anduvieres	hubieres	andado
anduviere	hubiere	andado
anduviéremos	hubiéremos	andado
anduviereis	hubiereis	andado
anduvieren	hubieren	andado

MODO IMPERATIVO

Presente

anda tú
ande él
andemos nosotros
andad vosotros
anden ellos

FORMAS NO PERSONALES

Infinitivo andar	**Infinitivo compuesto** haber andado
Gerundio andando	**Gerundio compuesto** habiendo andado
Participio andado	

26 asir

MODO INDICATIVO		MODO SUBJUNTIVO	
Tiempos simples	Tiempos compuestos	Tiempos simples	Tiempos compuestos
Presente	**Pret. perf. compuesto**	**Presente**	**Pret. perfecto**
asgo	he asido	asga	haya asido
ases	has asido	asgas	hayas asido
ase	ha asido	asga	haya asido
asimos	hemos asido	asgamos	hayamos asido
asís	habéis asido	asgáis	hayáis asido
asen	han asido	asgan	hayan asido
Pret. imperfecto	**Pret. pluscuamperfecto**	**Pret. imperfecto**	**Pret. pluscuamperfecto**
asía	había asido	asiera o asiese	hubiera o hubiese asido
asías	habías asido	asieras o asieses	hubieras o hubieses asido
asía	había asido	asiera o asiese	hubiera o hubiese asido
asíamos	habíamos asido	asiéramos o asiésemos	hubiéramos o hubiésemos asido
asíais	habíais asido	asierais o asieseis	hubierais o hubieseis asido
asían	habían asido	asieran o asiesen	hubieran o hubiesen asido
Pret. perf. simple	**Pret. anterior**	**Futuro**	**Futuro perfecto**
así	hube asido	asiere	hubiere asido
asiste	hubiste asido	asires	hubieres asido
asió	hubo asido	asiere	hubiere asido
asimos	hubimos asido	asiéremos	hubiéremos asido
asisteis	hubisteis asido	asiereis	hubiereis asido
asieron	hubieron asido	asieren	hubieren asido

MODO INDICATIVO	
Futuro	**Futuro perfecto**
asiré	habré asido
asirás	habrás asido
asirá	habrá asido
asiremos	habremos asido
asiréis	habréis asido
asirán	habrán asido
Condicional	**Condicional compuesto**
asiría	habría asido
asirías	habrías asido
asiría	habría asido
asiríamos	habríamos asido
asiríais	habríais asido
asirían	habrían asido

MODO IMPERATIVO

Presente
ase tú
asga él
asgamos nosotros
asid vosotros
asgan ellos

FORMAS NO PERSONALES	
Infinitivo asir	**Infinitivo compuesto** haber asido
Gerundio asiendo	**Gerundio compuesto** habiendo asido
Participio asido	

27 bendecir

MODO INDICATIVO		MODO SUBJUNTIVO	
Tiempos simples	Tiempos compuestos	Tiempos simples	Tiempos compuestos
Presente	**Pret. perf. compuesto**	**Presente**	**Pret. perfecto**
bendigo	he bendecido	bendiga	haya bendecido
bendices	has bendecido	bendigas	hayas bendecido
bendice	ha bendecido	bendiga	haya bendecido
bendecimos	hemos bendecido	bendigamos	hayamos bendecido
bendecís	habéis bendecido	bendigáis	hayáis bendecido
bendicen	han bendecido	bendigan	hayan bendecido
Pret. imperfecto	**Pret. pluscuamperfecto**	**Pret. imperfecto**	**Pret. pluscuamperfecto**
bendecía	había bendecido	bendijera o bendijese	hubiera o hubiese bendecido
bendecías	habías bendecido	bendijeras o bendijeses	hubieras o hubieses bendecido
bendecía	había bendecido	bendijera o bendijese	hubiera o hubiese bendecido
bendecíamos	habíamos bendecido	bendijéramos o bendijésemos	hubiéramos o hubiésemos bendecido
bendecíais	habíais bendecido	bendijerais o bendijeseis	hubierais o hubieseis bendecido
bendecían	habían bendecido	bendijeran o bendijesen	hubieran o hubiesen bendecido
Pret. perf. simple	**Pret. anterior**	**Futuro**	**Futuro perfecto**
bendije	hube bendecido	bendijere	hubiere bendecido
bendijiste	hubiste bendecido	bendijeres	hubieres bendecido
bendijo	hubo bendecido	bendijere	hubiere bendecido
bendijimos	hubimos bendecido	bendijéremos	hubiéremos bendecido
bendijisteis	hubisteis bendecido	bendijereis	hubiereis bendecido
bendijeron	hubieron bendecido	bendijeren	hubieren bendecido

MODO INDICATIVO	
Futuro	**Futuro perfecto**
bendeciré	habré bendecido
bendecirás	habrás bendecido
bendecirá	habrá bendecido
bendeciremos	habremos bendecido
bendeciréis	habréis bendecido
bendecirán	habrán bendecido
Condicional	**Condicional compuesto**
bendeciría	habría bendecido
bendecirías	habrías bendecido
bendeciría	habría bendecido
bendeciríamos	habríamos bendecido
bendeciríais	habríais bendecido
bendecirían	habrían bendecido

MODO IMPERATIVO

Presente
bendice tú
bendiga él
bendigamos nosotros
bendecid vosotros
bendigan ellos

FORMAS NO PERSONALES	
Infinitivo bendecir	**Infinitivo compuesto** haber bendecido
Gerundio bendiciendo	**Gerundio compuesto** habiendo bendecido
Participio bendecido	

28 caber

MODO INDICATIVO		MODO SUBJUNTIVO	
Tiempos simples	Tiempos compuestos	Tiempos simples	Tiempos compuestos
Presente	**Pret. perf. compuesto**	**Presente**	**Pret. perfecto**
quepo cabes cabe cabemos cabéis caben	he cabido has cabido ha cabido hemos cabido habéis cabido han cabido	quepa quepas quepa quepamos quepáis quepan	haya cabido hayas cabido haya cabido hayamos cabido hayáis cabido hayan cabido
Pret. imperfecto	**Pret. pluscuamperfecto**	**Pret. imperfecto**	**Pret. pluscuamperfecto**
cabía cabías cabía cabíamos cabíais cabían	había cabido habías cabido había cabido habíamos cabido habíais cabido habían cabido	cupiera o cupiese cupieras o cupieses cupiera o cupiese cupiéramos o cupiésemos cupierais o cupieseis cupieran o cupiesen	hubiera o hubiese cabido hubieras o hubieses cabido hubiera o hubiese cabido hubiéramos o hubiésemos cabido hubierais o hubieseis cabido hubieran o hubiesen cabido
Pret. perf. simple	**Pret. anterior**	**Futuro**	**Futuro perfecto**
cupe cupiste cupo cupimos cupisteis cupieron	hube cabido hubiste cabido hubo cabido hubimos cabido hubisteis cabido hubieron cabido	cupiere cupieres cupiere cupiéremos cupiereis cupieren	hubiere cabido hubieres cabido hubiere cabido hubiéremos cabido hubiereis cabido hubieren cabido
Futuro	**Futuro perfecto**	**MODO IMPERATIVO**	
cabré cabrás cabrá cabremos cabréis cabrán	habré cabido habrás cabido habrá cabido habremos cabido habréis cabido habrán cabido	**Presente** cabe tú quepa él quepamos nosotros cabed vosotros quepan ellos	
Condicional	**Condicional compuesto**	**FORMAS NO PERSONALES**	
cabría cabrías cabría cabríamos cabríais cabrían	habría cabido habrías cabido habría cabido habríamos cabido habríais cabido habrían cabido	**Infinitivo** caber	**Infinitivo compuesto** haber cabido
		Gerundio cabiendo	**Gerundio compuesto** habiendo cabido
		Participio cabido	

29 caer

MODO INDICATIVO

Tiempos simples	Tiempos compuestos
Presente	**Pret. perf. compuesto**
caigo	he caído
caes	has caído
cae	ha caído
caemos	hemos caído
caéis	habéis caído
caen	han caído
Pret. imperfecto	**Pret. pluscuamperfecto**
caía	había caído
caías	habías caído
caía	había caído
caíamos	habíamos caído
caíais	habíais caído
caían	habían caído
Pret. perf. simple	**Pret. anterior**
caí	hube caído
caíste	hubiste caído
cayó	hubo caído
caímos	hubimos caído
caísteis	hubisteis caído
cayeron	hubieron caído
Futuro	**Futuro perfecto**
caeré	habré caído
caerás	habrás caído
caerá	habrá caído
caeremos	habremos caído
caeréis	habréis caído
caerán	habrán caído
Condicional	**Condicional compuesto**
caería	habría caído
caerías	habrías caído
caería	habría caído
caeríamos	habríamos caído
caeríais	habríais caído
caerían	habrían caído

MODO SUBJUNTIVO

Tiempos simples	Tiempos compuestos
Presente	**Pret. perfecto**
caiga	haya caído
caigas	hayas caído
caiga	haya caído
caigamos	hayamos caído
caigáis	hayáis caído
caigan	hayan caído
Pret. imperfecto	**Pret. pluscuamperfecto**
cayera o cayese	hubiera o hubiese caído
cayeras o cayeses	hubieras o hubieses caído
cayera o cayese	hubiera o hubiese caído
cayéramos o cayésemos	hubiéramos o hubiésemos caído
cayerais o cayeseis	hubierais o hubieseis caído
cayeran o cayesen	hubieran o hubiesen caído
Futuro	**Futuro perfecto**
cayere	hubiere caído
cayeres	hubieres caído
cayere	hubiere caído
cayéremos	hubiéremos caído
cayereis	hubiereis caído
cayeren	hubieren caído

MODO IMPERATIVO

Presente
cae tú
caiga él
caigamos nosotros
caed vosotros
caigan ellos

FORMAS NO PERSONALES

Infinitivo caer	**Infinitivo compuesto** haber caído
Gerundio cayendo	**Gerundio compuesto** habiendo caído
Participio caído	

30 ceñir

MODO INDICATIVO		MODO SUBJUNTIVO	
Tiempos simples	Tiempos compuestos	Tiempos simples	Tiempos compuestos
Presente ciño ciñes ciñe ceñimos ceñís ciñen	**Pret. perf. compuesto** he ceñido has ceñido ha ceñido hemos ceñido habéis ceñido han ceñido	**Presente** ciña ciñas ciña ciñamos ciñáis ciñan	**Pret. perfecto** haya ceñido hayas ceñido haya ceñido hayamos ceñido hayáis ceñido hayan ceñido
Pret. imperfecto ceñía ceñías ceñía ceñíamos ceñíais ceñían	**Pret. pluscuamperfecto** había ceñido habías ceñido había ceñido habíamos ceñido habíais ceñido habían ceñido	**Pret. imperfecto** ciñera o ciñese ciñeras o ciñeses ciñera o ciñese ciñéramos o ciñésemos ciñerais o ciñeseis ciñeran o ciñesen	**Pret. pluscuamperfecto** hubiera o hubiese ceñido hubieras o hubieses ceñido hubiera o hubiese ceñido hubiéramos o hubiésemos ceñido hubierais o hubieseis ceñido hubieran o hubiesen ceñido
Pret. perf. simple ceñí ceñiste ciñó ceñimos ceñisteis ciñeron	**Pret. anterior** hube ceñido hubiste ceñido hubo ceñido hubimos ceñido hubisteis ceñido hubieron ceñido	**Futuro** ciñere ciñeres ciñere ciñéremos ciñereis ciñeren	**Futuro perfecto** hubiere ceñido hubieres ceñido hubiere ceñido hubiéremos ceñido hubiereis ceñido hubieren ceñido
Futuro ceñiré ceñirás ceñirá ceñiremos ceñiréis ceñirán	**Futuro perfecto** habré ceñido habrás ceñido habrá ceñido habremos ceñido habréis ceñido habrán ceñido		
Condicional ceñiría ceñirías ceñiría ceñiríamos ceñiríais ceñirían	**Condicional compuesto** habría ceñido habrías ceñido habría ceñido habríamos ceñido habríais ceñido habrían ceñido		

MODO IMPERATIVO
Presente ciñe tú ciña él ciñamos nosotros ceñid vosotros ciñan ellos

FORMAS NO PERSONALES	
Infinitivo ceñir	**Infinitivo compuesto** haber ceñido
Gerundio ciñendo	**Gerundio compuesto** habiendo ceñido
Participio ceñido	

31 conducir

MODO INDICATIVO

Tiempos simples	Tiempos compuestos
Presente	**Pret. perf. compuesto**
conduzco	he conducido
conduces	has conducido
conduce	ha conducido
conducimos	hemos conducido
conducís	habéis conducido
conducen	han conducido
Pret. imperfecto	**Pret. pluscuamperfecto**
conducía	había conducido
conducías	habías conducido
conducía	había conducido
conducíamos	habíamos conducido
conducíais	habíais conducido
conducían	habían conducido
Pret. perf. simple	**Pret. anterior**
conduje	hube conducido
condujiste	hubiste conducido
condujo	hubo conducido
condujimos	hubimos conducido
condujisteis	hubisteis conducido
condujeron	hubieron conducido
Futuro	**Futuro perfecto**
conduciré	habré conducido
conducirás	habrás conducido
conducirá	habrá conducido
conduciremos	habremos conducido
conduciréis	habréis conducido
conducirán	habrán conducido
Condicional	**Condicional compuesto**
conduciría	habría conducido
conducirías	habrías conducido
conduciría	habría conducido
conduciríamos	habríamos conducido
conduciríais	habríais conducido
conducirían	habrían conducido

MODO SUBJUNTIVO

Tiempos simples	Tiempos compuestos
Presente	**Pret. perfecto**
conduzca	haya conducido
conduzcas	hayas conducido
conduzca	haya conducido
conduzcamos	hayamos conducido
conduzcáis	hayáis conducido
conduzcan	hayan conducido
Pret. imperfecto	**Pret. pluscuamperfecto**
condujera o condujese	hubiera o hubiese conducido
condujeras o condujeses	hubieras o hubieses conducido
condujera o condujese	hubiera o hubiese conducido
condujéramos o condujésemos	hubiéramos o hubiésemos conducido
condujerais o condujeseis	hubierais o hubieseis conducido
condujeran o condujesen	hubieran o hubiesen conducido
Futuro	**Futuro perfecto**
condujere	hubiere conducido
condujeres	hubieres conducido
condujere	hubiere conducido
condujéremos	hubiéremos conducido
condujereis	hubiereis conducido
condujeren	hubieren conducido

MODO IMPERATIVO

Presente

conduce tú
conduzca él
conduzcamos nosotros
conducid vosotros
conduzcan ellos

FORMAS NO PERSONALES

Infinitivo conducir	**Infinitivo compuesto** haber conducido
Gerundio conduciendo	**Gerundio compuesto** habiendo conducido
Participio conducido	

32 contar

MODO INDICATIVO		MODO SUBJUNTIVO	
Tiempos simples	Tiempos compuestos	Tiempos simples	Tiempos compuestos
Presente cuento cuentas cuenta contamos contáis cuentan	**Pret. perf. compuesto** he contado has contado ha contado hemos contado habéis contado han contado	**Presente** cuente cuentes cuente contemos contéis cuenten	**Pret. perfecto** haya contado hayas contado haya contado hayamos contado hayáis contado hayan contado
Pret. imperfecto contaba contabas contaba contábamos contabais contaban	**Pret. pluscuamperfecto** había contado habías contado había contado habíamos contado habíais contado habían contado	**Pret. imperfecto** contara o contase contaras o contases contara o contase contáramos o contásemos contarais o contaseis contaran o contasen	**Pret. pluscuamperfecto** hubiera o hubiese contado hubieras o hubieses contado hubiera o hubiese contado hubiéramos o hubiésemos contado hubierais o hubieseis contado hubieran o hubiesen contado
Pret. perf. simple conté contaste contó contamos contasteis contaron	**Pret. anterior** hube contado hubiste contado hubo contado hubimos contado hubisteis contado hubieron contado	**Futuro** contare contares contare contáremos contareis contaren	**Futuro perfecto** hubiere contado hubieres contado hubiere contado hubiéremos contado hubiereis contado hubieren contado
Futuro contaré contarás contará contaremos contaréis contarán	**Futuro perfecto** habré contado habrás contado habrá contado habremos contado habréis contado habrán contado		
Condicional contaría contarías contaría contaríamos contaríais contarían	**Condicional compuesto** habría contado habrías contado habría contado habríamos contado habríais contado habrían contado		

MODO IMPERATIVO

Presente
cuenta tú
cuente él
contemos nosotros
contad vosotros
cuenten ellos

FORMAS NO PERSONALES

Infinitivo	Infinitivo compuesto
contar	haber contado
Gerundio	**Gerundio compuesto**
contando	habiendo contado
Participio	
contado	

33 creer

MODO INDICATIVO

Tiempos simples		Tiempos compuestos	
Presente		**Pret. perf. compuesto**	
creo		he	creído
crees		has	creído
cree		ha	creído
creemos		hemos	creído
creéis		habéis	creído
creen		han	creído
Pret. imperfecto		**Pret. pluscuamperfecto**	
creía		había	creído
creías		habías	creído
creía		había	creído
creíamos		habíamos	creído
creíais		habíais	creído
creían		habían	creído
Pret. perf. simple		**Pret. anterior**	
creí		hube	creído
creíste		hubiste	creído
creyó		hubo	creído
creímos		hubimos	creído
creísteis		hubisteis	creído
creyeron		hubieron	creído
Futuro		**Futuro perfecto**	
creeré		habré	creído
creerás		habrás	creído
creerá		habrá	creído
creeremos		habremos	creído
creeréis		habréis	creído
creerán		habrán	creído
Condicional		**Condicional compuesto**	
creería		habría	creído
creerías		habrías	creído
creería		habría	creído
creeríamos		habríamos	creído
creeríais		habríais	creído
creerían		habrían	creído

MODO SUBJUNTIVO

Tiempos simples	Tiempos compuestos	
Presente	**Pret. perfecto**	
crea	haya	creído
creas	hayas	creído
crea	haya	creído
creamos	hayamos	creído
creáis	hayáis	creído
crean	hayan	creído
Pret. imperfecto	**Pret. pluscuamperfecto**	
creyera o creyese	hubiera o hubiese creído	
creyeras o creyeses	hubieras o hubieses creído	
creyera o creyese	hubiera o hubiese creído	
creyéramos o creyésemos	hubiéramos o hubiésemos creído	
creyerais o creyeseis	hubierais o hubieseis creído	
creyeran o creyesen	hubieran o hubiesen creído	
Futuro	**Futuro perfecto**	
creyere	hubiere	creído
creyeres	hubieres	creído
creyere	hubiere	creído
creyéremos	hubiéremos	creído
creyereis	hubiereis	creído
creyeren	hubieren	creído

MODO IMPERATIVO

Presente

cree tú
crea él
creamos nosotros
creed vosotros
crean ellos

FORMAS NO PERSONALES

Infinitivo	**Infinitivo compuesto**
creer	haber creído
Gerundio	**Gerundio compuesto**
creyendo	habiendo creído
Participio	
creído	

34 dar

MODO INDICATIVO		MODO SUBJUNTIVO	
Tiempos simples	Tiempos compuestos	Tiempos simples	Tiempos compuestos
Presente doy das da damos dais dan	**Pret. perf. compuesto** he dado has dado ha dado hemos dado habéis dado han dado	**Presente** dé des dé demos deis den	**Pret. perfecto** haya dado hayas dado haya dado hayamos dado hayáis dado hayan dado
Pret. imperfecto daba dabas daba dábamos dabais daban	**Pret. pluscuamperfecto** había dado habías dado había dado habíamos dado habíais dado habían dado	**Pret. imperfecto** diera o diese dieras o dieses diera o diese diéramos o diésemos dierais o dieseis dieran o diesen	**Pret. pluscuamperfecto** hubiera o hubiese dado hubieras o hubieses dado hubiera o hubiese dado hubiéramos o hubiésemos dado hubierais o hubieseis dado hubieran o hubiesen dado
Pret. perf. simple di diste dio dimos disteis dieron	**Pret. anterior** hube dado hubiste dado hubo dado hubimos dado hubisteis dado hubieron dado	**Futuro** diere dieres diere diéremos diereis dieren	**Futuro perfecto** hubiere dado hubieres dado hubiere dado hubiéremos dado hubiereis dado hubieren dado
Futuro daré darás dará daremos daréis darán	**Futuro perfecto** habré dado habrás dado habrá dado habremos dado habréis dado habrán dado		
Condicional daría darías daría daríamos daríais darían	**Condicional compuesto** habría dado habrías dado habría dado habríamos dado habríais dado habrían dado		

MODO IMPERATIVO
Presente da tú dé él demos nosotros dad vosotros den ellos

FORMAS NO PERSONALES	
Infinitivo dar	**Infinitivo compuesto** haber dado
Gerundio dando	**Gerundio compuesto** habiendo dado
Participio dado	

35 decir

MODO INDICATIVO		MODO SUBJUNTIVO	
Tiempos simples	Tiempos compuestos	Tiempos simples	Tiempos compuestos
Presente	**Pret. perf. compuesto**	**Presente**	**Pret. perfecto**
digo dices dice decimos decís dicen	he dicho has dicho ha dicho hemos dicho habéis dicho han dicho	diga digas diga digamos digáis digan	haya dicho hayas dicho haya dicho hayamos dicho hayáis dicho hayan dicho
Pret. imperfecto	**Pret. pluscuamperfecto**	**Pret. imperfecto**	**Pret. pluscuamperfecto**
decía decías decía decíamos decíais decían	había dicho habías dicho había dicho habíamos dicho habíais dicho habían dicho	dijera o dijese dijeras o dijeses dijera o dijese dijéramos o dijésemos dijerais o dijeseis dijeran o dijesen	hubiera o hubiese dicho hubieras o hubieses dicho hubiera o hubiese dicho hubiéramos o hubiésemos dicho hubierais o hubieseis dicho hubieran o hubiesen dicho
Pret. perf. simple	**Pret. anterior**	**Futuro**	**Futuro perfecto**
dije dijiste dijo dijimos dijisteis dijeron	hube dicho hubiste dicho hubo dicho hubimos dicho hubisteis dicho hubieron dicho	dijere dijeres dijere dijéremos dijereis dijeren	hubiere dicho hubieres dicho hubiere dicho hubiéremos dicho hubiereis dicho hubieren dicho
Futuro	**Futuro perfecto**		
diré dirás dirá diremos diréis dirán	habré dicho habrás dicho habrá dicho habremos dicho habréis dicho habrán dicho		
Condicional	**Condicional compuesto**		
diría dirías diría diríamos diríais dirían	habría dicho habrías dicho habría dicho habríamos dicho habríais dicho habrían dicho		

MODO IMPERATIVO
Presente di tú diga él digamos nosotros decid vosotros digan ellos

FORMAS NO PERSONALES	
Infinitivo decir	**Infinitivo compuesto** haber dicho
Gerundio diciendo	**Gerundio compuesto** habiendo dicho
Participio dicho	

36 desosar

MODO INDICATIVO		MODO SUBJUNTIVO	
Tiempos simples	Tiempos compuestos	Tiempos simples	Tiempos compuestos
Presente	**Pret. perf. compuesto**	**Presente**	**Pret. perfecto**
deshueso	he desosado	deshuese	haya desosado
deshuesas	has desosado	deshueses	hayas desosado
deshuesa	ha desosado	deshuese	haya desosado
desosamos	hemos desosado	desosemos	hayamos desosado
desosáis	habéis desosado	desoséis	hayáis desosado
deshuesan	han desosado	deshuesen	hayan desosado
Pret. imperfecto	**Pret. pluscuamperfecto**	**Pret. imperfecto**	**Pret. pluscuamperfecto**
desosaba	había desosado	desosara o desosase	hubiera o hubiese desosado
desosabas	habías desosado	desosaras o desosases	hubieras o hubieses desosado
desosaba	había desosado	desosara o desosase	hubiera o hubiese desosado
desosábamos	habíamos desosado	desosáramos o desosásemos	hubiéramos o hubiésemos desosado
desosabais	habíais desosado	desosarais o desosaseis	hubierais o hubieseis desosado
desosaban	habían desosado	desosaran o desosasen	hubieran o hubiesen desosado
Pret. perf. simple	**Pret. anterior**	**Futuro**	**Futuro perfecto**
desosé	hube desosado	desosare	hubiere desosado
desosaste	hubiste desosado	desosares	hubieres desosado
desosó	hubo desosado	desosare	hubiere desosado
desosamos	hubimos desosado	desosáremos	hubiéremos desosado
desosasteis	hubisteis desosado	desosareis	hubiereis desosado
desosaron	hubieron desosado	desosaren	hubieren desosado

MODO INDICATIVO	
Futuro	**Futuro perfecto**
desosaré	habré desosado
desosarás	habrás desosado
desosará	habrá desosado
desosaremos	habremos desosado
desosaréis	habréis desosado
desosarán	habrán desosado
Condicional	**Condicional compuesto**
desosaría	habría desosado
desosarías	habrías desosado
desosaría	habría desosado
desosaríamos	habríamos desosado
desosaríais	habríais desosado
desosarían	habrían desosado

MODO IMPERATIVO

Presente
deshuesa tú
deshuese él
desosemos nosotros
desosad vosotros
deshuesen ellos

FORMAS NO PERSONALES	
Infinitivo desosar	**Infinitivo compuesto** haber desosado
Gerundio desosando	**Gerundio compuesto** habiendo desosado
Participio desosado	

37 discernir

MODO INDICATIVO

Tiempos simples	Tiempos compuestos
Presente	**Pret. perf. compuesto**
discierno	he discernido
disciernes	has discernido
discierne	ha discernido
discernimos	hemos discernido
discernís	habéis discernido
disciernen	han discernido
Pret. imperfecto	**Pret. pluscuamperfecto**
discernía	había discernido
discernías	habías discernido
discernía	había discernido
discerníamos	habíamos discernido
discerníais	habíais discernido
discernían	habían discernido
Pret. perf. simple	**Pret. anterior**
discerní	hube discernido
discerniste	hubiste discernido
discernió	hubo discernido
discernimos	hubimos discernido
discernisteis	hubisteis discernido
discernieron	hubieron discernido
Futuro	**Futuro perfecto**
discerniré	habré discernido
discernirás	habrás discernido
discernirá	habrá discernido
discerniremos	habremos discernido
discerniréis	habréis discernido
discernirán	habrán discernido
Condicional	**Condicional compuesto**
discerniría	habría discernido
discernirías	habrías discernido
discerniría	habría discernido
discerniríamos	habríamos discernido
discerniríais	habríais discernido
discernirían	habrían discernido

MODO SUBJUNTIVO

Tiempos simples	Tiempos compuestos
Presente	**Pret. perfecto**
discierna	haya discernido
disciernas	hayas discernido
discierna	haya discernido
discernamos	hayamos discernido
discernáis	hayáis discernido
disciernan	hayan discernido
Pret. imperfecto	**Pret. pluscuamperfecto**
discerniera o discerniese	hubiera o hubiese discernido
discernieras o discernieses	hubieras o hubieses discernido
discerniera o discerniese	hubiera o hubiese discernido
discerniéramos o discerniésemos	hubiéramos o hubiésemos discernido
discernierais o discernieseis	hubierais o hubieseis discernido
discernieran o discerniesen	hubieran o hubiesen discernido
Futuro	**Futuro perfecto**
discerniere	hubiere discernido
discernieres	hubieres discernido
discerniere	hubiere discernido
discerniéremos	hubiéremos discernido
discerniereis	hubiereis discernido
discernieren	hubieren discernido

MODO IMPERATIVO

Presente
discierne tú
discierna él
discernamos nosotros
discernid vosotros
disciernan ellos

FORMAS NO PERSONALES

Infinitivo discernir	**Infinitivo compuesto** haber discernido
Gerundio discerniendo	**Gerundio compuesto** habiendo discernido
Participio discernido	

38 dormir

MODO INDICATIVO

Tiempos simples	Tiempos compuestos	
Presente	**Pret. perf. compuesto**	
duermo	he	dormido
duermes	has	dormido
duerme	ha	dormido
dormimos	hemos	dormido
dormís	habéis	dormido
duermen	han	dormido
Pret. imperfecto	**Pret. pluscuamperfecto**	
dormía	había	dormido
dormías	habías	dormido
dormía	había	dormido
dormíamos	habíamos	dormido
dormíais	habíais	dormido
dormían	habían	dormido
Pret. perf. simple	**Pret. anterior**	
dormí	hube	dormido
dormiste	hubiste	dormido
durmió	hubo	dormido
dormimos	hubimos	dormido
dormisteis	hubisteis	dormido
durmieron	hubieron	dormido
Futuro	**Futuro perfecto**	
dormiré	habré	dormido
dormirás	habrás	dormido
dormirá	habrá	dormido
dormiremos	habremos	dormido
dormiréis	habréis	dormido
dormirán	habrán	dormido
Condicional	**Condicional compuesto**	
dormiría	habría	dormido
dormirías	habrías	dormido
dormiría	habría	dormido
dormiríamos	habríamos	dormido
dormiríais	habríais	dormido
dormirían	habrían	dormido

MODO SUBJUNTIVO

Tiempos simples	Tiempos compuestos	
Presente	**Pret. perfecto**	
duerma	haya	dormido
duermas	hayas	dormido
duerma	haya	dormido
durmamos	hayamos	dormido
durmáis	hayáis	dormido
duerman	hayan	dormido
Pret. imperfecto	**Pret. pluscuamperfecto**	
durmiera o durmiese	hubiera o hubiese	dormido
durmieras o durmieses	hubieras o hubieses	dormido
durmiera o durmiese	hubiera o hubiese	dormido
durmiéramos o durmiésemos	hubiéramos o hubiésemos	dormido
durmierais o durmieseis	hubierais o hubieseis	dormido
durmieran o durmiesen	hubieran o hubiesen	dormido
Futuro	**Futuro perfecto**	
durmiere	hubiere	dormido
durmieres	hubieres	dormido
durmiere	hubiere	dormido
durmiéremos	hubiéremos	dormido
durmiereis	hubiereis	dormido
durmieren	hubieren	dormido

MODO IMPERATIVO

Presente
duerme tú
duerma él
durmamos nosotros
dormid vosotros
duerman ellos

FORMAS NO PERSONALES

Infinitivo dormir	**Infinitivo compuesto** haber dormido
Gerundio durmiendo	**Gerundio compuesto** habiendo dormido
Participio dormido	

39 entender

MODO INDICATIVO

Tiempos simples	Tiempos compuestos
Presente	**Pret. perf. compuesto**
entiendo	he entendido
entiendes	has entendido
entiende	ha entendido
entendemos	hemos entendido
entendéis	habéis entendido
entienden	han entendido
Pret. imperfecto	**Pret. pluscuamperfecto**
entendía	había entendido
entendías	habías entendido
entendía	había entendido
entendíamos	habíamos entendido
entendíais	habíais entendido
entendían	habían entendido
Pret. perf. simple	**Pret. anterior**
entendí	hube entendido
entendiste	hubiste entendido
entendió	hubo entendido
entendimos	hubimos entendido
entendisteis	hubisteis entendido
entendieron	hubieron entendido
Futuro	**Futuro perfecto**
entenderé	habré entendido
entenderás	habrás entendido
entenderá	habrá entendido
entenderemos	habremos entendido
entenderéis	habréis entendido
entenderán	habrán entendido
Condicional	**Condicional compuesto**
entendería	habría entendido
entenderías	habrías entendido
entendería	habría entendido
entenderíamos	habríamos entendido
entenderíais	habríais entendido
entenderían	habrían entendido

MODO SUBJUNTIVO

Tiempos simples	Tiempos compuestos
Presente	**Pret. perfecto**
entienda	haya entendido
entiendas	hayas entendido
entienda	haya entendido
entendamos	hayamos entendido
entendáis	hayáis entendido
entiendan	hayan entendido
Pret. imperfecto	**Pret. pluscuamperfecto**
entendiera o entendiese	hubiera o hubiese entendido
entendieras o entendieses	hubieras o hubieses entendido
entendiera o entendiese	hubiera o hubiese entendido
entendiéramos o entendiésemos	hubiéramos o hubiésemos entendido
entendierais o entendieseis	hubierais o hubieseis entendido
entendieran o entendiesen	hubieran o hubiesen entendido
Futuro	**Futuro perfecto**
entendiere	hubiere entendido
entendieres	hubieres entendido
entendiere	hubiere entendido
entendiéremos	hubiéremos entendido
entendiereis	hubiereis entendido
entendieren	hubieren entendido

MODO IMPERATIVO

Presente
entiende tú
entienda él
entendamos nosotros
entended vosotros
entiendan ellos

FORMAS NO PERSONALES

Infinitivo entender	**Infinitivo compuesto** haber entendido
Gerundio entendiendo	**Gerundio compuesto** habiendo entendido
Participio entendido	

40 erguir

MODO INDICATIVO

Tiempos simples	Tiempos compuestos	
Presente	**Pret. perf. compuesto**	
yergo o irgo	he	erguido
yergues o irgues	has	erguido
yergue o irgue	ha	erguido
erguimos	hemos	erguido
erguís	habéis	erguido
yerguen o irguen	han	erguido
Pret. imperfecto	**Pret. pluscuamperfecto**	
erguía	había	erguido
erguías	habías	erguido
erguía	había	erguido
erguíamos	habíamos	erguido
erguíais	habíais	erguido
erguían	habían	erguido
Pret. perf. simple	**Pret. anterior**	
erguí	hube	erguido
erguiste	hubiste	erguido
irguió	hubo	erguido
erguimos	hubimos	erguido
erguisteis	hubisteis	erguido
irguieron	hubieron	erguido
Futuro	**Futuro perfecto**	
erguiré	habré	erguido
erguirás	habrás	erguido
erguirá	habrá	erguido
erguiremos	habremos	erguido
erguiréis	habréis	erguido
erguirán	habrán	erguido
Condicional	**Condicional compuesto**	
erguiría	habría	erguido
erguirías	habrías	erguido
erguiría	habría	erguido
erguiríamos	habríamos	erguido
erguiríais	habríais	erguido
erguirían	habrían	erguido

MODO SUBJUNTIVO

Tiempos simples	Tiempos compuestos	
Presente	**Pret. perfecto**	
yerga o irga	haya	erguido
yergas o irgas	hayas	erguido
yerga o irga	haya	erguido
yergamos o irgamos	hayamos	erguido
yergáis o irgáis	hayáis	erguido
yergan o irgan	hayan	erguido
Pret. imperfecto	**Pret. pluscuamperfecto**	
irguiera o irguiese	hubiera o hubiese erguido	
irguieras o irguieses	hubieras o hubieses erguido	
irguiera o irguiese	hubiera o hubiese erguido	
irguiéramos o irguiésemos	hubiéramos o hubiésemos erguido	
irguierais o irguieseis	hubierais o hubieseis erguido	
irguieran o irguiesen	hubieran o hubiesen erguido	
Futuro	**Futuro perfecto**	
irguiere	hubiere	erguido
irguieres	hubieres	erguido
irguiere	hubiere	erguido
irguiéremos	hubiéremos	erguido
irguiereis	hubiereis	erguido
irguieren	hubieren	erguido

MODO IMPERATIVO

Presente

yergue o irgue tú
yerga o irga él
yergamos o irgamos nosotros
erguid vosotros
yergan o irgan ellos

FORMAS NO PERSONALES

Infinitivo erguir	**Infinitivo compuesto** haber erguido
Gerundio irguiendo	**Gerundio compuesto** habiendo erguido
Participio erguido	

41 errar

MODO INDICATIVO	
Tiempos simples	Tiempos compuestos
Presente	**Pret. perf. compuesto**
yerro	he errado
yerras	has errado
yerra	ha errado
erramos	hemos errado
erráis	habéis errado
yerran	han errado
Pret. imperfecto	**Pret. pluscuamperfecto**
erraba	había errado
errabas	habías errado
erraba	había errado
errábamos	habíamos errado
errabais	habíais errado
erraban	habían errado
Pret. perf. simple	**Pret. anterior**
erré	hube errado
erraste	hubiste errado
erró	hubo errado
erramos	hubimos errado
errasteis	hubisteis errado
erraron	hubieron errado
Futuro	**Futuro perfecto**
erraré	habré errado
errarás	habrás errado
errará	habrá errado
erraremos	habremos errado
erraréis	habréis errado
errarán	habrán errado
Condicional	**Condicional compuesto**
erraría	habría errado
errarías	habrías errado
erraría	habría errado
erraríamos	habríamos errado
erraríais	habríais errado
errarían	habrían errado

MODO SUBJUNTIVO	
Tiempos simples	Tiempos compuestos
Presente	**Pret. perfecto**
yerre	haya errado
yerres	hayas errado
yerre	haya errado
erremos	hayamos errado
erréis	hayáis errado
yerren	hayan errado
Pret. imperfecto	**Pret. pluscuamperfecto**
errara o errase	hubiera o hubiese errado
erraras o errases	hubieras o hubieses errado
errara o errase	hubiera o hubiese errado
erráramos o errásemos	hubiéramos o hubiésemos errado
errarais o erraseis	hubierais o hubieseis errado
erraran o errasen	hubieran o hubiesen errado
Futuro	**Futuro perfecto**
errare	hubiere errado
errares	hubieres errado
errare	hubiere errado
erráremos	hubiéremos errado
errareis	hubiereis errado
erraren	hubieren errado

MODO IMPERATIVO
Presente
yerra tú
yerre él
erremos nosotros
errad vosotros
yerren ellos

FORMAS NO PERSONALES	
Infinitivo errar	**Infinitivo compuesto** haber errado
Gerundio errando	**Gerundio compuesto** habiendo errado
Participio errado	

42 estar

MODO INDICATIVO		MODO SUBJUNTIVO	
Tiempos simples	Tiempos compuestos	Tiempos simples	Tiempos compuestos
Presente	**Pret. perf. compuesto**	**Presente**	**Pret. perfecto**
estoy estás está estamos estáis están	he estado has estado ha estado hemos estado habéis estado han estado	esté estés esté estemos estéis estén	haya estado hayas estado haya estado hayamos estado hayáis estado hayan estado
Pret. imperfecto	**Pret. pluscuamperfecto**	**Pret. imperfecto**	**Pret. pluscuamperfecto**
estaba estabas estaba estábamos estabais estaban	había estado habías estado había estado habíamos estado habíais estado habían estado	estuviera o estuviese estuvieras o estuvieses estuviera o estuviese estuviéramos o estuviésemos estuvierais o estuvieseis estuvieran o estuviesen	hubiera o hubiese estado hubieras o hubieses estado hubiera o hubiese estado hubiéramos o hubiésemos estado hubierais o hubieseis estado hubieran o hubiesen estado
Pret. perf. simple	**Pret. anterior**	**Futuro**	**Futuro perfecto**
estuve estuviste estuvo estuvimos estuvisteis estuvieron	hube estado hubiste estado hubo estado hubimos estado hubisteis estado hubieron estado	estuviere estuvieres estuviere estuviéremos estuviereis estuvieren	hubiere estado hubieres estado hubiere estado hubiéremos estado hubiereis estado hubieren estado

MODO INDICATIVO	
Futuro	**Futuro perfecto**
estaré estarás estará estaremos estaréis estarán	habré estado habrás estado habrá estado habremos estado habréis estado habrán estado
Condicional	**Condicional compuesto**
estaría estarías estaría estaríamos estaríais estarían	habría estado habrías estado habría estado habríamos estado habríais estado habrían estado

MODO IMPERATIVO

Presente
estáte tú
esté él
estemos nosotros
estad vosotros
estén ellos

FORMAS NO PERSONALES	
Infinitivo estar	**Infinitivo compuesto** haber estado
Gerundio estando	**Gerundio compuesto** habiendo estado
Participio estado	

43 hacer

MODO INDICATIVO

Tiempos simples		Tiempos compuestos	
Presente		**Pret. perf. compuesto**	
hago		he	hecho
haces		has	hecho
hace		ha	hecho
hacemos		hemos	hecho
hacéis		habéis	hecho
hacen		han	hecho
Pret. imperfecto		**Pret. pluscuamperfecto**	
hacía		había	hecho
hacías		habías	hecho
hacía		había	hecho
hacíamos		habíamos	hecho
hacíais		habíais	hecho
hacían		habían	hecho
Pret. perf. simple		**Pret. anterior**	
hice		hube	hecho
hiciste		hubiste	hecho
hizo		hubo	hecho
hicimos		hubimos	hecho
hicisteis		hubisteis	hecho
hicieron		hubieron	hecho
Futuro		**Futuro perfecto**	
haré		habré	hecho
harás		habrás	hecho
hará		habrá	hecho
haremos		habremos	hecho
haréis		habréis	hecho
harán		habrán	hecho
Condicional		**Condicional compuesto**	
haría		habría	hecho
harías		habrías	hecho
haría		habría	hecho
haríamos		habríamos	hecho
haríais		habríais	hecho
harían		habrían	hecho

MODO SUBJUNTIVO

Tiempos simples	Tiempos compuestos	
Presente	**Pret. perfecto**	
haga	haya	hecho
hagas	hayas	hecho
haga	haya	hecho
hagamos	hayamos	hecho
hagáis	hayáis	hecho
hagan	hayan	hecho
Pret. imperfecto	**Pret. pluscuamperfecto**	
hiciera o hiciese	hubiera o hubiese hecho	
hicieras o hicieses	hubieras o hubieses hecho	
hiciera o hiciese	hubiera o hubiese hecho	
hiciéramos o hiciésemos	hubiéramos o hubiésemos hecho	
hicierais o hicieseis	hubierais o hubieseis hecho	
hicieran o hiciesen	hubieran o hubiesen hecho	
Futuro	**Futuro perfecto**	
hiciere	hubiere	hecho
hicieres	hubieres	hecho
hiciere	hubiere	hecho
hiciéremos	hubiéremos	hecho
hiciereis	hubiereis	hecho
hicieren	hubieren	hecho

MODO IMPERATIVO

Presente
haz tú
haga él
hagamos nosotros
haced vosotros
hagan ellos

FORMAS NO PERSONALES

Infinitivo hacer	**Infinitivo compuesto** haber hecho
Gerundio haciendo	**Gerundio compuesto** habiendo hecho
Participio hecho	

44 huir

MODO INDICATIVO

Tiempos simples	Tiempos compuestos
Presente	**Pret. perf. compuesto**
huyo	he huido
huyes	has huido
huye	ha huido
huimos	hemos huido
huís	habéis huido
huyen	han huido
Pret. imperfecto	**Pret. pluscuamperfecto**
huía	había huido
huías	habías huido
huía	había huido
huíamos	habíamos huido
huíais	habíais huido
huían	habían huido
Pret. perf. simple	**Pret. anterior**
huí	hube huido
huiste	hubiste huido
huyó	hubo huido
huimos	hubimos huido
huisteis	hubisteis huido
huyeron	hubieron huido
Futuro	**Futuro perfecto**
huiré	habré huido
huirás	habrás huido
huirá	habrá huido
huiremos	habremos huido
huiréis	habréis huido
huirán	habrán huido
Condicional	**Condicional compuesto**
huiría	habría huido
huirías	habrías huido
huiría	habría huido
huiríamos	habríamos huido
huiríais	habríais huido
huirían	habrían huido

MODO SUBJUNTIVO

Tiempos simples	Tiempos compuestos
Presente	**Pret. perfecto**
huya	haya huido
huyas	hayas huido
huya	haya huido
huyamos	hayamos huido
huyáis	hayáis huido
huyan	hayan huido
Pret. imperfecto	**Pret. pluscuamperfecto**
huyera o huyese	hubiera o hubiese huido
huyeras o huyeses	hubieras o hubieses huido
huyera o huyese	hubiera o hubiese huido
huyéramos o huyésemos	hubiéramos o hubiésemos huido
huyerais o huyeseis	hubierais o hubieseis huido
huyeran o huyesen	hubieran o hubiesen huido
Futuro	**Futuro perfecto**
huyere	hubiere huido
huyeres	hubieres huido
huyere	hubiere huido
huyéremos	hubiéremos huido
huyereis	hubiereis huido
huyeren	hubieren huido

MODO IMPERATIVO

Presente

huye tú
huya él
huyamos nosotros
huid vosotros
huyan ellos

FORMAS NO PERSONALES

Infinitivo huir	**Infinitivo compuesto** haber huido
Gerundio huyendo	**Gerundio compuesto** habiendo huido
Participio huido	

45 ir

MODO INDICATIVO		MODO SUBJUNTIVO	
Tiempos simples	Tiempos compuestos	Tiempos simples	Tiempos compuestos
Presente	**Pret. perf. compuesto**	**Presente**	**Pret. perfecto**
voy	he ido	vaya	haya ido
vas	has ido	vayas	hayas ido
va	ha ido	vaya	haya ido
vamos	hemos ido	vayamos	hayamos ido
vais	habéis ido	vayáis	hayáis ido
van	han ido	vayan	hayan ido
Pret. imperfecto	**Pret. pluscuamperfecto**	**Pret. imperfecto**	**Pret. pluscuamperfecto**
iba	había ido	fuera o fuese	hubiera o hubiese ido
ibas	habías ido	fueras o fueses	hubieras o hubieses ido
iba	había ido	fuera o fuese	hubiera o hubiese ido
íbamos	habíamos ido	fuéramos o fuésemos	hubiéramos o hubiésemos ido
ibais	habíais ido	fuerais o fueseis	hubierais o hubieseis ido
iban	habían ido	fueran o fuesen	hubieran o hubiesen ido
Pret. perf. simple	**Pret. anterior**	**Futuro**	**Futuro perfecto**
fui	hube ido	fuere	hubiere ido
fuiste	hubiste ido	fueres	hubieres ido
fue	hubo ido	fuere	hubiere ido
fuimos	hubimos ido	fuéremos	hubiéremos ido
fuisteis	hubisteis ido	fuereis	hubiereis ido
fueron	hubieron ido	fueren	hubieren ido

MODO INDICATIVO	
Futuro	**Futuro perfecto**
iré	habré ido
irás	habrás ido
irá	habrá ido
iremos	habremos ido
iréis	habréis ido
irán	habrán ido
Condicional	**Condicional compuesto**
iría	habría ido
irías	habrías ido
iría	habría ido
iríamos	habríamos ido
iríais	habríais ido
irían	habrían ido

MODO IMPERATIVO

Presente
ve tú
vaya él
vayamos nosotros
id vosotros
vayan ellos

FORMAS NO PERSONALES	
Infinitivo ir	**Infinitivo compuesto** haber ido
Gerundio yendo	**Gerundio compuesto** habiendo ido
Participio ido	

46 jugar

MODO INDICATIVO

Tiempos simples	Tiempos compuestos
Presente	**Pret. perf. compuesto**
juego	he jugado
juegas	has jugado
juega	ha jugado
jugamos	hemos jugado
jugáis	habéis jugado
juegan	han jugado
Pret. imperfecto	**Pret. pluscuamperfecto**
jugaba	había jugado
jugabas	habías jugado
jugaba	había jugado
jugábamos	habíamos jugado
jugabais	habíais jugado
jugaban	habían jugado
Pret. perf. simple	**Pret. anterior**
jugué	hube jugado
jugaste	hubiste jugado
jugó	hubo jugado
jugamos	hubimos jugado
jugasteis	hubisteis jugado
jugaron	hubieron jugado
Futuro	**Futuro perfecto**
jugaré	habré jugado
jugarás	habrás jugado
jugará	habrá jugado
jugaremos	habremos jugado
jugaréis	habréis jugado
jugarán	habrán jugado
Condicional	**Condicional compuesto**
jugaría	habría jugado
jugarías	habrías jugado
jugaría	habría jugado
jugaríamos	habríamos jugado
jugaríais	habríais jugado
jugarían	habrían jugado

MODO SUBJUNTIVO

Tiempos simples	Tiempos compuestos
Presente	**Pret. perfecto**
juegue	haya jugado
juegues	hayas jugado
juegue	haya jugado
juguemos	hayamos jugado
juguéis	hayáis jugado
jueguen	hayan jugado
Pret. imperfecto	**Pret. pluscuamperfecto**
jugara o jugase	hubiera o hubiese jugado
jugaras o jugases	hubieras o hubieses jugado
jugara o jugase	hubiera o hubiese jugado
jugáramos o jugásemos	hubiéramos o hubiésemos jugado
jugarais o jugaseis	hubierais o hubieseis jugado
jugaran o jugasen	hubieran o hubiesen jugado
Futuro	**Futuro perfecto**
jugare	hubiere jugado
jugares	hubieres jugado
jugare	hubiere jugado
jugáremos	hubiéremos jugado
jugareis	hubiereis jugado
jugaren	hubieren jugado

MODO IMPERATIVO

Presente

juega tú
juegue él
juguemos nosotros
jugad vosotros
jueguen ellos

FORMAS NO PERSONALES

Infinitivo jugar	**Infinitivo compuesto** haber jugado
Gerundio jugando	**Gerundio compuesto** habiendo jugado
Participio jugado	

47 lucir

MODO INDICATIVO

Tiempos simples	Tiempos compuestos
Presente	**Pret. perf. compuesto**
luzco	he lucido
luces	has lucido
luce	ha lucido
lucimos	hemos lucido
lucís	habéis lucido
lucen	han lucido
Pret. imperfecto	**Pret. pluscuamperfecto**
lucía	había lucido
lucías	habías lucido
lucía	había lucido
lucíamos	habíamos lucido
lucíais	habíais lucido
lucían	habían lucido
Pret. perf. simple	**Pret. anterior**
lucí	hube lucido
luciste	hubiste lucido
lució	hubo lucido
lucimos	hubimos lucido
lucisteis	hubisteis lucido
lucieron	hubieron lucido
Futuro	**Futuro perfecto**
luciré	habré lucido
lucirás	habrás lucido
lucirá	habrá lucido
luciremos	habremos lucido
luciréis	habréis lucido
lucirán	habrán lucido
Condicional	**Condicional compuesto**
luciría	habría lucido
lucirías	habrías lucido
luciría	habría lucido
luciríamos	habríamos lucido
luciríais	habríais lucido
lucirían	habrían lucido

MODO SUBJUNTIVO

Tiempos simples	Tiempos compuestos
Presente	**Pret. perfecto**
luzca	haya lucido
luzcas	hayas lucido
luzca	haya lucido
luzcamos	hayamos lucido
luzcáis	hayáis lucido
luzcan	hayan lucido
Pret. imperfecto	**Pret. pluscuamperfecto**
luciera o luciese	hubiera o hubiese lucido
lucieras o lucieses	hubieras o hubieses lucido
luciera o luciese	hubiera o hubiese lucido
luciéramos o luciésemos	hubiéramos o hubiésemos lucido
lucierais o lucieseis	hubierais o hubieseis lucido
lucieran o luciesen	hubieran o hubiesen lucido
Futuro	**Futuro perfecto**
luciere	hubiere lucido
lucieres	hubieres lucido
luciere	hubiere lucido
luciéremos	hubiéremos lucido
luciereis	hubiereis lucido
lucieren	hubieren lucido

MODO IMPERATIVO

Presente

luce tú
luzca él
luzcamos nosotros
lucid vosotros
luzcan ellos

FORMAS NO PERSONALES

Infinitivo lucir	**Infinitivo compuesto** haber lucido
Gerundio luciendo	**Gerundio compuesto** habiendo lucido
Participio lucido	

48 mover

MODO INDICATIVO

Tiempos simples	Tiempos compuestos
Presente	**Pret. perf. compuesto**
muevo	he movido
mueves	has movido
mueve	ha movido
movemos	hemos movido
movéis	habéis movido
mueven	han movido
Pret. imperfecto	**Pret. pluscuamperfecto**
movía	había movido
movías	habías movido
movía	había movido
movíamos	habíamos movido
movíais	habíais movido
movían	habían movido
Pret. perf. simple	**Pret. anterior**
moví	hube movido
moviste	hubiste movido
movió	hubo movido
movimos	hubimos movido
movisteis	hubisteis movido
movieron	hubieron movido
Futuro	**Futuro perfecto**
moveré	habré movido
moverás	habrás movido
moverá	habrá movido
moveremos	habremos movido
moveréis	habréis movido
moverán	habrán movido
Condicional	**Condicional compuesto**
movería	habría movido
moverías	habrías movido
movería	habría movido
moveríamos	habríamos movido
moveríais	habríais movido
moverían	habrían movido

MODO SUBJUNTIVO

Tiempos simples	Tiempos compuestos
Presente	**Pret. perfecto**
mueva	haya movido
muevas	hayas movido
mueva	haya movido
movamos	hayamos movido
mováis	hayáis movido
muevan	hayan movido
Pret. imperfecto	**Pret. pluscuamperfecto**
moviera o moviese	hubiera o hubiese movido
movieras o movieses	hubieras o hubieses movido
moviera o moviese	hubiera o hubiese movido
moviéramos o moviésemos	hubiéramos o hubiésemos movido
movierais o movieseis	hubierais o hubieseis movido
movieran o moviesen	hubieran o hubiesen movido
Futuro	**Futuro perfecto**
moviere	hubiere movido
movieres	hubieres movido
moviere	hubiere movido
moviéremos	hubiéremos movido
moviereis	hubiereis movido
movieren	hubieren movido

MODO IMPERATIVO

Presente

mueve tú
mueva él
movamos nosotros
moved vosotros
muevan ellos

FORMAS NO PERSONALES

Infinitivo mover	**Infinitivo compuesto** haber movido
Gerundio moviendo	**Gerundio compuesto** habiendo movido
Participio movido	

49 mullir

MODO INDICATIVO		MODO SUBJUNTIVO	
Tiempos simples	Tiempos compuestos	Tiempos simples	Tiempos compuestos
Presente	**Pret. perf. compuesto**	**Presente**	**Pret. perfecto**
mullo	he mullido	mulla	haya mullido
mulles	has mullido	mullas	hayas mullido
mulle	ha mullido	mulla	haya mullido
mullimos	hemos mullido	mullamos	hayamos mullido
mullís	habéis mullido	mulláis	hayáis mullido
mullen	han mullido	mullan	hayan mullido
Pret. imperfecto	**Pret. pluscuamperfecto**	**Pret. imperfecto**	**Pret. pluscuamperfecto**
mullía	había mullido	mullera o mullese	hubiera o hubiese mullido
mullías	habías mullido	mulleras o mulleses	hubieras o hubieses mullido
mullía	había mullido	mullera o mullese	hubiera o hubiese mullido
mullíamos	habíamos mullido	mulléramos o mullésemos	hubiéramos o hubiésemos mullido
mullíais	habíais mullido	mullerais o mulleseis	hubierais o hubieseis mullido
mullían	habían mullido	mulleran o mullesen	hubieran o hubiesen mullido
Pret. perf. simple	**Pret. anterior**	**Futuro**	**Futuro perfecto**
mullí	hube mullido	mullere	hubiere mullido
mulliste	hubiste mullido	mulleres	hubieres mullido
mulló	hubo mullido	mullere	hubiere mullido
mullimos	hubimos mullido	mulléremos	hubiéremos mullido
mullisteis	hubisteis mullido	mullereis	hubiereis mullido
mulleron	hubieron mullido	mulleren	hubieren mullido
Futuro	**Futuro perfecto**		
mulliré	habré mullido		
mullirás	habrás mullido		
mullirá	habrá mullido		
mulliremos	habremos mullido		
mulliréis	habréis mullido		
mullirán	habrán mullido		
Condicional	**Condicional compuesto**		
mulliría	habría mullido		
mullirías	habrías mullido		
mulliría	habría mullido		
mulliríamos	habríamos mullido		
mulliríais	habríais mullido		
mullirían	habrían mullido		

MODO IMPERATIVO

Presente
mulle tú
mulla él
mullamos nosotros
mullid vosotros
mullan ellos

FORMAS NO PERSONALES

Infinitivo mullir	**Infinitivo compuesto** haber mullido
Gerundio mullendo	**Gerundio compuesto** habiendo mullido
Participio mullido	

50 oír

MODO INDICATIVO

Tiempos simples	Tiempos compuestos
Presente	**Pret. perf. compuesto**
oigo	he oído
oyes	has oído
oye	ha oído
oímos	hemos oído
oís	habéis oído
oyen	han oído
Pret. imperfecto	**Pret. pluscuamperfecto**
oía	había oído
oías	habías oído
oía	había oído
oíamos	habíamos oído
oíais	habíais oído
oían	habían oído
Pret. perf. simple	**Pret. anterior**
oí	hube oído
oíste	hubiste oído
oyó	hubo oído
oímos	hubimos oído
oísteis	hubisteis oído
oyeron	hubieron oído
Futuro	**Futuro perfecto**
oiré	habré oído
oirás	habrás oído
oirá	habrá oído
oiremos	habremos oído
oiréis	habréis oído
oirán	habrán oído
Condicional	**Condicional compuesto**
oiría	habría oído
oirías	habrías oído
oiría	habría oído
oiríamos	habríamos oído
oiríais	habríais oído
oirían	habrían oído

MODO SUBJUNTIVO

Tiempos simples	Tiempos compuestos
Presente	**Pret. perfecto**
oiga	haya oído
oigas	hayas oído
oiga	haya oído
oigamos	hayamos oído
oigáis	hayáis oído
oigan	hayan oído
Pret. imperfecto	**Pret. pluscuamperfecto**
oyera u oyese	hubiera o hubiese oído
oyeras u oyeses	hubieras o hubieses oído
oyera u oyese	hubiera o hubiese oído
oyéramos u oyésemos	hubiéramos o hubiésemos oído
oyerais u oyeseis	hubierais o hubieseis oído
oyeran u oyesen	hubieran o hubiesen oído
Futuro	**Futuro perfecto**
oyere	hubiere oído
oyeres	hubieres oído
oyere	hubiere oído
oyéremos	hubiéremos oído
oyereis	hubiereis oído
oyeren	hubieren oído

MODO IMPERATIVO

Presente

oye tú
oiga él
oigamos nosotros
oíd vosotros
oigan ellos

FORMAS NO PERSONALES

Infinitivo oír	**Infinitivo compuesto** haber oído
Gerundio oyendo	**Gerundio compuesto** habiendo oído
Participio oído	

51 oler

MODO INDICATIVO

Tiempos simples	Tiempos compuestos
Presente	**Pret. perf. compuesto**
huelo	he olido
hueles	has olido
huele	ha olido
olemos	hemos olido
oléis	habéis olido
huelen	han olido
Pret. imperfecto	**Pret. pluscuamperfecto**
olía	había olido
olías	habías olido
olía	había olido
olíamos	habíamos olido
olíais	habíais olido
olían	habían olido
Pret. perf. simple	**Pret. anterior**
olí	hube olido
oliste	hubiste olido
olió	hubo olido
olimos	hubimos olido
olisteis	hubisteis olido
olieron	hubieron olido
Futuro	**Futuro perfecto**
oleré	habré olido
olerás	habrás olido
olerá	habrá olido
oleremos	habremos olido
oleréis	habréis olido
olerán	habrán olido
Condicional	**Condicional compuesto**
olería	habría olido
olerías	habrías olido
olería	habría olido
oleríamos	habríamos olido
oleríais	habríais olido
olerían	habrían olido

MODO SUBJUNTIVO

Tiempos simples	Tiempos compuestos
Presente	**Pret. perfecto**
huela	haya olido
huelas	hayas olido
huela	haya olido
olamos	hayamos olido
oláis	hayáis olido
huelan	hayan olido
Pret. imperfecto	**Pret. pluscuamperfecto**
oliera o oliese	hubiera o hubiese olido
olieras o olieses	hubieras o hubieses olido
oliera o oliese	hubiera o hubiese olido
oliéramos o oliésemos	hubiéramos o hubiésemos olido
olierais o olieseis	hubierais o hubieseis olido
olieran o oliesen	hubieran o hubiesen olido
Futuro	**Futuro perfecto**
oliere	hubiere olido
olieres	hubieres olido
oliere	hubiere olido
oliéremos	hubiéremos olido
oliereis	hubiereis olido
olieren	hubieren olido

MODO IMPERATIVO

Presente

huele tú
huela él
olamos nosotros
oled vosotros
huelan ellos

FORMAS NO PERSONALES

Infinitivo	Infinitivo compuesto
oler	haber olido
Gerundio	**Gerundio compuesto**
oliendo	habiendo olido
Participio	
olido	

52 parecer

MODO INDICATIVO		MODO SUBJUNTIVO	
Tiempos simples	Tiempos compuestos	Tiempos simples	Tiempos compuestos
Presente parezco pareces parece parecemos parecéis parecen	**Pret. perf. compuesto** he parecido has parecido ha parecido hemos parecido habéis parecido han parecido	**Presente** parezca parezcas parezca parezcamos parezcáis parezcan	**Pret. perfecto** haya parecido hayas parecido haya parecido hayamos parecido hayáis parecido hayan parecido
Pret. imperfecto parecía parecías parecía parecíamos parecíais parecían	**Pret. pluscuamperfecto** había parecido habías parecido había parecido habíamos parecido habíais parecido habían parecido	**Pret. imperfecto** pareciera o pareciese parecieras o parecieses pareciera o pareciese pareciéramos o pareciésemos parecierais o parecieseis parecieran o pareciesen	**Pret. pluscuamperfecto** hubiera o hubiese parecido hubieras o hubieses parecido hubiera o hubiese parecido hubiéramos o hubiésemos parecido hubierais o hubieseis parecido hubieran o hubiesen parecido
Pret. perf. simple parecí pareciste pareció parecimos parecisteis parecieron	**Pret. anterior** hube parecido hubiste parecido hubo parecido hubimos parecido hubisteis parecido hubieron parecido	**Futuro** pareciere parecieres pareciere pareciéremos pareciereis parecieren	**Futuro perfecto** hubiere parecido hubieres parecido hubiere parecido hubiéremos parecido hubiereis parecido hubieren parecido
Futuro pareceré parecerás parecerá pareceremos pareceréis parecerán	**Futuro perfecto** habré parecido habrás parecido habrá parecido habremos parecido habréis parecido habrán parecido	**MODO IMPERATIVO** **Presente** parece tú parezca él parezcamos nosotros pareced vosotros parezcan ellos	
Condicional parecería parecerías parecería pareceríamos pareceríais parecerían	**Condicional compuesto** habría parecido habrías parecido habría parecido habríamos parecido habríais parecido habrían parecido	**FORMAS NO PERSONALES**	

FORMAS NO PERSONALES	
Infinitivo parecer	**Infinitivo compuesto** haber parecido
Gerundio pareciendo	**Gerundio compuesto** habiendo parecido
Participio parecido	

53 pedir

MODO INDICATIVO		MODO SUBJUNTIVO	
Tiempos simples	Tiempos compuestos	Tiempos simples	Tiempos compuestos
Presente	**Pret. perf. compuesto**	**Presente**	**Pret. perfecto**
pido pides pide pedimos pedís piden	he pedido has pedido ha pedido hemos pedido habéis pedido han pedido	pida pidas pida pidamos pidáis pidan	haya pedido hayas pedido haya pedido hayamos pedido hayáis pedido hayan pedido
Pret. imperfecto	**Pret. pluscuamperfecto**	**Pret. imperfecto**	**Pret. pluscuamperfecto**
pedía pedías pedía pedíamos pedíais pedían	había pedido habías pedido había pedido habíamos pedido habíais pedido habían pedido	pidiera o pidiese pidieras o pidieses pidiera o pidiese pidiéramos o pidiésemos pidierais o pidieseis pidieran o pidiesen	hubiera o hubiese pedido hubieras o hubieses pedido hubiera o hubiese pedido hubiéramos o hubiésemos pedido hubierais o hubieseis pedido hubieran o hubiesen pedido
Pret. perf. simple	**Pret. anterior**	**Futuro**	**Futuro perfecto**
pedí pediste pidió pedimos pedisteis pidieron	hube pedido hubiste pedido hubo pedido hubimos pedido hubisteis pedido hubieron pedido	pidiere pidieres pidiere pidiéremos pidiereis pidieren	hubiere pedido hubieres pedido hubiere pedido hubiéremos pedido hubiereis pedido hubieren pedido
Futuro	**Futuro perfecto**	**MODO IMPERATIVO**	
pediré pedirás pedirá pediremos pediréis pedirán	habré pedido habrás pedido habrá pedido habremos pedido habréis pedido habrán pedido	**Presente** pide tú pida él pidamos nosotros pedid vosotros pidan ellos	
Condicional	**Condicional compuesto**	**FORMAS NO PERSONALES**	
pediría pedirías pediría pediríamos pediríais pedirían	habría pedido habrías pedido habría pedido habríamos pedido habríais pedido habrían pedido	**Infinitivo** pedir **Gerundio** pidiendo **Participio** pedido	**Infinitivo compuesto** haber pedido **Gerundio compuesto** habiendo pedido

54 placer

MODO INDICATIVO

Tiempos simples	Tiempos compuestos
Presente	**Pret. perf. compuesto**
plazco	he placido
places	has placido
place	ha placido
placemos	hemos placido
placéis	habéis placido
placen	han placido
Pret. imperfecto	**Pret. pluscuamperfecto**
placía	había placido
placías	habías placido
placía	había placido
placíamos	habíamos placido
placíais	habíais placido
placían	habían placido
Pret. perf. simple	**Pret. anterior**
plací	hube placido
placiste	hubiste placido
plació (plugo)	hubo placido
placimos	hubimos placido
placisteis	hubisteis placido
placieron	hubieron placido
Futuro	**Futuro perfecto**
placeré	habré placido
placerás	habrás placido
placerá	habrá placido
placeremos	habremos placido
placeréis	habréis placido
placerán	habrán placido
Condicional	**Condicional simple**
placería	habría placido
placerías	habrías placido
placería	habría placido
placeríamos	habríamos placido
placeríais	habríais placido
placerían	habrían placido

MODO SUBJUNTIVO

Tiempos simples	Tiempos compuestos
Presente	**Pret. perfecto**
plazca	haya placido
plazcas	hayas placido
plazca (plega)	haya placido
plazcamos	hayamos placido
plazcáis	hayáis placido
plazcan	hayan placido
Pret. imperfecto	**Pret. pluscuamperfecto**
placiera o placiese	hubiera o hubiese placido
placieras o placieses	hubieras o hubieses placido
placiera (pluguiera) o placiese (pluguiese)	hubiera o hubiese placido
placiéramos o placiésemos	hubiéramos o hubiésemos placido
placierais o placieseis	hubierais o hubieseis placido
placieran o placiesen	hubieran o hubiesen placido
Futuro	**Futuro perfecto**
placiere	hubiere placido
placieres	hubieres placido
placiere (pluguiere)	hubiere placido
placiéremos	hubiéremos placido
placiereis	hubiereis placido
placieren	hubieren placido

MODO IMPERATIVO

Presente

place tú
plazca él
plazcamos nosotros
placed vosotros
plazcan ellos

FORMAS NO PERSONALES

Infinitivo placer	**Infinitivo compuesto** haber placido
Gerundio placiendo	**Gerundio compuesto** habiendo placido
Participio placido	

55 poder

MODO INDICATIVO		MODO SUBJUNTIVO	
Tiempos simples	Tiempos compuestos	Tiempos simples	Tiempos compuestos
Presente	**Pret. perf. compuesto**	**Presente**	**Pret. perfecto**
puedo	he podido	pueda	haya podido
puedes	has podido	puedas	hayas podido
puede	ha podido	pueda	haya podido
podemos	hemos podido	podamos	hayamos podido
podéis	habéis podido	podáis	hayáis podido
pueden	han podido	puedan	hayan podido
Pret. imperfecto	**Pret. pluscuamperfecto**	**Pret. imperfecto**	**Pret. pluscuamperfecto**
podía	había podido	pudiera o pudiese	hubiera o hubiese podido
podías	habías podido	pudieras o pudieses	hubieras o hubieses podido
podía	había podido	pudiera o pudiese	hubiera o hubiese podido
podíamos	habíamos podido	pudiéramos o pudiésemos	hubiéramos o hubiésemos podido
podíais	habíais podido	pudierais o pudieseis	hubierais o hubieseis podido
podían	habían podido	pudieran o pudiesen	hubieran o hubiesen podido
Pret. perf. simple	**Pret. anterior**	**Futuro**	**Futuro perfecto**
pude	hube podido	pudiere	hubiere podido
pudiste	hubiste podido	pudieres	hubieres podido
pudo	hubo podido	pudiere	hubiere podido
pudimos	hubimos podido	pudiéremos	hubiéremos podido
pudisteis	hubisteis podido	pudiereis	hubiereis podido
pudieron	hubieron podido	pudieren	hubieren podido

MODO INDICATIVO	
Futuro	**Futuro perfecto**
podré	habré podido
podrás	habrás podido
podrá	habrá podido
podremos	habremos podido
podréis	habréis podido
podrán	habrán podido
Condicional	**Condicional compuesto**
podría	habría podido
podrías	habrías podido
podría	habría podido
podríamos	habríamos podido
podríais	habríais podido
podrían	habrían podido

MODO IMPERATIVO

Presente
puede tú
pueda él
podamos nosotros
poded vosotros
puedan ellos

FORMAS NO PERSONALES

Infinitivo poder	**Infinitivo compuesto** haber podido
Gerundio pudiendo	**Gerundio compuesto** habiendo podido
Participio podido	

56 podrir o pudrir

MODO INDICATIVO

Tiempos simples	Tiempos compuestos
Presente	**Pret. perf. compuesto**
pudro	he podrido
pudres	has podrido
pudre	ha podrido
pudrimos	hemos podrido
pudrís	habéis podrido
pudren	han podrido
Pret. imperfecto	**Pret. pluscuamperfecto**
pudría	había podrido
pudrías	habías podrido
pudría	había podrido
pudríamos	habíamos podrido
pudríais	habíais podrido
pudrían	habían podrido
Pret. perf. simple	**Pret. anterior**
pudrí	hube podrido
pudriste	hubiste podrido
pudrió	hubo podrido
pudrimos	hubimos podrido
pudristeis	hubisteis podrido
pudrieron	hubieron podrido
Futuro	**Futuro perfecto**
pudriré	habré podrido
pudrirás	habrás podrido
pudrirá	habrá podrido
pudriremos	habremos podrido
pudriréis	habréis podrido
pudrirán	habrán podrido
Condicional	**Condicional compuesto**
pudriría	habría podrido
pudrirías	habrías podrido
pudriría	habría podrido
pudriríamos	habríamos podrido
pudriríais	habríais podrido
pudrirían	habrían podrido

MODO SUBJUNTIVO

Tiempos simples	Tiempos compuestos
Presente	**Pret. perfecto**
pudra	haya podrido
pudras	hayas podrido
pudra	haya podrido
pudramos	hayamos podrido
pudráis	hayáis podrido
pudran	hayan podrido
Pret. imperfecto	**Pret. pluscuamperfecto**
pudriera o pudriese	hubiera o hubiese podrido
pudrieras o pudrieses	hubieras o hubieses podrido
pudriera o pudriese	hubiera o hubiese podrido
pudriéramos o pudriésemos	hubiéramos o hubiésemos podrido
pudrierais o pudrieseis	hubierais o hubieseis podrido
pudrieran o pudriesen	hubieran o hubiesen podrido
Futuro	**Futuro perfecto**
pudriere	hubiere podrido
pudrieres	hubieres podrido
pudriere	hubiere podrido
pudriéremos	hubiéremos podrido
pudriereis	hubiereis podrido
pudrieren	hubieren podrido

MODO IMPERATIVO

Presente

pudre tú
pudra él
pudramos nosotros
pudrid vosotros
pudran ellos

FORMAS NO PERSONALES

Infinitivo podrir o pudrir	**Infinitivo compuesto** haber podrido
Gerundio pudriendo	**Gerundio compuesto** habiendo podrido
Participio podrido	

57 poner

MODO INDICATIVO		MODO SUBJUNTIVO	
Tiempos simples	Tiempos compuestos	Tiempos simples	Tiempos compuestos
Presente	**Pret. perf. compuesto**	**Presente**	**Pret. perfecto**
pongo	he puesto	ponga	haya puesto
pones	has puesto	pongas	hayas puesto
pone	ha puesto	ponga	haya puesto
ponemos	hemos puesto	pongamos	hayamos puesto
ponéis	habéis puesto	pongáis	hayáis puesto
ponen	han puesto	pongan	hayan puesto
Pret. imperfecto	**Pret. pluscuamperfecto**	**Pret. imperfecto**	**Pret. pluscuamperfecto**
ponía	había puesto	pusiera o pusiese	hubiera o hubiese puesto
ponías	habías puesto	pusieras o pusieses	hubieras o hubieses puesto
ponía	había puesto	pusiera o pusiese	hubiera o hubiese puesto
poníamos	habíamos puesto	pusiéramos o pusiésemos	hubiéramos o hubiésemos puesto
poníais	habíais puesto	pusierais o pusieseis	hubierais o hubieseis puesto
ponían	habían puesto	pusieran o pusiesen	hubieran o hubiesen puesto
Pret. perf. simple	**Pret. anterior**	**Futuro**	**Futuro perfecto**
puse	hube puesto	pusiere	hubiere puesto
pusiste	hubiste puesto	pusieres	hubieres puesto
puso	hubo puesto	pusiere	hubiere puesto
pusimos	hubimos puesto	pusiéremos	hubiéremos puesto
pusisteis	hubisteis puesto	pusiereis	hubiereis puesto
pusieron	hubieron puesto	pusieren	hubieren puesto
Futuro	**Futuro perfecto**	**MODO IMPERATIVO**	
pondré	habré puesto	**Presente**	
pondrás	habrás puesto	pon tú	
pondrá	habrá puesto	ponga él	
pondremos	habremos puesto	pongamos nosotros	
pondréis	habréis puesto	poned vosotros	
pondrán	habrán puesto	pongan ellos	
Condicional	**Condicional compuesto**	**FORMAS NO PERSONALES**	
pondría	habría puesto	**Infinitivo** poner	**Infinitivo compuesto** haber puesto
pondrías	habrías puesto		
pondría	habría puesto	**Gerundio** poniendo	**Gerundio compuesto** habiendo puesto
pondríamos	habríamos puesto		
pondríais	habríais puesto	**Participio** puesto	
pondrían	habrían puesto		

58 prohibir

MODO INDICATIVO

Tiempos simples	Tiempos compuestos	
Presente	**Pret. perf. compuesto**	
prohíbo	he	prohibido
prohíbes	has	prohibido
prohíbe	ha	prohibido
prohibimos	hemos	prohibido
prohibís	habéis	prohibido
prohíben	han	prohibido
Pret. imperfecto	**Pret. pluscuamperfecto**	
prohibía	había	prohibido
prohibías	habías	prohibido
prohibía	había	prohibido
prohibíamos	habíamos	prohibido
prohibíais	habíais	prohibido
prohibían	habían	prohibido
Pret. perf. simple	**Pret. anterior**	
prohibí	hube	prohibido
prohibiste	hubiste	prohibido
prohibió	hubo	prohibido
prohibimos	hubimos	prohibido
prohibisteis	hubisteis	prohibido
prohibieron	hubieron	prohibido
Futuro	**Futuro perfecto**	
prohibiré	habré	prohibido
prohibirás	habrás	prohibido
prohibirá	habrá	prohibido
prohibiremos	habremos	prohibido
prohibiréis	habréis	prohibido
prohibirán	habrán	prohibido
Condicional	**Condicional compuesto**	
prohibiría	habría	prohibido
prohibirías	habrías	prohibido
prohibiría	habría	prohibido
prohibiríamos	habríamos	prohibido
prohibiríais	habríais	prohibido
prohibirían	habrían	prohibido

MODO SUBJUNTIVO

Tiempos simples	Tiempos compuestos	
Presente	**Pret. perfecto**	
prohíba	haya	prohibido
prohíbas	hayas	prohibido
prohíba	haya	prohibido
prohibamos	hayamos	prohibido
prohibáis	hayáis	prohibido
prohíban	hayan	prohibido
Pret. imperfecto	**Pret. pluscuamperfecto**	
prohibiera o prohibiese	hubiera o hubiese prohibido	
prohibieras o prohibieses	hubieras o hubieses prohibido	
prohibiera o prohibiese	hubiera o hubiese prohibido	
prohibiéramos o prohibiésemos	hubiéramos o hubiésemos prohibido	
prohibierais o prohibieseis	hubierais o hubieseis prohibido	
prohibieran o prohibiesen	hubieran o hubiesen prohibido	
Futuro	**Futuro perfecto**	
prohibiere	hubiere	prohibido
prohibieres	hubieres	prohibido
prohibiere	hubiere	prohibido
prohibiéremos	hubiéremos	prohibido
prohibiereis	hubiereis	prohibido
prohibieren	hubieren	prohibido

MODO IMPERATIVO

Presente

prohíbe tú
prohíba él
prohibamos nosotros
prohibid vosotros
prohíban ellos

FORMAS NO PERSONALES

Infinitivo prohibir	**Infinitivo compuesto** haber prohibido
Gerundio prohibiendo	**Gerundio compuesto** habiendo prohibido
Participio prohibido	

59 querer

MODO INDICATIVO

Tiempos simples	Tiempos compuestos
Presente	**Pret. perf. compuesto**
quiero	he querido
quieres	has querido
quiere	ha querido
queremos	hemos querido
queréis	habéis querido
quieren	han querido
Pret. imperfecto	**Pret. pluscuamperfecto**
quería	había querido
querías	habías querido
quería	había querido
queríamos	habíamos querido
queríais	habíais querido
querían	habían querido
Pret. perf. simple	**Pret. anterior**
quise	hube querido
quisiste	hubiste querido
quiso	hubo querido
quisimos	hubimos querido
quisisteis	hubisteis querido
quisieron	hubieron querido
Futuro	**Futuro perfecto**
querré	habré querido
querrás	habrás querido
querrá	habrá querido
querremos	habremos querido
querréis	habréis querido
querrán	habrán querido
Condicional	**Condicional compuesto**
querría	habría querido
querrías	habrías querido
querría	habría querido
querríamos	habríamos querido
querríais	habríais querido
querrían	habrían querido

MODO SUBJUNTIVO

Tiempos simples	Tiempos compuestos
Presente	**Pret. perfecto**
quiera	haya querido
quieras	hayas querido
quiera	haya querido
queramos	hayamos querido
queráis	hayáis querido
quieran	hayan querido
Pret. imperfecto	**Pret. pluscuamperfecto**
quisiera o quisiese	hubiera o hubiese querido
quisieras o quisieses	hubieras o hubieses querido
quisiera o quisiese	hubiera o hubiese querido
quisiéramos o quisiésemos	hubiéramos o hubiésemos querido
quisierais o quisieseis	hubierais o hubieseis querido
quisieran o quisiesen	hubieran o hubiesen querido
Futuro	**Futuro perfecto**
quisiere	hubiere querido
quisieres	hubieres querido
quisiere	hubiere querido
quisiéremos	hubiéremos querido
quisiereis	hubiereis querido
quisiesen	hubieren querido

MODO IMPERATIVO

Presente

quiere tú
quiera él
queramos nosotros
quered vosotros
quieran ellos

FORMAS NO PERSONALES

Infinitivo querer	**Infinitivo compuesto** haber querido
Gerundio queriendo	**Gerundio compuesto** habiendo querido
Participio querido	

60 raer

MODO INDICATIVO		MODO SUBJUNTIVO	
Tiempos simples	Tiempos compuestos	Tiempos simples	Tiempos compuestos
Presente	**Pret. perf. compuesto**	**Presente**	**Pret. perfecto**
raigo o rayo	he raído	raiga o raya	haya raído
raes	has raído	raigas o rayas	hayas raído
rae	ha raído	raiga o raya	haya raído
raemos	hemos raído	raigamos o rayamos	hayamos raído
raéis	habéis raído	raigáis o rayáis	hayáis raído
raen	han raído	raigan o rayan	hayan raído
Pret. imperfecto	**Pret. pluscuamperfecto**	**Pret. imperfecto**	**Pret. pluscuamperfecto**
raía	había raído	rayera o rayese	hubiera o hubiese raído
raías	habías raído	rayeras o rayeses	hubieras o hubieses raído
raía	había raído	rayera o rayese	hubiera o hubiese raído
raíamos	habíamos raído	rayéramos o rayésemos	hubiéramos o hubiésemos raído
raíais	habíais raído	rayerais o rayeseis	hubierais o hubieseis raído
raían	habían raído	rayeran o rayesen	hubieran o hubiesen raído
Pret. perf. simple	**Pret. anterior**	**Futuro**	**Futuro perfecto**
raí	hube raído	rayere	hubiere raído
raíste	hubiste raído	rayeres	hubieres raído
rayó	hubo raído	rayere	hubiere raído
raímos	hubimos raído	rayéremos	hubiéremos raído
raísteis	hubisteis raído	rayereis	hubiereis raído
rayeron	hubieron raído	rayeren	hubieren raído
Futuro	**Futuro perfecto**		
raeré	habré raído		
raerás	habrás raído		
raerá	habrá raído		
raeremos	habremos raído		
raeréis	habréis raído		
raerán	habrán raído		
Condicional	**Condicional compuesto**		
raería	habría raído		
raerías	habrías raído		
raería	habría raído		
raeríamos	habríamos raído		
raeríais	habríais raído		
raerían	habrían raído		

MODO IMPERATIVO

Presente
rae tú
raiga o raya él
raigamos o rayamos nosotros
raed vosotros
raigan o rayan ellos

FORMAS NO PERSONALES

Infinitivo raer	**Infinitivo compuesto** haber raído
Gerundio rayendo	**Gerundio compuesto** habiendo raído
Participio raído	

61 reír

MODO INDICATIVO

Tiempos simples		Tiempos compuestos	
Presente		**Pret. perf. compuesto**	
río		he	reído
ríes		has	reído
ríe		ha	reído
reímos		hemos	reído
reís		habéis	reído
ríen		han	reído
Pret. imperfecto		**Pret. pluscuamperfecto**	
reía		había	reído
reías		habías	reído
reía		había	reído
reíamos		habíamos	reído
reíais		habíais	reído
reían		habían	reído
Pret. perf. simple		**Pret. anterior**	
reí		hube	reído
reíste		hubiste	reído
rió		hubo	reído
reímos		hubimos	reído
reísteis		hubisteis	reído
rieron		hubieron	reído
Futuro		**Futuro perfecto**	
reiré		habré	reído
reirás		habrás	reído
reirá		habrá	reído
reiremos		habremos	reído
reiréis		habréis	reído
reirán		habrán	reído
Condicional		**Condicional compuesto**	
reiría		habría	reído
reirías		habrías	reído
reiría		habría	reído
reiríamos		habríamos	reído
reiríais		habríais	reído
reirían		habrían	reído

MODO SUBJUNTIVO

Tiempos simples	Tiempos compuestos	
Presente	**Pret. perfecto**	
ría	haya	reído
rías	hayas	reído
ría	haya	reído
riamos	hayamos	reído
riáis	hayáis	reído
rían	hayan	reído
Pret. imperfecto	**Pret. pluscuamperfecto**	
riera o riese	hubiera o hubiese reído	
rieras o rieses	hubieras o hubieses reído	
riera o riese	hubiera o hubiese reído	
riéramos o riésemos	hubiéramos o hubiésemos reído	
rierais o rieseis	hubierais o hubieseis reído	
rieran o riesen	hubieran o hubiesen reído	
Futuro	**Futuro perfecto**	
riere	hubiere	reído
rieres	hubieres	reído
riere	hubiere	reído
riéremos	hubiéremos	reído
riereis	hubiereis	reído
rieren	hubieren	reído

MODO IMPERATIVO

Presente

ríe tú
ría él
riamos nosotros
reíd vosotros
rían ellos

FORMAS NO PERSONALES

Infinitivo reír	**Infinitivo compuesto** haber reído
Gerundio riendo	**Gerundio compuesto** habiendo reído
Participio reído	

62 roer

MODO INDICATIVO		MODO SUBJUNTIVO	
Tiempos simples	Tiempos compuestos	Tiempos simples	Tiempos compuestos
Presente	**Pret. perf. compuesto**	**Presente**	**Pret. perfecto**
roo, roigo o royo roes roe roemos roéis roen	he roído has roído ha roído hemos roído habéis roído han roído	roa, roiga o roya roas, roigas o royas roa, roiga o roya roamos, roigamos o royamos roáis, roigáis o royáis roan, roigan o royan	haya roído hayas roído haya roído hayamos roído hayáis roído hayan roído
Pret. imperfecto	**Pret. pluscuamperfecto**	**Pret. imperfecto**	**Pret. pluscuamperfecto**
roía roías roía roíamos roíais roían	había roído habías roído había roído habíamos roído habíais roído habían roído	royera o royese royeras o royeses royera o royese royéramos o royésemos royerais o royeseis royeran o royesen	hubiera o hubiese roído hubieras o hubieses roído hubiera o hubiese roído hubiéramos o hubiésemos roído hubierais o hubieseis roído hubieran o hubiesen roído
Pret. perf. simple	**Pret. anterior**	**Futuro**	**Futuro perfecto**
roí roíste royó roímos roísteis royeron	hube roído hubiste roído hubo roído hubimos roído hubisteis roído hubieron roído	royere royeres royere royéremos royereis royeren	hubiere roído hubieres roído hubiere roído hubiéremos roído hubiereis roído hubieren roído
Futuro	**Futuro perfecto**		
roeré roerás roerá roeremos roeréis roerán	habré roído habrás roído habrá roído habremos roído habréis roído habrán roído		
Condicional	**Condicional compuesto**		
roería roerías roería roeríamos roeríais roerían	habría roído habrías roído habría roído habríamos roído habríais roído habrían roído		

MODO IMPERATIVO
Presente
roe tú roa él roamos, roigamos o royamos nosotros roed vosotros roan, roigan o royan ellos

FORMAS NO PERSONALES	
Infinitivo roer	**Infinitivo compuesto** haber roído
Gerundio royendo	**Gerundio compuesto** habiendo roído
Participio roído	

63 saber

MODO INDICATIVO		MODO SUBJUNTIVO	
Tiempos simples	Tiempos compuestos	Tiempos simples	Tiempos compuestos
Presente sé sabes sabe sabemos sabéis saben	**Pret. perf. compuesto** he sabido has sabido ha sabido hemos sabido habéis sabido han sabido	**Presente** sepa sepas sepa sepamos sepáis sepan	**Pret. perfecto** haya sabido hayas sabido haya sabido hayamos sabido hayáis sabido hayan sabido
Pret. imperfecto sabía sabías sabía sabíamos sabíais sabían	**Pret. pluscuamperfecto** había sabido habías sabido había sabido habíamos sabido habíais sabido habían sabido	**Pret. imperfecto** supiera o supiese supieras o supieses supiera o supiese supiéramos o supiesemos supierais o supieseis supieran o supiesen	**Pret. pluscuamperfecto** hubiera o hubiese sabido hubieras o hubieses sabido hubiera o hubiese sabido hubiéramos o hubiésemos sabido hubierais o hubieseis sabido hubieran o hubiesen sabido
Pret. perf. simple supe supiste supo supimos supisteis supieron	**Pret. anterior** hube sabido hubiste sabido hubo sabido hubimos sabido hubisteis sabido hubieron sabido	**Futuro** supiere supieres supiere supiéremos supiereis supieren	**Futuro perfecto** hubiere sabido hubieres sabido hubiere sabido hubiéremos sabido hubiereis sabido hubieren sabido
Futuro sabré sabrás sabrá sabremos sabréis sabrán	**Futuro perfecto** habré sabido habrás sabido habrá sabido habremos sabido habréis sabido habrán sabido	**MODO IMPERATIVO** **Presente** sabe tú sepa él sepamos nosotros sabed vosotros sepan ellos	
Condicional sabría sabrías sabría sabríamos sabríais sabrían	**Condicional compuesto** habría sabido habrías sabido habría sabido habríamos sabido habríais sabido habrían sabido	**FORMAS NO PERSONALES** **Infinitivo** saber **Gerundio** sabiendo **Participio** sabido	 **Infinitivo compuesto** haber sabido **Gerundio compuesto** habiendo sabido

64 salir

MODO INDICATIVO		MODO SUBJUNTIVO	
Tiempos simples	Tiempos compuestos	Tiempos simples	Tiempos compuestos
Presente	**Pret. perf. compuesto**	**Presente**	**Pret. perfecto**
salgo sales sale salimos salís salen	he salido has salido ha salido hemos salido habéis salido han salido	salga salgas salga salgamos salgáis salgan	haya salido hayas salido haya salido hayamos salido hayáis salido hayan salido
Pret. imperfecto	**Pret. pluscuamperfecto**	**Pret. imperfecto**	**Pret. pluscuamperfecto**
salía salías salía salíamos salíais salían	había salido habías salido había salido habíamos salido habíais salido habían salido	saliera o saliese salieras o salieses saliera o saliese saliéramos o saliésemos salierais o salieseis salieran o saliesen	hubiera o hubiese salido hubieras o hubieses salido hubiera o hubiese salido hubiéramos o hubiésemos salido hubierais o hubieseis salido hubieran o hubiesen salido
Pret. perf. simple	**Pret. anterior**	**Futuro**	**Futuro perfecto**
salí saliste salió salimos salisteis salieron	hube salido hubiste salido hubo salido hubimos salido hubisteis salido hubieron salido	saliere salieres saliere saliéremos saliereis salieren	hubiere salido hubieres salido hubiere salido hubiéremos salido hubiereis salido hubieren salido
Futuro	**Futuro perfecto**		
saldré saldrás saldré saldremos saldréis saldrán	habré salido habrás salido habrá salido habremos salido habréis salido habrán salido		
Condicional	**Condicional compuesto**		
saldría saldrías saldría saldríamos saldríais saldrían	habría salido habrías salido habría salido habríamos salido habríais salido habrían salido		

MODO IMPERATIVO

Presente
sal tú
salga él
salgamos nosotros
salid vosotros
salgan ellos

FORMAS NO PERSONALES

Infinitivo	Infinitivo compuesto
salir	haber salido
Gerundio	**Gerundio compuesto**
saliendo	habiendo salido
Participio	
salido	

65 satisfacer

MODO INDICATIVO			
Tiempos simples		**Tiempos compuestos**	
Presente		**Pret. perf. compuesto**	
satisfago		he	satisfecho
satisfaces		has	satisfecho
satisface		ha	satisfecho
satisfacemos		hemos	satisfecho
satisfacéis		habéis	satisfecho
satisfacen		han	satisfecho
Pret. imperfecto		**Pret. pluscuamperfecto**	
satisfacía		había	satisfecho
satisfacías		habías	satisfecho
satisfacía		había	satisfecho
satisfacíamos		habíamos	satisfecho
satisfacíais		habíais	satisfecho
satisfacían		habían	satisfecho
Pret. perf. simple		**Pret. anterior**	
satisfice		hube	satisfecho
satisficiste		hubiste	satisfecho
satisfizo		hubo	satisfecho
satisficimos		hubimos	satisfecho
satisficisteis		hubisteis	satisfecho
satisficieron		hubieron	satisfecho
Futuro		**Futuro perfecto**	
satisfaré		habré	satisfecho
satisfarás		habrás	satisfecho
satisfará		habrá	satisfecho
satisfaremos		habremos	satisfecho
satisfaréis		habréis	satisfecho
satisfarán		habrán	satisfecho
Condicional		**Condicional compuesto**	
satisfaría		habría	satisfecho
satisfarías		habrías	satisfecho
satisfaría		habría	satisfecho
satisfaríamos		habríamos	satisfecho
satisfaríais		habríais	satisfecho
satisfarían		habrían	satisfecho

MODO SUBJUNTIVO		
Tiempos simples	**Tiempos compuestos**	
Presente	**Pret. perfecto**	
satisfaga	haya	satisfecho
satisfagas	hayas	satisfecho
satisfaga	haya	satisfecho
satisfagamos	hayamos	satisfecho
satisfagáis	hayáis	satisfecho
satisfagan	hayan	satisfecho
Pret. imperfecto	**Pret. pluscuamperfecto**	
satisficiera o satisficiese	hubiera o hubiese	satisfecho
satisficieras o satisficieses	hubieras o hubieses	satisfecho
satisficiera o satisficiese	hubiera o hubiese	satisfecho
satisficiéramos o satisficiésemos	hubiéramos o hubiésemos	satisfecho
satisficierais o satisficieseis	hubierais o hubieseis	satisfecho
satisficieran o satisficiesen	hubieran o hubiesen	satisfecho
Futuro	**Futuro perfecto**	
satisficiere	hubiere	satisfecho
satisficieres	hubieres	satisfecho
satisficiere	hubiere	satisfecho
satisficiéremos	hubiéremos	satisfecho
satisficiereis	hubiereis	satisfecho
satisficieren	hubieren	satisfecho

MODO IMPERATIVO

Presente

satisfaz tú
satisfaga él
satisfagamos nosotros
satisfaced vosotros
satisfagan ellos

FORMAS NO PERSONALES

Infinitivo satisfacer	**Infinitivo compuesto** haber satisfecho
Gerundio satisfaciendo	**Gerundio compuesto** habiendo satisfecho
Participio satisfecho	

66 sentir

MODO INDICATIVO

Tiempos simples	Tiempos compuestos
Presente	**Pret. perf. compuesto**
siento	he sentido
sientes	has sentido
siente	ha sentido
sentimos	hemos sentido
sentís	habéis sentido
sienten	han sentido
Pret. imperfecto	**Pret. pluscuamperfecto**
sentía	había sentido
sentías	habías sentido
sentía	había sentido
sentíamos	habíamos sentido
sentíais	habíais sentido
sentían	habían sentido
Pret. perf. simple	**Pret. anterior**
sentí	hube sentido
sentiste	hubiste sentido
sintió	hubo sentido
sentimos	hubimos sentido
sentisteis	hubisteis sentido
sintieron	hubieron sentido
Futuro	**Futuro perfecto**
sentiré	habré sentido
sentirás	habrás sentido
sentirá	habrá sentido
sentiremos	habremos sentido
sentiréis	habréis sentido
sentirán	habrán sentido
Condicional	**Condicional compuesto**
sentiría	habría sentido
sentirías	habrías sentido
sentiría	habría sentido
sentiríamos	habríamos sentido
sentiríais	habríais sentido
sentirían	habrían sentido

MODO SUBJUNTIVO

Tiempos simples	Tiempos compuestos
Presente	**Pret. perfecto**
sienta	haya sentido
sientas	hayas sentido
sienta	haya sentido
sintamos	hayamos sentido
sintáis	hayáis sentido
sientan	hayan sentido
Pret. imperfecto	**Pret. pluscuamperfecto**
sintiera o sintiese	hubiera o hubiese sentido
sintieras o sintieses	hubieras o hubieses sentido
sintiera o sintiese	hubiera o hubiese sentido
sintiéramos o sintiésemos	hubiéramos o hubiésemos sentido
sintierais o sintieseis	hubierais o hubieseis sentido
sintieran o sintiesen	hubieran o hubiesen sentido
Futuro	**Futuro perfecto**
sintiere	hubiere sentido
sintieres	hubieres sentido
sintiere	hubiere sentido
sintiéremos	hubiéremos sentido
sintiereis	hubiereis sentido
sintieren	hubieren sentido

MODO IMPERATIVO

Presente

siente tú
sienta él
sintamos nosotros
sentid vosotros
sientan ellos

FORMAS NO PERSONALES

Infinitivo sentir	**Infinitivo compuesto** haber sentido
Gerundio sintiendo	**Gerundio compuesto** habiendo sentido
Participio sentido	

67 tañer

MODO INDICATIVO		MODO SUBJUNTIVO	
Tiempos simples	Tiempos compuestos	Tiempos simples	Tiempos compuestos
Presente	**Pret. perf. compuesto**	**Presente**	**Pret. perfecto**
taño	he tañido	taña	haya tañido
tañes	has tañido	tañas	hayas tañido
tañe	ha tañido	taña	haya tañido
tañemos	hemos tañido	tañamos	hayamos tañido
tañéis	habéis tañido	tañáis	hayáis tañido
tañen	han tañido	tañan	hayan tañido
Pret. imperfecto	**Pret. pluscuamperfecto**	**Pret. imperfecto**	**Pret. pluscuamperfecto**
tañía	había tañido	tañera o tañese	hubiera o hubiese tañido
tañías	habías tañido	tañeras o tañeses	hubieras o hubieses tañido
tañía	había tañido	tañera o tañese	hubiera o hubiese tañido
tañíamos	habíamos tañido	tañéramos o tañésemos	hubiéramos o hubiésemos tañido
tañíais	habíais tañido	tañerais o tañeseis	hubierais o hubieseis tañido
tañían	habían tañido	tañeran o tañesen	hubieran o hubiesen tañido
Pret. perf. simple	**Pret. anterior**	**Futuro**	**Futuro perfecto**
tañí	hube tañido	tañere	hubiere tañido
tañiste	hubiste tañido	tañeres	hubieres tañido
tañó	hubo tañido	tañere	hubiere tañido
tañimos	hubimos tañido	tañéremos	hubiéremos tañido
tañisteis	hubisteis tañido	tañereis	hubiereis tañido
tañeron	hubieron tañido	tañeren	hubieren tañido
Futuro	**Futuro perfecto**		
tañeré	habré tañido		
tañerás	habrás tañido		
tañerá	habrá tañido		
tañeremos	habremos tañido		
tañeréis	habréis tañido		
tañerán	habrán tañido		
Condicional	**Condicional compuesto**		
tañería	habría tañido		
tañerías	habrías tañido		
tañería	habría tañido		
tañeríamos	habríamos tañido		
tañeríais	habríais tañido		
tañerían	habrían tañido		

MODO IMPERATIVO

Presente

tañe tú
taña él
tañamos nosotros
tañed vosotros
tañan ellos

FORMAS NO PERSONALES

Infinitivo	Infinitivo compuesto
tañer	haber tañido
Gerundio	**Gerundio compuesto**
tañendo	habiendo tañido
Participio	
tañido	

68 tener

MODO INDICATIVO

Tiempos simples	Tiempos compuestos
Presente	**Pret. perf. compuesto**
tengo	he tenido
tienes	has tenido
tiene	ha tenido
tenemos	hemos tenido
tenéis	habéis tenido
tienen	han tenido
Pret. imperfecto	**Pret. pluscuamperfecto**
tenía	había tenido
tenías	habías tenido
tenía	había tenido
teníamos	habíamos tenido
teníais	habíais tenido
tenían	habían tenido
Pret. perf. simple	**Pret. anterior**
tuve	hube tenido
tuviste	hubiste tenido
tuvo	hubo tenido
tuvimos	hubimos tenido
tuvisteis	hubisteis tenido
tuvieron	hubieron tenido
Futuro	**Futuro perfecto**
tendré	habré tenido
tendrás	habrás tenido
tendrá	habrá tenido
tendremos	habremos tenido
tendréis	habréis tenido
tendrán	habrán tenido
Condicional	**Condicional compuesto**
tendría	habría tenido
tendrías	habrías tenido
tendría	habría tenido
tendríamos	habríamos tenido
tendríais	habríais tenido
tendrían	habrían tenido

MODO SUBJUNTIVO

Tiempos simples	Tiempos compuestos
Presente	**Pret. perfecto**
tenga	haya tenido
tengas	hayas tenido
tenga	haya tenido
tengamos	hayamos tenido
tengáis	hayáis tenido
tengan	hayan tenido
Pret. imperfecto	**Pret. pluscuamperfecto**
tuviera o tuviese	hubiera o hubiese tenido
tuvieras o tuvieses	hubieras o hubieses tenido
tuviera o tuviese	hubiera o hubiese tenido
tuviéramos o tuviésemos	hubiéramos o hubiésemos tenido
tuvierais o tuvieseis	hubierais o hubieseis tenido
tuvieran o tuviesen	hubieran o hubiesen tenido
Futuro	**Futuro perfecto**
tuviere	hubiere tenido
tuvieres	hubieres tenido
tuviere	hubiere tenido
tuviéremos	hubiéremos tenido
tuviereis	hubiereis tenido
tuvieren	hubieren tenido

MODO IMPERATIVO

Presente

ten tú
tenga él
tengamos nosotros
tened vosotros
tengan ellos

FORMAS NO PERSONALES

Infinitivo tener	**Infinitivo compuesto** haber tenido
Gerundio teniendo	**Gerundio compuesto** habiendo tenido
Participio tenido	

69 traer

MODO INDICATIVO

Tiempos simples	Tiempos compuestos
Presente	**Pret. perf. compuesto**
traigo	he traído
traes	has traído
trae	ha traído
traemos	hemos traído
traéis	habéis traído
traen	han traído
Pret. imperfecto	**Pret. pluscuamperfecto**
traía	había traído
traías	habías traído
traía	había traído
traíamos	habíamos traído
traíais	habíais traído
traían	habían traído
Pret. perf. simple	**Pret. anterior**
traje	hube traído
trajiste	hubiste traído
trajo	hubo traído
trajimos	hubimos traído
trajisteis	hubisteis traído
trajeron	hubieron traído
Futuro	**Futuro perfecto**
traeré	habré traído
traerás	habrás traído
traerá	habrá traído
traeremos	habremos traído
traeréis	habréis traído
traerán	habrán traído
Condicional	**Condicional compuesto**
traería	habría traído
traerías	habrías traído
traería	habría traído
traeríamos	habríamos traído
traeríais	habríais traído
traerían	habrían traído

MODO SUBJUNTIVO

Tiempos simples	Tiempos compuestos
Presente	**Pret. perfecto**
traiga	haya traído
traigas	hayas traído
traiga	haya traído
traigamos	hayamos traído
traigáis	hayáis traído
traigan	hayan traído
Pret. imperfecto	**Pret. pluscuamperfecto**
trajera o trajese	hubiera o hubiese traído
trajeras o trajeses	hubieras o hubieses traído
trajera o trajese	hubiera o hubiese traído
trajéramos o trajésemos	hubiéramos o hubiésemos traído
trajerais o trajeseis	hubierais o hubieseis traído
trajeran o trajesen	hubieran o hubiesen traído
Futuro	**Futuro perfecto**
trajere	hubiere traído
trajeres	hubieres traído
trajere	hubiere traído
trajéremos	hubiéremos traído
trajereis	hubiereis traído
trajeren	hubieren traído

MODO IMPERATIVO

Presente

trae tú
traiga él
traigamos nosotros
traed vosotros
traigan ellos

FORMAS NO PERSONALES

Infinitivo traer	**Infinitivo compuesto** haber traído
Gerundio trayendo	**Gerundio compuesto** habiendo traído
Participio traído	

70 valer

MODO INDICATIVO		MODO SUBJUNTIVO	
Tiempos simples	Tiempos compuestos	Tiempos simples	Tiempos compuestos
Presente valgo vales vale valemos valéis valen	**Pret. perf. compuesto** he valido has valido ha valido hemos valido habéis valido han valido	**Presente** valga valgas valga valgamos valgáis valgan	**Pret. perfecto** haya valido hayas valido haya valido hayamos valido hayáis valido hayan valido
Pret. imperfecto valía valías valía valíamos valíais valían	**Pret. pluscuamperfecto** había valido habías valido había valido habíamos valido habíais valido habían valido	**Pret. imperfecto** valiera o valiese valieras o valieses valiera o valiese valiéramos o valiésemos valierais o valieseis valieran o valiesen	**Pret. pluscuamperfecto** hubiera o hubiese valido hubieras o hubieses valido hubiera o hubiese valido hubiéramos o hubiésemos valido hubierais o hubieseis valido hubieran o hubiesen valido
Pret. perf. simple valí valiste valió valimos valisteis valieron	**Pret. anterior** hube valido hubiste valido hubo valido hubimos valido hubisteis valido hubieron valido	**Futuro** valiere valieres valiere valiéremos valiereis valieren	**Futuro perfecto** hubiere valido hubieres valido hubiere valido hubiéremos valido hubiereis valido hubieren valido
Futuro valdré valdrás valdrá valdremos valdréis valdrán	**Futuro perfecto** habré valido habrás valido habrá valido habremos valido habréis valido habrán valido		
Condicional valdría valdrías valdría valdríamos valdríais valdrían	**Condicional compuesto** habría valido habrías valido habría valido habríamos valido habríais valido habrían valido		

MODO IMPERATIVO
Presente vale tú valga él valgamos nosotros valed vosotros valgan ellos

FORMAS NO PERSONALES	
Infinitivo valer	**Infinitivo compuesto** haber valido
Gerundio valiendo	**Gerundio compuesto** habiendo valido
Participio valido	

71 venir

MODO INDICATIVO

Tiempos simples	Tiempos compuestos
Presente	**Pret. perf. compuesto**
vengo	he venido
vienes	has venido
viene	ha venido
venimos	hemos venido
venís	habéis venido
vienen	han venido
Pret. imperfecto	**Pret. pluscuamperfecto**
venía	había venido
venías	habías venido
venía	había venido
veníamos	habíamos venido
veníais	habíais venido
venían	habían venido
Pret. perf. simple	**Pret. anterior**
vine	hube venido
viniste	hubiste venido
vino	hubo venido
vinimos	hubimos venido
vinisteis	hubisteis venido
vinieron	hubieron venido
Futuro	**Futuro perfecto**
vendré	habré venido
vendrás	habrás venido
vendrá	habrá venido
vendremos	habremos venido
vendréis	habréis venido
vendrán	habrán venido
Condicional	**Condicional compuesto**
vendría	habría venido
vendrías	habrías venido
vendría	habría venido
vendríamos	habríamos venido
vendríais	habríais venido
vendrían	habrían venido

MODO SUBJUNTIVO

Tiempos simples	Tiempos compuestos
Presente	**Pret. perfecto**
venga	haya venido
vengas	hayas venido
venga	haya venido
vengamos	hayamos venido
vengáis	hayáis venido
vengan	hayan venido
Pret. imperfecto	**Pret. pluscuamperfecto**
viniera o viniese	hubiera o hubiese venido
vinieras o vinieses	hubieras o hubieses venido
viniera o viniese	hubiera o hubiese venido
viniéramos o viniésemos	hubiéramos o hubiésemos venido
vinierais o vinieseis	hubierais o hubieseis venido
vinieran o viniesen	hubieran o hubiesen venido
Futuro	**Futuro perfecto**
viniere	hubiere venido
vinieres	hubieres venido
viniere	hubiere venido
viniéremos	hubiéremos venido
viniereis	hubiereis venido
vinieren	hubieren venido

MODO IMPERATIVO

Presente

ven tú
venga él
vengamos nosotros
venid vosotros
vengan ellos

FORMAS NO PERSONALES

Infinitivo venir	**Infinitivo compuesto** haber venido
Gerundio viniendo	**Gerundio compuesto** habiendo venido
Participio venido	

72 ver

MODO INDICATIVO

Tiempos simples	Tiempos compuestos
Presente	**Pret. perf. compuesto**
veo	he visto
ves	has visto
ve	ha visto
vemos	hemos visto
veis	habéis visto
ven	han visto
Pret. imperfecto	**Pret. pluscuamperfecto**
veía	había visto
veías	habías visto
veía	había visto
veíamos	habíamos visto
veíais	habíais visto
veían	habían visto
Pret. perf. simple	**Pret. anterior**
vi	hube visto
viste	hubiste visto
vio	hubo visto
vimos	hubimos visto
visteis	hubisteis visto
vieron	hubieron visto
Futuro	**Futuro perfecto**
veré	habré visto
verás	habrás visto
verá	habrá visto
veremos	habremos visto
veréis	habréis visto
verán	habrán visto
Condicional	**Condicional compuesto**
vería	habría visto
verías	habrías visto
vería	habría visto
veríamos	habríamos visto
veríais	habríais visto
verían	habrían visto

MODO SUBJUNTIVO

Tiempos simples	Tiempos compuestos
Presente	**Pret. perfecto**
vea	haya visto
veas	hayas visto
vea	haya visto
veamos	hayamos visto
veáis	hayáis visto
vean	hayan visto
Pret. imperfecto	**Pret. pluscuamperfecto**
viera o viese	hubiera o hubiese visto
vieras o vieses	hubieras o hubieses visto
viera o viese	hubiera o hubiese visto
viéramos o viésemos	hubiéramos o hubiésemos visto
vierais o vieseis	hubierais o hubieseis visto
vieran o viesen	hubieran o hubiesen visto
Futuro	**Futuro perfecto**
viere	hubiere visto
vieres	hubieres visto
viere	hubiere visto
viéremos	hubiéremos visto
viereis	hubiereis visto
vieren	hubieren visto

MODO IMPERATIVO

Presente

ve tú
vea él
veamos nosotros
ved vosotros
vean ellos

FORMAS NO PERSONALES

Infinitivo ver	**Infinitivo compuesto** haber visto
Gerundio viendo	**Gerundio compuesto** habiendo visto
Participio visto	

73 yacer

MODO INDICATIVO

Tiempos simples	Tiempos compuestos	
Presente	**Pret. perf. compuesto**	
yazco, yazgo o yago	he	yacido
yaces	has	yacido
yace	ha	yacido
yacemos	hemos	yacido
yacéis	habéis	yacido
yacen	han	yacido
Pret. imperfecto	**Pret. pluscuamperfecto**	
yacía	había	yacido
yacías	habías	yacido
yacía	había	yacido
yacíamos	habíamos	yacido
yacíais	habíais	yacido
yacían	habían	yacido
Pret. perf. simple	**Pret. anterior**	
yací	hube	yacido
yaciste	hubiste	yacido
yació	hubo	yacido
yacimos	hubimos	yacido
yacisteis	hubisteis	yacido
yacieron	hubieron	yacido
Futuro	**Futuro perfecto**	
yaceré	habré	yacido
yacerás	habrás	yacido
yacerá	habrá	yacido
yaceremos	habremos	yacido
yaceréis	habréis	yacido
yacerán	habrán	yacido
Condicional	**Condicional compuesto**	
yacería	habría	yacido
yacerías	habrías	yacido
yacería	habría	yacido
yaceríamos	habríamos	yacido
yaceríais	habríais	yacido
yacerían	habrían	yacido

MODO SUBJUNTIVO

Tiempos simples	Tiempos compuestos	
Presente	**Pret. perfecto**	
yazca, yazga o yaga	haya	yacido
yazcas, yazgas o yagas	hayas	yacido
yazca, yazga o yaga	haya	yacido
yazcamos, yazgamos, yagamos	hayamos	yacido
yazcáis, yazgáis o yagáis	hayáis	yacido
yazcan, yazgan o yagan	hayan	yacido
Pret. imperfecto	**Pret. pluscuamperfecto**	
yaciera o yaciese	hubiera o hubiese	yacido
yacieras o yacieses	hubieras o hubieses	yacido
yaciera o yaciese	hubiera o hubiese	yacido
yaciéramos o yaciésemos	hubiéramos o hubiésemos	yacido
yacierais o yacieseis	hubierais o hubieseis	yacido
yacieran o yaciesen	hubieran o hubiesen	yacido
Futuro	**Futuro perfecto**	
yaciere	hubiere	yacido
yacieres	hubieres	yacido
yaciere	hubiere	yacido
yaciéremos	hubiéremos	yacido
yaciereis	hubiereis	yacido
yacieren	hubieren	yacido

MODO IMPERATIVO

Presente

yace o yaz tú
yazca, yazga o yaga él
yazcamos, yazgamos o yagamos nosotros
yaced vosotros
yazcan, yazgan o yagan ellos

FORMAS NO PERSONALES

Infinitivo yacer	**Infinitivo compuesto** haber yacido
Gerundio yaciendo	**Gerundio compuesto** habiendo yacido
Participio yacido	

74 ahincar

MODO INDICATIVO		MODO SUBJUNTIVO	
Tiempos simples	Tiempos compuestos	Tiempos simples	Tiempos compuestos
Presente ahínco ahíncas ahínca ahincamos ahincáis ahíncan	**Pret. perf. compuesto** he ahincado has ahincado ha ahincado hemos ahincado habéis ahincado han ahincado	**Presente** ahínque ahínques ahínque ahinquemos ahinquéis ahínquen	**Pret. perfecto** haya ahincado hayas ahincado haya ahincado hayamos ahincado hayáis ahincado hayan ahincado
Pret. imperfecto ahincaba ahincabas ahincaba ahincábamos ahincabais ahincaban	**Pret. pluscuamperfecto** había ahincado habías ahincado había ahincado habíamos ahincado habíais ahincado habían ahincado	**Pret. imperfecto** ahincara o ahincase ahincaras o ahincases ahincara o ahincase ahincáramos o ahincásemos ahincarais o ahincaseis ahincaran o ahincasen	**Pret. pluscuamperfecto** hubiera o hubiese ahincado hubieras o hubieses ahincado hubiera o hubiese ahincado hubiéramos o hubiésemos ahincado hubierais o hubieseis ahincado hubieran o hubiesen ahincado
Pret. perf. simple ahinqué ahincaste ahincó ahincamos ahincasteis ahincaron	**Pret. anterior** hube ahincado hubiste ahincado hubo ahincado hubimos ahincado hubisteis ahincado hubieron ahincado	**Futuro** ahincare ahincares ahincare ahincáremos ahincareis ahincaren	**Futuro perfecto** hubiere ahincado hubieres ahincado hubiere ahincado hubiéremos ahincado hubiereis ahincado hubieren ahincado
Futuro ahincaré ahincarás ahincará ahincaremos ahincaréis ahincarán	**Futuro perfecto** habré ahincado habrás ahincado habrá ahincado habremos ahincado habréis ahincado habrán ahincado	**MODO IMPERATIVO** **Presente** ahínca tú ahínque él ahinquemos nosotros ahincad vosotros ahínquen ellos	
Condicional ahincaría ahincarías ahincaría ahincaríamos ahincaríais ahincarían	**Condicional compuesto** habría ahincado habrías ahincado habría ahincado habríamos ahincado habríais ahincado habrían ahincado	**FORMAS NO PERSONALES** **Infinitivo** ahincar **Gerundio** ahincando **Participio** ahincado	 **Infinitivo compuesto** haber ahincado **Gerundio compuesto** habiendo ahincado

75 almorzar

MODO INDICATIVO

Tiempos simples	Tiempos compuestos
Presente	**Pret. perf. compuesto**
almuerzo	he almorzado
almuerzas	has almorzado
almuerza	ha almorzado
almorzamos	hemos almorzado
almorzáis	habéis almorzado
almuerzan	han almorzado
Pret. imperfecto	**Pret. pluscuamperfecto**
almorzaba	había almorzado
almorzabas	habías almorzado
almorzaba	había almorzado
almorzábamos	habíamos almorzado
almorzabais	habíais almorzado
almorzaban	habían almorzado
Pret. perf. simple	**Pret. anterior**
almorcé	hube almorzado
almorzaste	hubiste almorzado
almorzó	hubo almorzado
almorzamos	hubimos almorzado
almorzasteis	hubisteis almorzado
almorzaron	hubieron almorzado
Futuro	**Futuro perfecto**
almorzaré	habré almorzado
almorzarás	habrás almorzado
almorzará	habrá almorzado
almorzaremos	habremos almorzado
almorzaréis	habréis almorzado
almorzarán	habrán almorzado
Condicional	**Condicional compuesto**
almorzaría	habría almorzado
almorzarías	habrías almorzado
almorzaría	habría almorzado
almorzaríamos	habríamos almorzado
almorzaríais	habríais almorzado
almorzarían	habrían almorzado

MODO SUBJUNTIVO

Tiempos simples	Tiempos compuestos
Presente	**Pret. perfecto**
almuerce	haya almorzado
almuerces	hayas almorzado
almuerce	haya almorzado
almorcemos	hayamos almorzado
almorcéis	hayáis almorzado
almuercen	hayan almorzado
Pret. imperfecto	**Pret. pluscuamperfecto**
almorzara o almorzase	hubiera o hubiese almorzado
almorzaras o almorzases	hubieras o hubieses almorzado
almorzara o almorzase	hubiera o hubiese almorzado
almorzáramos o almorzásemos	hubiéramos o hubiésemos almorzado
almorzarais o almorzaseis	hubierais o hubieseis almorzado
almorzaran o almorzasen	hubieran o hubiesen almorzado
Futuro	**Futuro perfecto**
almorzare	hubiere almorzado
almorzares	hubieres almorzado
almorzare	hubiere almorzado
almorzáremos	hubiéremos almorzado
almorzareis	hubiereis almorzado
almorzaren	hubieren almorzado

MODO IMPERATIVO

Presente
almuerza tú
almuerce él
almorcemos nosotros
almorzad vosotros
almuercen ellos

FORMAS NO PERSONALES

Infinitivo almorzar	**Infinitivo compuesto** haber almorzado
Gerundio almorzando	**Gerundio compuesto** habiendo almorzado
Participio almorzado	

76 cocer

MODO INDICATIVO

Tiempos simples	Tiempos compuestos
Presente	**Pret. perf. compuesto**
cuezo	he cocido
cueces	has cocido
cuece	ha cocido
cocemos	hemos cocido
cocéis	habéis cocido
cuecen	han cocido
Pret. imperfecto	**Pret. pluscuamperfecto**
cocía	había cocido
cocías	habías cocido
cocía	había cocido
cocíamos	habíamos cocido
cocíais	habíais cocido
cocían	habían cocido
Pret. perf. simple	**Pret. anterior**
cocí	hube cocido
cociste	hubiste cocido
coció	hubo cocido
cocimos	hubimos cocido
cocisteis	hubisteis cocido
cocieron	hubieron cocido
Futuro	**Futuro perfecto**
coceré	habré cocido
cocerás	habrás cocido
cocerá	habrá cocido
coceremos	habremos cocido
coceréis	habréis cocido
cocerán	habrán cocido
Condicional	**Condicional compuesto**
cocería	habría cocido
cocerías	habrías cocido
cocería	habría cocido
coceríamos	habríamos cocido
coceríais	habríais cocido
cocerían	habrían cocido

MODO SUBJUNTIVO

Tiempos simples	Tiempos compuestos
Presente	**Pret. perfecto**
cueza	haya cocido
cuezas	hayas cocido
cueza	haya cocido
cozamos	hayamos cocido
cozáis	hayáis cocido
cuezan	hayan cocido
Pret. imperfecto	**Pret. pluscuamperfecto**
cociera o cociese	hubiera o hubiese cocido
cocieras o cocieses	hubieras o hubieses cocido
cociera o cociese	hubiera o hubiese cocido
cociéramos o cociésemos	hubiéramos o hubiésemos cocido
cocierais o cocieseis	hubierais o hubieseis cocido
cocieran o cociesen	hubieran o hubiesen cocido
Futuro	**Futuro perfecto**
cociere	hubiere cocido
cocieres	hubieres cocido
cociere	hubiere cocido
cociéremos	hubiéremos cocido
cociereis	hubiereis cocido
cocieren	hubieren cocido

MODO IMPERATIVO

Presente

cuece tú
cueza él
cozamos nosotros
coced vosotros
cuezan ellos

FORMAS NO PERSONALES

Infinitivo cocer	**Infinitivo compuesto** haber cocido
Gerundio cociendo	**Gerundio compuesto** habiendo cocido
Participio cocido	

77 colgar

MODO INDICATIVO

Tiempos simples		Tiempos compuestos	
Presente		**Pret. perf. compuesto**	
cuelgo		he	colgado
cuelgas		has	colgado
cuelga		ha	colgado
colgamos		hemos	colgado
colgáis		habéis	colgado
cuelgan		han	colgado
Pret. imperfecto		**Pret. pluscuamperfecto**	
colgaba		había	colgado
colgabas		habías	colgado
colgaba		había	colgado
colgábamos		habíamos	colgado
colgabais		habíais	colgado
colgaban		habían	colgado
Pret. perf. simple		**Pret. anterior**	
colgué		hube	colgado
colgaste		hubiste	colgado
colgó		hubo	colgado
colgamos		hubimos	colgado
colgasteis		hubisteis	colgado
colgaron		hubieron	colgado
Futuro		**Futuro perfecto**	
colgaré		habré	colgado
colgarás		habrás	colgado
colgará		habrá	colgado
colgaremos		habremos	colgado
colgaréis		habréis	colgado
colgarán		habrán	colgado
Condicional		**Condicional compuesto**	
colgaría		habría	colgado
colgarías		habrías	colgado
colgaría		habría	colgado
colgaríamos		habríamos	colgado
colgaríais		habríais	colgado
colgarían		habrían	colgado

MODO SUBJUNTIVO

Tiempos simples	Tiempos compuestos	
Presente	**Pret. perfecto**	
cuelgue	haya	colgado
cuelgues	hayas	colgado
cuelgue	haya	colgado
colguemos	hayamos	colgado
colguéis	hayáis	colgado
cuelguen	hayan	colgado
Pret. imperfecto	**Pret. pluscuamperfecto**	
colgara o colgase	hubiera o hubiese colgado	
colgaras o colgases	hubieras o hubieses colgado	
colgara o colgase	hubiera o hubiese colgado	
colgáramos o colgásemos	hubiéramos o hubiésemos colgado	
colgarais o colgaseis	hubierais o hubieseis colgado	
colgaran o colgasen	hubieran o hubiesen colgado	
Futuro	**Futuro perfecto**	
colgare	hubiere	colgado
colgares	hubieres	colgado
colgare	hubiere	colgado
colgáremos	hubiéremos	colgado
colgareis	hubiereis	colgado
colgaren	hubieren	colgado

MODO IMPERATIVO

Presente
cuelga tú
cuelgue él
colguemos nosotros
colgad vosotros
cuelguen ellos

FORMAS NO PERSONALES

Infinitivo colgar	**Infinitivo compuesto** haber colgado
Gerundio colgando	**Gerundio compuesto** habiendo colgado
Participio colgado	

78 desarraigar

MODO INDICATIVO	
Tiempos simples	Tiempos compuestos
Presente desarraigo desarraigas desarraiga desarraigamos desarraigáis desarraigan	**Pret. perf. compuesto** he desarraigado has desarraigado ha desarraigado hemos desarraigado habéis desarraigado han desarraigado
Pret. imperfecto desarraigaba desarraigabas desarraigaba desarraigábamos desarraigabais desarraigaban	**Pret. pluscuamperfecto** había desarraigado habías desarraigado había desarraigado habíamos desarraigado habíais desarraigado habían desarraigado
Pret. perf. simple desarraigué desarraigaste desarraigó desarraigamos desarraigasteis desarraigaron	**Pret. anterior** hube desarraigado hubiste desarraigado hubo desarraigado hubimos desarraigado hubisteis desarraigado hubieron desarraigado
Futuro desarraigaré desarraigarás desarraigará desarraigaremos desarraigaréis desarraigarán	**Futuro perfecto** habré desarraigado habrás desarraigado habrá desarraigado habremos desarraigado habréis desarraigado habrán desarraigado
Condicional desarraigaría desarraigarías desarraigaría desarraigaríamos desarraigaríais desarraigarían	**Condicional compuesto** habría desarraigado habrías desarraigado habría desarraigado habríamos desarraigado habríais desarraigado habrían desarraigado

MODO SUBJUNTIVO	
Tiempos simples	Tiempos compuestos
Presente desarraigue desarraigues desarraigue desarraiguemos desarraiguéis desarraiguen	**Pret. perfecto** haya desarraigado hayas desarraigado haya desarraigado hayamos desarraigado hayáis desarraigado hayan desarraigado
Pret. imperfecto desarraigara o desarraigase desarraigaras o desarraigases desarraigara o desarraigase desarraigáramos o desarraigásemos desarraigarais o desarraigaseis desarraigaran o desarraigasen	**Pret. pluscuamperfecto** hubiera o hubiese desarraigado hubieras o hubieses desarraigado hubiera o hubiese desarraigado hubiéramos o hubiésemos desarraigado hubierais o hubieseis desarraigado hubieran o hubiesen desarraigado
Futuro desarraigare desarraigares desarraigare desarraigáremos desarraigareis desarraigaren	**Futuro perfecto** hubiere desarraigado hubieres desarraigado hubiere desarraigado hubiéremos desarraigado hubiereis desarraigado hubieren desarraigado

Presente
desarraiga tú
desarraigue él
desarraiguemos nosotros
desarraigad vosotros
desarraiguen ellos

Infinitivo desarraigar	**Infinitivo compuesto** haber desarraigado
Gerundio desarraigando	**Gerundio compuesto** habiendo desarraigado
Participio desarraigado	

79 elegir

MODO INDICATIVO

Tiempos simples	Tiempos compuestos
Presente	**Pret. perf. compuesto**
elijo	he elegido
eliges	has elegido
elige	ha elegido
elegimos	hemos elegido
elegís	habéis elegido
eligen	han elegido
Pret. imperfecto	**Pret. pluscuamperfecto**
elegía	había elegido
elegías	habías elegido
elegía	había elegido
elegíamos	habíamos elegido
elegíais	habíais elegido
elegían	habían elegido
Pret. perf. simple	**Pret. anterior**
elegí	hube elegido
elegiste	hubiste elegido
eligió	hubo elegido
elegimos	hubimos elegido
elegisteis	hubisteis elegido
eligieron	hubieron elegido
Futuro	**Futuro perfecto**
elegiré	habré elegido
elegirás	habrás elegido
elegirá	habrá elegido
elegiremos	habremos elegido
elegiréis	habréis elegido
elegirán	habrán elegido
Condicional	**Condicional compuesto**
elegiría	habría elegido
elegirías	habrías elegido
elegiría	habría elegido
elegiríamos	habríamos elegido
elegiríais	habríais elegido
elegirían	habrían elegido

MODO SUBJUNTIVO

Tiempos simples	Tiempos compuestos
Presente	**Pret. perfecto**
elija	haya elegido
elijas	hayas elegido
elija	haya elegido
elijamos	hayamos elegido
elijáis	hayáis elegido
elijan	hayan elegido
Pret. imperfecto	**Pret. pluscuamperfecto**
eligiera o eligiese	hubiera o hubiese elegido
eligieras o eligieses	hubieras o hubieses elegido
eligiera o eligiese	hubiera o hubiese elegido
eligiéramos o eligiésemos	hubiéramos o hubiésemos elegido
eligierais o eligieseis	hubierais o hubieseis elegido
eligieran o eligiesen	hubieran o hubiesen elegido
Futuro	**Futuro perfecto**
eligiere	hubiere elegido
eligieres	hubieres elegido
eligiere	hubiere elegido
eligiéremos	hubiéremos elegido
eligiereis	hubiereis elegido
eligieren	hubieren elegido

MODO IMPERATIVO

Presente

elige tú
elija él
elijamos nosotros
elegid vosotros
elijan ellos

FORMAS NO PERSONALES

Infinitivo elegir	**Infinitivo compuesto** haber elegido
Gerundio eligiendo	**Gerundio compuesto** habiendo elegido
Participio elegido	

80 embaucar

MODO INDICATIVO

Tiempos simples	Tiempos compuestos
Presente	**Pret. perf. compuesto**
embauco	he embaucado
embaucas	has embaucado
embauca	ha embaucado
embaucamos	hemos embaucado
embaucáis	habéis embaucado
embaucan	han embaucado
Pret. imperfecto	**Pret. pluscuamperfecto**
embaucaba	había embaucado
embaucabas	habías embaucado
embaucaba	había embaucado
embaucábamos	habíamos embaucado
embaucabais	habíais embaucado
embaucaban	habían embaucado
Pret. perf. simple	**Pret. anterior**
embauqué	hube embaucado
embaucaste	hubiste embaucado
embaucó	hubo embaucado
embaucamos	hubimos embaucado
embaucasteis	hubisteis embaucado
embaucaron	hubieron embaucado
Futuro	**Futuro perfecto**
embaucaré	habré embaucado
embaucarás	habrás embaucado
embaucará	habrá embaucado
embaucaremos	habremos embaucado
embaucaréis	habréis embaucado
embaucarán	habrán embaucado
Condicional	**Condicional compuesto**
embaucaría	habría embaucado
embaucarías	habrías embaucado
embaucaría	habría embaucado
embaucaríamos	habríamos embaucado
embaucaríais	habríais embaucado
embaucarían	habrían embaucado

MODO SUBJUNTIVO

Tiempos simples	Tiempos compuestos
Presente	**Pret. perfecto**
embauque	haya embaucado
embauques	hayas embaucado
embauque	haya embaucado
embauquemos	hayamos embaucado
embauquéis	hayáis embaucado
embauquen	hayan embaucado
Pret. imperfecto	**Pret. pluscuamperfecto**
embaucara o embaucase	hubiera o hubiese embaucado
embaucaras o embaucases	hubieras o hubieses embaucado
embaucara o embaucase	hubiera o hubiese embaucado
embaucáramos o embaucásemos	hubiéramos o hubiésemos embaucado
embaucarais o embaucaseis	hubierais o hubieseis embaucado
embaucaran o embaucasen	hubieran o hubiesen embaucado
Futuro	**Futuro perfecto**
embaucare	hubiere embaucado
embaucares	hubieres embaucado
embaucare	hubiere embaucado
embaucáremos	hubiéremos embaucado
embaucareis	hubiereis embaucado
embaucaren	hubieren embaucado

MODO IMPERATIVO

Presente

embauca tú
embauque él
embauquemos nosotros
embaucad vosotros
embauquen ellos

FORMAS NO PERSONALES

Infinitivo embaucar	**Infinitivo compuesto** haber embaucado
Gerundio embaucando	**Gerundio compuesto** habiendo embaucado
Participio embaucado	

81 empezar

MODO INDICATIVO

Tiempos simples	Tiempos compuestos
Presente	**Pret. perf. compuesto**
empiezo	he empezado
empiezas	has empezado
empieza	ha empezado
empezamos	hemos empezado
empezáis	habéis empezado
empiezan	han empezado
Pret. imperfecto	**Pret. pluscuamperfecto**
empezaba	había empezado
empezabas	habías empezado
empezaba	había empezado
empezábamos	habíamos empezado
empezabais	habíais empezado
empezaban	habían empezado
Pret. perf. simple	**Pret. anterior**
empecé	hube empezado
empezaste	hubiste empezado
empezó	hubo empezado
empezamos	hubimos empezado
empezasteis	hubisteis empezado
empezaron	hubieron empezado
Futuro	**Futuro perfecto**
empezaré	habré empezado
empezarás	habrás empezado
empezará	habrá empezado
empezaremos	habremos empezado
empezaréis	habréis empezado
empezarán	habrán empezado
Condicional	**Condicional compuesto**
empezaría	habría empezado
empezarías	habrías empezado
empezaría	habría empezado
empezaríamos	habríamos empezado
empezaríais	habríais empezado
empezarían	habrían empezado

MODO SUBJUNTIVO

Tiempos simples	Tiempos compuestos
Presente	**Pret. perfecto**
empiece	haya empezado
empieces	hayas empezado
empiece	haya empezado
empecemos	hayamos empezado
empecéis	hayáis empezado
empiecen	hayan empezado
Pret. imperfecto	**Pret. pluscuamperfecto**
empezara o empezase	hubiera o hubiese empezado
empezaras o empezases	hubieras o hubieses empezado
empezara o empezase	hubiera o hubiese empezado
empezáramos o empezásemos	hubiéramos o hubiésemos empezado
empezarais o empezaseis	hubierais o hubieseis empezado
empezaran o empezasen	hubieran o hubiesen empezado
Futuro	**Futuro perfecto**
empezare	hubiere empezado
empezares	hubieres empezado
empezare	hubiere empezado
empezáremos	hubiéremos empezado
empezareis	hubiereis empezado
empezaren	hubieren empezado

MODO IMPERATIVO

Presente

empieza tú
empiece él
empecemos nosotros
empezad vosotros
empiecen ellos

FORMAS NO PERSONALES

Infinitivo empezar	**Infinitivo compuesto** haber empezado
Gerundio empezando	**Gerundio compuesto** habiendo empezado
Participio empezado	

82 enraizar

MODO INDICATIVO		MODO SUBJUNTIVO	
Tiempos simples	Tiempos compuestos	Tiempos simples	Tiempos compuestos
Presente enraízo enraízas enraíza enraizamos enraizáis enraízan	**Pret. perf. compuesto** he enraizado has enraizado ha enraizado hemos enraizado habéis enraizado han enraizado	**Presente** enraíce enraíces enraíce enraicemos enraicéis enraícen	**Pret. perfecto** haya enraizado hayas enraizado haya enraizado hayamos enraizado hayáis enraizado hayan enraizado
Pret. imperfecto enraizaba enraizabas enraizaba enraizábamos enraizabais enraizaban	**Pret. pluscuamperfecto** había enraizado habías enraizado había enraizado habíamos enraizado habíais enraizado habían enraizado	**Pret. imperfecto** enraizara o enraizase enraizaras o enraizases enraizara o enraizase enraizáramos o enraizásemos enraizarais o enraizaseis enraizaran o enraizasen	**Pret. pluscuamperfecto** hubiera o hubiese enraizado hubieras o hubieses enraizado hubiera o hubiese enraizado hubiéramos o hubiésemos enraizado hubierais o hubieseis enraizado hubieran o hubiesen enraizado
Pret. perf. simple enraicé enraizaste enraizó enraizamos enraizasteis enraizaron	**Pret. anterior** hube enraizado hubiste enraizado hubo enraizado hubimos enraizado hubisteis enraizado hubieron enraizado	**Futuro** enraizare enraizares enraizare enraizáremos enraizareis enraizaren	**Futuro perfecto** hubiere enraizado hubieres enraizado hubiere enraizado hubiéremos enraizado hubiereis enraizado hubieren enraizado
Futuro enraizaré enraizarás enraizará enraizaremos enraizaréis enraizarán	**Futuro perfecto** habré enraizado habrás enraizado habrá enraizado habremos enraizado habréis enraizado habrán enraizado	**MODO IMPERATIVO**	
		Presente enraíza tú enraíce él enraicemos nosotros enraizad vosotros enraícen ellos	
Condicional enraizaría enraizarías enraizaría enraizaríamos enraizaríais enraizarían	**Condicional compuesto** habría enraizado habrías enraizado habría enraizado habríamos enraizado habríais enraizado habrían enraizado	**FORMAS NO PERSONALES**	
		Infinitivo enraizar	**Infinitivo compuesto** haber enraizado
		Gerundio enraizando	**Gerundio compuesto** habiendo enraizado
		Participio enraizado	

83 negar

MODO INDICATIVO

Tiempos simples	Tiempos compuestos
Presente	**Pret. perf. compuesto**
niego	he negado
niegas	has negado
niega	ha negado
negamos	hemos negado
negáis	habéis negado
niegan	han negado
Pret. imperfecto	**Pret. pluscuamperfecto**
negaba	había negado
negabas	habías negado
negaba	había negado
negábamos	habíamos negado
negabais	habíais negado
negaban	habían negado
Pret. perf. simple	**Pret. anterior**
negué	hube negado
negaste	hubiste negado
negó	hubo negado
negamos	hubimos negado
negasteis	hubisteis negado
negaron	hubieron negado
Futuro	**Futuro perfecto**
negaré	habré negado
negarás	habrás negado
negará	habrá negado
negaremos	habremos negado
negaréis	habréis negado
negarán	habrán negado
Condicional	**Condicional compuesto**
negaría	habría negado
negarías	habrías negado
negaría	habría negado
negaríamos	habríamos negado
negaríais	habríais negado
negarían	habrían negado

MODO SUBJUNTIVO

Tiempos simples	Tiempos compuestos
Presente	**Pret. perfecto**
niegue	haya negado
niegues	hayas negado
niegue	haya negado
neguemos	hayamos negado
neguéis	hayáis negado
nieguen	hayan negado
Pret. imperfecto	**Pret. pluscuamperfecto**
negara o negase	hubiera o hubiese negado
negaras o negases	hubieras o hubieses negado
negara o negase	hubiera o hubiese negado
negáramos o negásemos	hubiéramos o hubiésemos negado
negarais o negaseis	hubierais o hubieseis negado
negaran o negasen	hubieran o hubiesen negado
Futuro	**Futuro perfecto**
negare	hubiere negado
negares	hubieres negado
negare	hubiere negado
negáremos	hubiéremos negado
negareis	hubiereis negado
negaren	hubieren negado

MODO IMPERATIVO

Presente

niega tú
niegue él
neguemos nosotros
negad vosotros
nieguen ellos

FORMAS NO PERSONALES

Infinitivo negar	**Infinitivo compuesto** haber negado
Gerundio negando	**Gerundio compuesto** habiendo negado
Participio negado	

84 seguir

MODO INDICATIVO		MODO SUBJUNTIVO	
Tiempos simples	Tiempos compuestos	Tiempos simples	Tiempos compuestos
Presente	**Pret. perf. compuesto**	**Presente**	**Pret. perfecto**
sigo sigues sigue seguimos seguís siguen	he seguido has seguido ha seguido hemos seguido habéis seguido han seguido	siga sigas siga sigamos sigáis sigan	haya seguido hayas seguido haya seguido hayamos seguido hayáis seguido hayan seguido
Pret. imperfecto	**Pret. pluscuamperfecto**	**Pret. imperfecto**	**Pret. pluscuamperfecto**
seguía seguías seguía seguíamos seguíais seguían	había seguido habías seguido había seguido habíamos seguido habíais seguido habían seguido	siguiera o siguiese siguieras o siguieses siguiera o siguiese siguiéramos o siguiésemos siguierais o siguieseis siguieran o siguiesen	hubiera o hubiese seguido hubieras o hubieses seguido hubiera o hubiese seguido hubiéramos o hubiésemos seguido hubierais o hubieseis seguido hubieran o hubiesen seguido
Pret. perf. simple	**Pret. anterior**	**Futuro**	**Futuro perfecto**
seguí seguiste siguió seguimos seguisteis siguieron	hube seguido hubiste seguido hubo seguido hubimos seguido hubisteis seguido hubieron seguido	siguiere siguieres siguiere siguiéremos siguiereis siguieren	hubiere seguido hubieres seguido hubiere seguido hubiéremos seguido hubiereis seguido hubieren seguido
Futuro	**Futuro perfecto**		
seguiré seguirás seguirá seguiremos seguiréis seguirán	habré seguido habrás seguido habrá seguido habremos seguido habréis seguido habrán seguido		
Condicional	**Condicional compuesto**		
seguiría seguirías seguiría seguiríamos seguiríais seguirían	habría seguido habrías seguido habría seguido habríamos seguido habríais seguido habrían seguido		

MODO IMPERATIVO
Presente
sigue tú siga él sigamos nosotros seguid vosotros sigan ellos

FORMAS NO PERSONALES	
Infinitivo seguir	**Infinitivo compuesto** haber seguido
Gerundio siguiendo	**Gerundio compuesto** habiendo seguido
Participio seguido	

85 volcar

MODO INDICATIVO

Tiempos simples	Tiempos compuestos	
Presente	**Pret. perf. compuesto**	
vuelco	he	volcado
vuelcas	has	volcado
vuelca	ha	volcado
volcamos	hemos	volcado
volcáis	habéis	volcado
vuelcan	han	volcado
Pret. imperfecto	**Pret. pluscuamperfecto**	
volcaba	había	volcado
volcabas	habías	volcado
volcaba	había	volcado
volcábamos	habíamos	volcado
volcabais	habíais	volcado
volcaban	habían	volcado
Pret. perf. simple	**Pret. anterior**	
volqué	hube	volcado
volcaste	hubiste	volcado
volcó	hubo	volcado
volcamos	hubimos	volcado
volcasteis	hubisteis	volcado
volcaron	hubieron	volcado
Futuro	**Futuro perfecto**	
volcaré	habré	volcado
volcarás	habrás	volcado
volcará	habrá	volcado
volcaremos	habremos	volcado
volcaréis	habréis	volcado
volcarán	habrán	volcado
Condicional	**Condicional compuesto**	
volcaría	habría	volcado
volcarías	habrías	volcado
volcaría	habría	volcado
volcaríamos	habríamos	volcado
volcaríais	habríais	volcado
volcarían	habrían	volcado

MODO SUBJUNTIVO

Tiempos simples	Tiempos compuestos	
Presente	**Pret. perfecto**	
vuelque	haya	volcado
vuelques	hayas	volcado
vuelque	haya	volcado
volquemos	hayamos	volcado
volquéis	hayáis	volcado
vuelquen	hayan	volcado
Pret. imperfecto	**Pret. pluscuamperfecto**	
volcara o volcase	hubiera o hubiese	volcado
volcaras o volcases	hubieras o hubieses	volcado
volcara o volcase	hubiera o hubiese	volcado
volcáramos o volcásemos	hubiéramos o hubiésemos	volcado
volcarais o volcaseis	hubierais o hubieseis	volcado
volcaran o volcasen	hubieran o hubiesen	volcado
Futuro	**Futuro perfecto**	
volcare	hubiere	volcado
volcares	hubieres	volcado
volcare	hubiere	volcado
volcáremos	hubiéremos	volcado
volcareis	hubiereis	volcado
volcaren	hubieren	volcado

MODO IMPERATIVO

Presente
vuelca tú
vuelque él
volquemos nosotros
volcad vosotros
vuelquen ellos

FORMAS NO PERSONALES

Infinitivo volcar	**Infinitivo compuesto** haber volcado
Gerundio volcando	**Gerundio compuesto** habiendo volcado
Participio volcado	

86 abolir

MODO INDICATIVO

Tiempos simples	Tiempos compuestos	
Presente	**Pret. perf. compuesto**	
	he	abolido
	has	abolido
	ha	abolido
abolimos	hemos	abolido
abolís	habéis	abolido
	han	abolido
Pret. imperfecto	**Pret. pluscuamperfecto**	
abolía	había	abolido
abolías	habías	abolido
abolía	había	abolido
abolíamos	habíamos	abolido
abolíais	habíais	abolido
abolían	habían	abolido
Pret. perf. simple	**Pret. anterior**	
abolí	hube	abolido
aboliste	hubiste	abolido
abolió	hubo	abolido
abolimos	hubimos	abolido
abolisteis	hubisteis	abolido
abolieron	hubieron	abolido
Futuro	**Futuro perfecto**	
aboliré	habré	abolido
abolirás	habrás	abolido
abolirá	habrá	abolido
aboliremos	habremos	abolido
aboliréis	habréis	abolido
abolirán	habrán	abolido
Condicional	**Condicional compuesto**	
aboliría	habría	abolido
abolirías	habrías	abolido
aboliría	habría	abolido
aboliríamos	habríamos	abolido
aboliríais	habríais	abolido
abolirían	habrían	abolido

MODO SUBJUNTIVO

Tiempos simples	Tiempos compuestos	
Presente	**Pret. perfecto**	
	haya	abolido
	hayas	abolido
	haya	abolido
	hayamos	abolido
	hayáis	abolido
	hayan	abolido
Pret. imperfecto	**Pret. pluscuamperfecto**	
aboliera o aboliese	hubiera o hubiese abolido	
abolieras o abolieses	hubieras o hubieses abolido	
aboliera o aboliese	hubiera o hubiese abolido	
aboliéramos o aboliésemos	hubiéramos o hubiésemos abolido	
abolierais o abolieseis	hubierais o hubieseis abolido	
abolieran o aboliesen	hubieran o hubiesen abolido	
Futuro	**Futuro perfecto**	
aboliere	hubiere	abolido
abolieres	hubieres	abolido
aboliere	hubiere	abolido
aboliéremos	hubiéremos	abolido
aboliereis	hubiereis	abolido
abolieren	hubieren	abolido

MODO IMPERATIVO

Presente

abolid vosotros

FORMAS NO PERSONALES

Infinitivo abolir	**Infinitivo compuesto** haber abolido
Gerundio aboliendo	**Gerundio compuesto** habiendo abolido
Participio abolido	

87 aterir(se)

MODO INDICATIVO

Tiempos simples	Tiempos compuestos
Presente	**Pret. perf. compuesto**
	he aterido
	has aterido
	ha aterido
aterimos	hemos aterido
aterís	habéis aterido
	han aterido
Pret. imperfecto	**Pret. pluscuamperfecto**
atería	había aterido
aterías	habías aterido
atería	había aterido
ateríamos	habíamos aterido
ateríais	habíais aterido
aterían	habían aterido
Pret. perf. simple	**Pret. anterior**
aterí	hube aterido
ateriste	hubiste aterido
aterió	hubo aterido
aterimos	hubimos aterido
ateristeis	hubisteis aterido
aterieron	hubieron aterido
Futuro	**Futuro perfecto**
ateriré	habré aterido
aterirás	habrás aterido
aterirá	habrá aterido
ateriremos	habremos aterido
ateriréis	habréis aterido
aterirán	habrán aterido
Condicional	**Condicional compuesto**
ateriría	habría aterido
aterirías	habrías aterido
ateriría	habría aterido
ateriríamos	habríamos aterido
ateriríais	habríais aterido
aterirían	habrían aterido

MODO SUBJUNTIVO

Tiempos simples	Tiempos compuestos
Presente	**Pret. perfecto**
	haya aterido
	hayas aterido
	haya aterido
	hayamos aterido
	hayáis aterido
	hayan aterido
Pret. imperfecto	**Pret. pluscuamperfecto**
ateriera o ateriese	hubiera o hubiese aterido
aterieras o aterieses	hubieras o hubieses aterido
ateriera o ateriese	hubiera o hubiese aterido
ateriéramos o ateriésemos	hubiéramos o hubiésemos aterido
aterierais o aterieseis	hubierais o hubieseis aterido
aterieran o ateriesen	hubieran o hubiesen aterido
Futuro	**Futuro perfecto**
ateriere	hubiere aterido
aterieres	hubieres aterido
ateriere	hubiere aterido
ateriéremos	hubiéremos aterido
ateriereis	hubiereis aterido
aterieren	hubieren aterido

MODO IMPERATIVO

Presente

aterid vosotros

FORMAS NO PERSONALES

Infinitivo	Infinitivo compuesto
aterir	haber aterido
Gerundio	**Gerundio compuesto**
ateriendo	habiendo aterido
Participio	
aterido	

88 balbucir

MODO INDICATIVO

Tiempos simples	Tiempos compuestos	
Presente	**Pret. perf. compuesto**	
	he	balbucido
balbuces	has	balbucido
balbuce	ha	balbucido
balbucimos	hemos	balbucido
balbucís	habéis	balbucido
balbucen	han	balbucido
Pret. imperfecto	**Pret. pluscuamperfecto**	
balbucía	había	balbucido
balbucías	habías	balbucido
balbucía	había	balbucido
balbucíamos	habíamos	balbucido
balbucíais	habíais	balbucido
balbucían	habían	balbucido
Pret. perf. simple	**Pret. anterior**	
balbucí	hube	balbucido
balbuciste	hubiste	balbucido
balbució	hubo	balbucido
balbucimos	hubimos	balbucido
balbucisteis	hubisteis	balbucido
balbucieron	hubieron	balbucido
Futuro	**Futuro perfecto**	
balbuciré	habré	balbucido
balbucirás	habrás	balbucido
balbucirá	habrá	balbucido
balbuciremos	habremos	balbucido
balbuciréis	habréis	balbucido
balbucirán	habrán	balbucido
Condicional	**Condicional compuesto**	
balbuciría	habría	balbucido
balbucirías	habrías	balbucido
balbuciría	habría	balbucido
balbuciríamos	habríamos	balbucido
balbuciríais	habríais	balbucido
balbucirían	habrían	balbucido

MODO SUBJUNTIVO

Tiempos simples	Tiempos compuestos	
Presente	**Pret. perfecto**	
	haya	balbucido
	hayas	balbucido
	haya	balbucido
	hayamos	balbucido
	hayáis	balbucido
	hayan	balbucido
Pret. imperfecto	**Pret. pluscuamperfecto**	
balbuciera o balbuciese	hubiera o hubiese balbucido	
balbucieras o balbucieses	hubieras o hubieses balbucido	
balbuciera o balbuciese	hubiera o hubiese balbucido	
balbuciéramos o balbuciésemos	hubiéramos o hubiésemos balbucido	
balbucierais o balbucieseis	hubierais o hubieseis balbucido	
balbucieran o balbuciesen	hubieran o hubiesen balbucido	
Futuro	**Futuro perfecto**	
balbuciere	hubiere	balbucido
balbucieres	hubieres	balbucido
balbuciere	hubiere	balbucido
balbuciéremos	hubiéremos	balbucido
balbuciereis	hubiereis	balbucido
balbucieren	hubieren	balbucido

MODO IMPERATIVO

Presente

balbuce tú

balbucid vosotros

FORMAS NO PERSONALES

Infinitivo balbucir	**Infinitivo compuesto** haber balbucido
Gerundio balbuciendo	**Gerundio compuesto** habiendo balbucido
Participio balbucido	

89 embaír

MODO INDICATIVO

Tiempos simples	Tiempos compuestos
Presente	**Pret. perf. compuesto**
	he embaído
	has embaído
	ha embaído
embaímos	hemos embaído
embaís	habéis embaído
	han embaído
Pret. imperfecto	**Pret. pluscuamperfecto**
embaía	había embaído
embaías	habías embaído
embaía	había embaído
embaíamos	habíamos embaído
embaíais	habíais embaído
embaían	habían embaído
Pret. perf. simple	**Pret. anterior**
embaí	hube embaído
embaíste	hubiste embaído
embayó	hubo embaído
embaímos	hubimos embaído
embaísteis	hubisteis embaído
embayeron	hubieron embaído
Futuro	**Futuro perfecto**
embairé	habré embaído
embairás	habrás embaído
embairá	habrá embaído
embairemos	habremos embaído
embairéis	habréis embaído
embairán	habrán embaído
Condicional	**Condicional compuesto**
embairía	habría embaído
embairías	habrías embaído
embairía	habría embaído
embairíamos	habríamos embaído
embairíais	habríais embaído
embairían	habrían embaído

MODO SUBJUNTIVO

Tiempos simples	Tiempos compuestos
Presente	**Pret. perfecto**
	haya embaído
	hayas embaído
	haya embaído
	hayamos embaído
	hayáis embaído
	hayan embaído
Pret. imperfecto	**Pret. pluscuamperfecto**
embayera o embayese	hubiera o hubiese embaído
embayeras o embayeses	hubieras o hubieses embaído
embayera o embayese	hubiera o hubiese embaído
embayéramos o embayésemos	hubiéramos o hubiésemos embaído
embayerais o embayeseis	hubierais o hubieseis embaído
embayeran o embayesen	hubieran o hubiesen embaído
Futuro	**Futuro perfecto**
embayere	hubiere embaído
embayeres	hubieres embaído
embayere	hubiere embaído
embayéremos	hubiéremos embaído
embayereis	hubiereis embaído
embayeren	hubieren embaído

MODO IMPERATIVO

Presente

embaíd vosotros

FORMAS NO PERSONALES

Infinitivo embaír	**Infinitivo compuesto** haber embaído
Gerundio embayendo	**Gerundio compuesto** habiendo embaído
Participio embaído	

3. Listado de verbos por orden alfabético

3. LISTADO DE VERBOS POR ORDEN ALFABÉTICO

ABREVIATURAS

defect...................verbo defectivo
irreg.....................irregular
part. ....participio
reg. ....regular
unipers. ....verbo unipersonal
v. ....verbo

-Los números señalan los cuadros de conjugación de los modelos.
-Los asteriscos (*) indican que hay más información sobre las características del verbo en la introducción (páginas 25-28).

A

ababillarse....................3
abacorar 3
abadernar 3
abajar 3
abalanzar 15
abalar 3
abaldonar 3
abalear 3
abalizar 15
aballar 3
aballestar......................3
abaluartar 3
abanar 3
abancalar 3
abanderar 3
abanderizar................15
abandonar....................3
abanear 3
abangar 16
abanicar 14
abantar 3
abañar 3
abarajar 3
abarañar 3
abaratar 3
abarbar 3
abarbechar 3
abarbetar......................3
abarcar 14
abarcuzar 15
abarloar........................3
abarquillar....................3
abarracar 14
abarraganarse 3
abarrajar 3
abarrancar..................14
abarrar..........................3
abarrer 4
abarrotar 3
abarse* **(defect.)** 3
abastar..........................3
abastardar 3
abastecer....................52
abastionar 3
abatanar 3
abatatar 3
abatir 5
abatojar 3
abayuncar 14
abdicar 14
abducir 31
abejonear 3
abejorrear 3
abellacar 14
abellotar 3
abemolar......................3
aberenjenar..................3
abernardarse................3
aberrar 3
abestiarse 11
abetunar 3
abicharse......................3
abieldar 3
abigarrar 3
abinar 3
abirritar 3
abisagrar 3
abiselar 3
abismar 3
abitar 3
abizcochar 3
abjurar..........................3
ablactar 3
ablandar 3
ablandecer 52
ablaquear 3
ablegar 16
ablentar........................3
abluir..........................44
abnegar......................83
abobar..........................3
abocadear 3
abocar 14
abocardar 3
abocelar 3
abocetar 3
abochornar 3
abocinar 3
abofarse 3
abofetear......................3
abogadear....................3
abogar 16
abolir* **(defect.)** 86
abollar 3
abollonar......................3
abolsarse 3
abombar 3
abominar......................3
abonanzar 15
abonar..........................3
aboquillar 3
abordar 3
aborrajarse 3
aborrascarse 14
aborrecer....................52
aborregarse 16
aborricar 14
aborronar 3
abortar 3
aborujar........................3
abotagarse..................16
abotargarse 16
abotonar 3
abovedar......................3
aboyar 3

abozalar 3
abracar 14
abrahonar 3
abrasar 3
abravecer 52
abrazar 15
abretonar 3
abrevar 3
abreviar 11
abrezar 15
abribonarse 3
abrigar 16
abrillantar 3
abriolar 3
abrir* **(part. irreg.)** 5
abroarse 3
abrocalar 3
abrocar 14
abrochar 3
abrogar 16
abromarse 3
abroncar 14
abroquelar 3
abrotoñar 3
abrumar 3
abrutarse 3
abruzarse 15
absolver* **(part. irreg.)** 48
absorber* **(dos part.)** 4
absortar 3
abstenerse 68
absterger 21
abstraer* **(dos part.)** 69
abubarse 3
abuchear 3
abultar 3
abundar 3
abuñolar 32
abuñuelar 3
aburar 3
aburguesarse 3
aburrarse 3
aburrir 5
aburujar 3
abusar 3
abuzarse 15
acabalar 3
acaballar 3
acaballerar 3
acaballonar 3
acabangarse 16
acabañar 3
acabar 3
acabestrillar 3
acabildar 3
acachetar 3
acachetear 3
academizar 15
acaecer* **(defect.)** 52
acaguasarse 3
acairelar 3
acalabazarse 15
acalabrotar 3
acalambrarse 3
acalenturarse 3
acallantar 3
acallar 3
acalorar 3
acamaleonarse 3
acamar 3
acamastronarse 3
acampanar 3
acampar 3
acanalar 3
acanallar 3
acancerar 3
acanelonar 3
acansinarse 3
acantalear **(unipers.)** 3
acantarar 3
acantear 3
acantilar 3
acantonar 3
acañaverear 3
acañonear 3
acaparar 3
acaparrarse 3
acapizarse 15
acapullarse 3
acaramelar 3
acarar 3
acardenalar 3
acardenillarse 3
acarear 3
acariciar 11
acaronar 3
acarralar 3
acarrarse 3
acarrazarse 15
acarrear 3
acarretar 3
acarroñarse 3
acartonarse 3
acaserarse 3
acatar 3
acatarrar 3
acaudalar 3
acaudillar 3
acautelarse 3
acceder 4
accidentar 3
accionar 3
acebadar 3
acechar 3
acecinar 3
acedar 3
aceitar 3
acelerar 3
acendrar 3
acensar 3
acensuar 6
acentuar 6
acepar 3
acepillar 3
aceptar 3
acequiar 11
acerar 3
acercar 14
acernadar 3
acerrar 23
acerrojar 3
acertar 23
acetificar 14
acetrinar 3
acezar 15
achabacanar 3
achacar 14
achaflanar 3
achajuanarse 3
achamparse 3
achancar 14
achanchar 3
achantar 3
achaparrarse 3
achaplinarse 3
acharar 3
acharolar 3
achatar 3
achicar 14
achicharrar 3
achicopalarse 3
achiguarse 9
achinar 3

achiquitar 3
achispar 3
achocar 14
achocharse 3
acholar 3
acholloncarse 14
achololear 3
achubascarse 14
achuchar 3
achucharrar..................3
achucuyar 3
achulaparse..................3
achularse......................3
achunchar 3
achuntar 3
achurar 3
acibarar 3
acibarrar 3
aciberar 3
acicalar 3
acicatear 3
acidificar 14
acidular 3
aciemar 3
aciguatar 3
acinturar 3
acivilarse 3
aclamar 3
aclarar 3
aclarecer 52
aclimatar 3
aclocar........................85
acobardar 3
acobijar 3
acocarse 14
acocear 3
acocharse 3
acochinar 3
acoclarse 3
acocotar 3
acodalar 3
acodar 3
acoderar 3
acodiciar 11
acodillar 3
acoger 21
acogollar 3
acogombrar 3
acogotar 3
acohombrar 3
acojinar 3
acojonar 3
acolar 3
acolchar 3
acolchonar 3
acolitar 3
acollar 32
acollarar 3
acollonar 3
acombar 3
acomedirse 53
acometer 4
acomodar 3
acompañar 3
acompasar 3
acomplejar 3
acomunarse 3
aconchabarse 3
aconchar 3
acondicionar................3
acongojar 3
aconsejar......................3
aconsonantar 3
acontecer* **(defect.)**......52
acopar 3
acopetar 3
acopiar 11
acoplar 3
acoquinar 3
acorar 3
acorazar 15
acorcharse....................3
acordar 32
acordelar......................3
acordonar 3
acornar 32
acornear 3
acorralar 3
acorrer..........................4
acorrucarse 14
acortar..........................3
acorullar 3
acorvar 3
acorzar 15
acosar 3
acosijar 3
acostar (1) 32
acostumbrar 3
acotar 3
acotejar 3
acotolar........................3
acoyundar....................3
acoyuntar 3
acrecentar 23
acrecer 52
acreditar 3
acrianzar 15
acribar 3
acribillar 3
acriminar......................3
acriollarse 3
acrisolar 3
acristalar 3
acristianar 3
acromatizar 15
actitar 3
activar 3
actualizar....................15
actuar 6
acuadrillar....................3
acuantiar 13
acuartar 3
acuartelar 3
acuartillar 3
acuatizar 15
acubilar 3
acuchillar 3
acuciar........................11
acuclillarse 3
acudir 5
acuernar 3
acuilmarse....................3
acuitar 3
acular 3
aculebrar......................3
aculebrinar 3
acullicar......................14
acumuchar 3
acumular 3
acunar 3
acundangarse 16
acuñar 3
acurdarse 3
acurrucarse 14

(1) **acostar** Se emplea como reg., sin diptongo, como término marítimo, en la acepción 'acercarse a la costa'.

acurrullar 3
acusar 3
adaguar.......................9
adamar 3
adamascar..................14
adaptar 3
adargar 16
adarvar 3
adatar 3
adecenar 3
adecentar 3
adecuar 9
adehesar 3
adelantar......................3
adelgazar....................15
ademar 3
adempribiar 11
adensar 3
adentellar 3
adentrar........................3
aderezar 15
adermar........................3
adestrar 23
adeudar........................3
adherir........................66
adhibir..........................5
adiar 13
adicionar......................3
adiestrar 3
adietar..........................3
adinerar.......................3
adir* **(defect.)** 5
adivinar.......................3
adjetivar 3
adjudicar 14
adjuntar.......................3
adminicular.................3
administrar 3
admirar 3
admitir..........................5
adobar..........................3
adocenar 3
adoctrinar 3
adolecer 52
adomiciliar 11
adonecer 52
adonizarse..................15
adoptar 3
adoquinar 3
adorar 3
adormecer..................52
adormilarse.................3
adormir 38
adormitarse.................3
adornar 3
adosar 3
adquirir 24
adrar 3
adrizar 15
adscribir* **(part. irreg.)**....5
adsorber 4
adstringir....................22
aduanar........................3
aducir 31
adueñarse 3
adujar 3
adular 3
adulcir........................20
adulear 3
adulterar 3
adulzar 15
adulzorar......................3
adumbrar 3
adunar..........................3
advenir 71
adverar 3
adverbializar 15
adverbiar....................11
advertir 66
aechar 3
aerificar......................14
aerotransportar...........3
afabular........................3
afamar 3
afanar 3
afarolarse 3
afascalar 3
afatar 3
afear 3
afeblecerse 52
afectar 3
afeitar 3
afelpar..........................3
afeminar 3
aferrar 3
afervorizar.................15
afianzar 15
aficionar 3
afiebrarse 3
afielar 3
afilar 3
afiliar **(2)** 11
afiligranar 3
afilorar..........................3
afinar............................3
afincar 14
afirmar..........................3
afirolar..........................3
afistular 3
aflatarse........................3
aflautar 12
afligir* **(dos part.)** 22
aflojar 3
aflorar 3
afluir 44
afofarse 3
afogarar........................3
afollar 32
afondar 3
aforar **(3)** 3
aforrar 3
afortunar 3
afosarse........................3
afoscarse 14
afrailar........................10
afrancesar 3
afrecharse 3
afrenillar 3
afrentar 3
afretar 3
africanizar 15
afrontar 3
afrontilar 3
afufar............................3
afumar..........................3
agabachar 3
agachaparse 3
agachar 3
agafar 3
agalerar 3
agamitar 3

---

(2) **afiliar** Su acentuación vacila, aunque es más frecuente con diptongo (*afilio*), también lo podemos encontrar sin diptongo (*afilío*)...........................13

(3) **aforar** En la acepción 'otorgar fueros' es irreg...28

agamuzar	15
agangrenarse	3
agañotar	3
agarbanzar	15
agarbarse	3
agarbillar	3
agardamarse	3
agarrafar	3
agarrar	3
agarrochar	3
agarrotar	3
agarrotear	3
agasajar	3
agatizarse	3
agauchar	12
agavillar	3
agazapar	3
agenciar	11
agermanarse	3
agestarse	3
agigantar	3
agigotar	3
agilitar	3
agilizar	15
agitanar	3
agitar	3
aglomerar	3
aglutinar	3
agobiar	11
agolar	3
agolpar	3
agonizar	15
agorar	3
agorgojarse	3
agostar	3
agotar	3
agraciar	11
agradar	3
agradecer	52
agramar	3
agramilar	3
agrandar	3
agranitar	3
agravar	3
agraviar	11
agrazar	15
agredir* **(defect.)**	86
agregar	16
agremiar	11
agriar **(4)**	13
agrietar	3
agrillarse	3
agrumar	3
agrupar	3
aguachar	3
aguacharnar	3
aguaitar	10
aguantar	3
aguar	9
aguaraparse	3
aguardar	3
aguasarse	3
aguatarse	3
aguazar	15
agudizar	15
aguerrir* **(defect.)**	86
aguijar	3
aguijonear	3
aguiscar	14
aguizgar	16
agujerar	3
agujerear	3
agusanarse	3
aguzar	15
ahajar	3
ahechar	3
ahelear	3
aherrojar	3
aherrumbrar	3
ahervorarse	3
ahijar	7
ahilar	7
ahincar	74
ahitar* **(dos part.)**	7
ahocicar	14
ahocinarse	3
ahogar	16
ahondar	3
ahorcajarse	3
ahorcar	14
ahormar	3
ahornagarse	16
ahornar	3
ahorquillar	3
ahorrar	3
ahoyar	3
ahuchar	8
ahuchear	3
ahuecar	14
ahuesar	3
ahuevar	3
ahumar	8
ahusar	8
ahuyentar	3
airar	7
airear	3
aislar	7
ajamonarse	3
ajaquecarse	14
ajar	3
ajear	3
ajetrear	3
ajironar	3
ajobar	3
ajonjear	3
ajorar	32
ajordar	3
ajornalar	3
ajorrar	3
ajotar	3
ajuarar	3
ajuglarar	3
ajuiciar	11
ajumar	3
ajuntar	3
ajustar	3
ajusticiar	11
alabar	3
alabear	3
alaciarse	11
aladrar	3
alagar	16
alagartarse	3
alambicar	14
alambrar	3
alambrear	3
alampar	3
alancear	3
alandrearse	3
alanzar	15
alardear	3
alargar	16
alarmar	3
alarse	3

(4) **agriar** Su acentuación vacila, aunque es más frecuente sin diptongo (*agrío*), también lo podemos encontramos con diptongo (*agrio*) 11

alastrar 3
albañilear 3
albardar........................3
albardear......................3
albear 3
albeldar........................3
albergar......................16
alboguear 3
alborear **(unipers.)** 3
alborotar 3
alborozar....................15
albriciar......................11
albuminar 3
alcachofar 3
alcahazar....................15
alcahuetear 3
alcalificar....................14
alcalizar......................15
alcanforar 3
alcantarillar 3
alcanzar......................15
alcayatar 3
alcoholar......................3
alcoholizar 15
alcorzar 15
aldabear 3
alear 3
alebrarse 23
alebrastarse..................3
alebrestarse..................3
alebronarse 3
aleccionar 3
alechugar 16
alegamar 3
aleganarse....................3
alegar 16
alegorizar 15
alegrar..........................3
alejar 3
alelar 3
alenguar 9
alentar........................23
alertar 3
aletargar 16
aletear 3
aleudar 3
alfabetizar 15
alfalfar..........................3
alfar..............................3
alfardar 3
alfeñicarse..................14
alfombrar 3
alforrochar 3
alforzar 15
algaliar 11
algodonar 3
alhajar 3
alheñar 3
aliar 13
alicatar 3
alicortar........................3
alienar 3
alifar 3
aligerar 3
alijar 3
alijarar 3
alimentar......................3
alimonarse 3
alindar..........................3
alinear **(5)** 3
aliñar............................3
aliquebrar 23
alisar 3
alistar............................3
alivianar 3
aliviar 11
aljofarar........................3
aljofifar 3
allanar 3
allegar 16
almacenar 3
almacigar 16
almadiar 13
almagrar 3
almarbatar....................3
almenar 3
almendrar 3
almiarar 3
almibarar......................3
almidonar 3
almizclar 3
almogavarear 3
almohadillar 3
almohazar 15
almonedar....................3
almonedear..................3
almorzar 75
alobar 3
alocar 14
alojar 3
alomar..........................3
alombar........................3
alongar 77
aloquecer 52
alorarse 3
alotar............................3
alparcear 3
alpargatar 3
alquilar 3
alquitarar......................3
alquitranar 3
altanar 3
altear 3
alterar 3
altercar 14
alternar 3
altivecer 52
aluchar 3
aluciar 11
alucinar 3
aludir............................5
alumbrar 3
alunarse 3
alunizar 15
alustrar 3
aluzar 15
alzaprimar....................3
alzar 15
amachetear 3
amachinarse 3
amadrigar 16
amadrinar 3
amaestrar 3
amagar 16
amainar 10
amaitinar......................3
amajadar 3
amalgamar 3
amallarse......................3
amamantar 3
amancebarse................3
amancillar 3
amanear 3
amanecer **(6)** 52

---

(5) **alinear** La "i" de la raíz es siempre átona.

(6) **amanecer** En la acepción 'empezar a aparecer la luz del día' es unipers.

amanerarse 3
amaniatar 3
amanojar.......................3
amansar 3
amantar.........................3
amantillar 3
amanzanar 3
amañar 3
amar 3
amarar...........................3
amarecer 52
amargar.......................16
amarillear 3
amarillecer 52
amarinar 3
amarizar 15
amarizarse..................15
amaromar 3
amarrar 3
amartelar......................3
amartillar......................3
amasar...........................3
amatar 3
amayorazgar 16
ambiciar 11
ambicionar 3
ambientar 3
amblar..........................3
ambular........................3
ambutar........................3
amechar 3
amedrantar 3
amedrentar 3
amelar 23
amelcochar 3
amelgar......................16
amellar 3
amenazar 15
amenguar 9
amenizar 15
amenorar 3
amentar........................3
amerar..........................3
americanizar 15
ameritar........................3
amerizar 15
ametalar 3
ametrallar 3
amezquindarse 3
amigar........................16
amilanar 3
amillarar 3
aminar..........................3
aminorar 3
amistar 3
amnistiar 13
amoblar......................32
amodorrarse 3
amodorrecer 52
amohecer 52
amohinar......................7
amojamar 3
amojelar 3
amojonar......................3
amolar 32
amoldar........................3
amollar 3
amollentar....................3
amonarse 3
amonedar 3
amonestar 3
amontar........................3
amontazgar 16
amontonar 3
amoragar....................16
amoratarse 3
amorcar......................14
amordazar..................15
amorecer 52
amorgar......................16
amorrar 3
amorronar....................3
amortajar......................3
amortecer 52
amortiguar 9
amortizar....................15
amoscarse 14
amostazar 15
amotetarse 3
amotinar 3
amover 48
amparar.......................3
ampliar 13
amplificar 14
ampollar 3
amputar........................3
amueblar......................3
amuelar........................3
amugronar 3
amular..........................3
amunicionar 3
amurallar......................3
amurar..........................3
amurcar......................14
amurriñarse..................3
amusgar 16
amustiar 11
anadear 3
analizar 15
anaranjear....................3
anarquizar..................15
anastomizarse 3
anastomosarse 3
anatematizar 15
anatomizar 15
anchar 3
anchoar 3
anclar 3
ancorar 3
andar..........................25
andorrear 3
anear 3
aneblar 3
aneciarse 11
anegar 16
anejar 3
anestesiar 11
anexar 3
anexionar 3
angarillar......................3
angelizar 15
angostar 3
angustiar 11
anhelar 3
anidar 3
anieblar........................3
anillar 3
animalizar 15
animar..........................3
aniñarse 3
aniquilar 3
anisar 3
anivelar 3
anochecer (7) 52
anonadar......................3
anotar 3
anquilosar....................3

(7) **anochecer** En la acepción 'empezar a faltar la luz del día' es unipers.

(8) **ansiar** Su acentuación vacila, aunque es más frecuente sin diptongo (*ansío*), también lo podemos encontrar con diptongo (*ansio*)....................11

(9) **apedrear** En la acepción 'caer pedrisco o granizo' es unipers.

apolismar 3
apologizar 15
apoltronarse 3
apolvillarse 3
apomazar 15
apontocar 14
apoquinar 3
aporcar 14
aporismarse 3
aporrar 3
aporrarse 3
aporrear 3
aporrillarse 3
aportar 3
aportillar 3
aposentar 3
aposesionar 3
apostar **(10)** 32
apostatar 3
apostemar 3
apostillar 3
apostrofar 3
apotrerar 3
apoyar 3
apreciar 11
aprehender 4
apremiar 11
aprender 4
aprensar 3
apresar 3
aprestar 3
aprestigiar 11
apresurar 3
apretar 23
apretujar 3
aprevenir 71
aprimar 3
apriscar 14
aprisionar 3
aproar 3
aprobar 32
aprontar 3
apropiar 11
apropincuarse 9
aprovechar 3
aprovisionar 3
aproximar 3
aptar 3
apuchincharse 3
apulgarar 3
apunarse 3
apunchar 3
apuntalar 3
apuntar 3
apuntillar 3
apuñalar 3
apuñar 3
apuñear 3
apuñetear 3
apurar 3
aquejar 3
aquerenciarse 11
aqueresar 3
aquietar 3
aquilatar 3
aquintralarse 3
aquistar 3
arabizar 15
arañar 3
arar 3
arbitrar 3
arbolar 3
arbolecer 52
arborecer 52
arborizar 15
arcabucear 3
arcaizar 82
arcar 14
archivar 3
arcillar 3
arcionar 3
ardalear 3
arder 4
arelar 3
arenar 3
arencar 14
arengar 16
arfar 3
argamasar 3
argayar **(unipers.)** 3
argentar 3
arguellarse 3
argüir 44
argumentar 3
aricar 14
aridecer 52
arincarse 14
ariscarse 14
arisquear 3
aristocratizar 15
arlar 3
armar 3
armiñar 3
armonizar 15
aromar 3
aromatizar 15
arpar 3
arpegiar 11
arpillar 3
arponar 3
arponear 3
arquear 3
arracimarse 3
arraigar 78
arralar 3
arramblar 3
arramplar 3
arrancar 14
arranchar 3
arrancharse 3
arranciarse 11
arrapar 3
arrasar 3
arrastrar 3
arrear 3
arrebañar 3
arrebatar 3
arrebolar 3
arrebozar 15
arrebujar 3
arrechuchar 3
arreciar 11
arrecirse* **(defect.)** 86
arredilar 3
arredondear 3
arredrar 3
arregazar 15
arreglar 3
arregostarse 3
arrejacar 14
arrejerar 3
arrellanarse 3
arrellenarse 3
arremangar 16
arrematar 3
arremedar 3
arremeter 4

---

(10) apostar En la acepción 'poner a alguien en un lugar' es reg. 3

arremolinarse ... 3
arrempujar ... 3
arrendar ... 23
arrepanchigarse ... 3
arrepasarse ... 3
arrepentirse* **(dos part.)** ... 66
arrepistar ... 3
arrequesonarse ... 3
arrestar ... 3
arrevistar ... 3
arrezagar ... 16
arriar ... 13
arribar ... 3
arridar ... 3
arriesgar ... 16
arrimar ... 3
arrinconar ... 3
arriostrar ... 3
arriscar ... 14
arritar ... 3
arrizar ... 15
arrobar ... 3
arrobiñar ... 3
arrocinar ... 3
arrodajarse ... 3
arrodear ... 3
arrodillar ... 3
arrodrigonar ... 3
arrogar ... 16
arrojar ... 3
arrollar ... 3
arromadizar ... 15
arromanzar ... 15
arromar ... 3
arromper* **(part. irreg.)** ... 4
arronzar ... 15
arropar ... 3
arrostrar ... 3
arroyar ... 3
arroyarse ... 3
arruar ... 6
arruchar ... 3
arrufaldarse ... 3
arrufar ... 3
arrugar ... 16
arruinar ... 3
arrullar ... 3
arrumar ... 3
arrumbar ... 3
arrunflar ... 3
arrutar ... 3
arrutinar ... 3
artesonar ... 3
articular ... 3
artificiar ... 11
artigar ... 16
artillar ... 3
artizar ... 15
aruñar ... 3
asacar ... 14
asaetear ... 3
asalariar ... 11
asaltar ... 3
asar ... 3
ascender ... 39
asear ... 3
asechar ... 3
asedar ... 3
asediar ... 11
aseglararse ... 3
asegundar ... 3
asegurar ... 3
aselarse ... 3
asemejar ... 3
asemillar ... 3
asenderear ... 3
asentar ... 23
asentir ... 66
aserenar ... 3
aseriarse ... 11
aserrar ... 23
aserruchar ... 3
asesar ... 3
asesinar ... 3
asesorar ... 3
asestar ... 3
aseverar ... 3
asfaltar ... 3
asfixiar ... 11
asibilar ... 3
asicar ... 14
asignar ... 3
asilar ... 3
asimilar ... 3
asir ... 26
asistir ... 5
asobarcar ... 14
asobinarse ... 3
asocairarse ... 10
asociar ... 11
asolanar ... 3
asolapar ... 3
asolar **(11)** ... 32
asoldadar ... 3
asoldar ... 32
asolear ... 3
asomar ... 3
asombrar ... 3
asonantar ... 3
asonar ... 32
asordar ... 3
asorocharse ... 3
asosegar ... 83
asotanar ... 3
aspar ... 3
aspaventar ... 23
aspearse ... 3
asperear ... 3
aspergear ... 3
asperger ... 21
asperjar ... 3
aspillar ... 3
aspillerar ... 3
aspirar ... 3
asquear ... 3
astillar ... 3
astreñir ... 30
astringir* **(dos part.)** ... 22
astriñir ... 5
astrologar ... 16
asumir* **(dos part.)** ... 5
asuntar ... 3
asurar ... 3
asurcar ... 14
asustar ... 3
atabalear ... 3
atabardillarse ... 3
atabillar ... 3
atablar ... 3
atacar ... 14
atafagar ... 16
atagallar ... 3
atairar ... 10
atajar ... 3
atalajar ... 3
atalantar ... 3
atalayar ... 3

---

(11) asolar También se emplea como reg., sin diptongo ... 3

ataludar........................3
ataluzar......................15
atañer* **(defect.)** 67
atapar 3
atapialar 3
atapuzar 15
ataquizar....................15
atar 3
ataracear......................3
atarantar 3
atarazar......................15
atardecer **(unipers.)** 52
atarear..........................3
atarquinar 3
atarragar 16
atarrajar........................3
atarugar......................16
atasajar 3
atascar........................14
ataucar 14
ataviar 13
atediar 11
atembar........................3
atemorizar..................15
atemperar 3
atenacear 3
atenazar 15
atender* **(dos part.)** 39
atenebrarse 3
atenerse......................68
atentar **(12)** 23
atenuar 6
ateperetarse 3
aterecerse 52
aterir(se)* **(defect.)** 87
aterrajar........................3
aterrar **(13)**..................23
aterrerar 3
aterrillarse....................3
aterrizar......................15
aterronar 3
aterrorizar 15
atesorar 3
atestar 23
atestiguar 9
atetar 3
atetillar 3
atezar 15
atibar............................3
atiborrar 3
atiesar 3
atildar 3
atinar............................3
atinconar......................3
atiparse 3
atiplar 3
atirantar........................3
atiriciarse....................11
atisbar 3
atizar 15
atizonar........................3
atoar 3
atochar 3
atocinar........................3
atojar 3
atollar 3
atolondrar 3
atomizar 15
atondar 3
atontar..........................3
atontolinar 3
atorar............................3
atorgar........................16
atormentar 3
atornillar 3
atorozonarse 3
atorrar 3
atortillar........................3
atortolar 3
atortorar 3
atortujar........................3
atosigar 16
atrabajar 3
atrabancar..................14
atracar 14
atraer..........................69
atrafagar 16
atragantar 3
atraicionar....................3
atraillar 7
atramojar......................3
atrampar 3
atrancar......................14
atrapar..........................3
atrasar 3
atravesar 23
atraznalar 3
atreguar........................9
atresnalar 3
atrever..........................4
atribuir 44
atribular 3
atrincar 14
atrincherar 3
atrochar........................3
atrofiar........................11
atrojar 3
atronar........................32
atronerar 3
atropar 3
atropellar 3
atufar............................3
atumultuar 6
aturar............................3
aturdir 5
aturrullar 3
aturullar 3
atusar 3
augurar 3
aullar 8
aumentar......................3
aunar 8
aupar............................8
aureolar........................3
auscultar 3
ausentar 3
auspiciar 11
autenticar 14
autentificar 14
autografiar..................13
automatizar................15
autorizar 15
autosugestionarse........3
auxiliar **(14)** 11
avadar 3
avahar 3
avalar 3
avalentar 23

---

(12) atentar En la acepción 'cometer un atentado' es reg. 3

(13) aterrar En la acepción 'aterrorizar' es reg. 3

(14) auxiliar Su acentuación vacila, aunque es más frecuente con diptongo (*auxilio*), también lo podemos encontrar sin diptongo (*auxilío*) 13

avallar 3
avalorar 3
avaluar 6
avanzar 15
avasallar 3
avecinar 3
avecindar 3
avejentar 3
avejigar 16
avellanar 3
avenar 3
avenenar 3
avenir 71
aventajar 3
aventar 23
aventurar 3
averdugar 16
avergonzar 75
averiar 13
averiguar 9
averrugarse 3
avezar 15
aviar 13
aviejar 3
avigorar 3
avilantarse 3
avillanar 3
avillar 3
avinagrar 3
avisar 3
avispar 3
avistar 3
avituallar 3
avivar 3
avizorar 3
avocar 14
axiomatizar 15
ayear 3
ayermar 3
ayudar 3
ayunar 3
ayuntar 3
ayustar 3
azacanarse 3
azacanear 3
azadonar 3
azafranar 3
azagar 16
azarandar 3
azarar 3
azararse 3
azarearse 3
azemar 3
azoar 3
azocar 14
azofrar 3
azogar 16
azolar 32
azolvar 3
azorar 3
azorrarse 3
azotar 3
azucarar 3
azufrar 3
azular 3
azulear 3
azulejar 3
azumagarse 16
azumar 3
azurronarse 3
azurumbarse 3
azuzar 15

B

babear 3
babosear 3
bachatear 3
bachear 3
bachillerar 3
bachillerear 3
baconar 3
badajear 3
badallar 3
badulaquear 3
bafear 3
bagar 16
bailar 10
bailotear 3
bajar 3
baladrar 3
baladronear 3
balancear 3
balaquear 3
balar 3
balastar 3
balayar 3
balbucear 3
balbucir* **(defect.)** 88
balconear 3
baldar 3
baldear 3
baldonar 3
baldonear 3
baldosar 3
balear 3
balitar 3
balitear 3
balizar 15
ballestear 3
balotar 3
balsear 3
bambalear 3
bambanear 3
bambolear 3
bambonear 3
bandear 3
banderillear 3
banderizar 15
bandir 5
banquetear 3
bañar 3
baquear 3
baquetear 3
barajar 3
barajustar 3
baratar 3
baratear 3
barbar 3
barbarizar 15
barbear 3
barbechar 3
barbotar 3
barbotear 3
barbullar 3
barcinar 3
bardar 3
barloar 3
barloventear 3
barnizar 15
barquear 3
barrajar 3
barranquear 3
barrar 3
barrear 3
barrearse 3
barrenar 3
barrer 4
barretear 3
barriscar 14
barritar 3
barruntar 3
bartolear 3

bartular 3
bartulear 3
barzonear 3
basar 3
bascular 3
basificar 14
basquear 3
bastantear 3
bastar 3
bastardear 3
bastear 3
bastillar 3
bastillear 3
bastimentar 3
bastir 5
bastonear 3
batallar 3
batanar 3
batanear 3
batear 3
baticolearse 3
batiportar 3
batir 5
batojar 3
batollar 3
batuquear 3
bautizar 15
bazucar 14
bazuquear 3
beatificar 14
beber 4
beborrotear 3
becar 14
befar 3
bejuquear 3
beldar 23
bellaquear 3
bellotear 3
bemolar 3
bendecir* **(dos part.)** 27
beneficiar 11
berlingar 16
bermejear 3
berrear 3
berrendearse 3
besar 3
bestializarse 3
besucar 14
besuquear 3
betunear 3
bichar 3
bichear 3
bichofear 3
bieldar 3
bienquerer* **(dos part.)** ..59
bienquistar 3
bienvivir 5
bifurcarse 14
bigardear 3
bildar 3
bilmar 3
bilocarse 14
binar 3
biografiar 13
birlar 3
bisar 3
bisbisar 3
bisbisear 3
bisecar 14
biselar 3
bistraer 69
bituminizar 15
bizarrear 3
bizcar 14
bizcochar 3
bizcornear 3
bizmar 3
bizquear 3
blandear 3
blandir* **(defect.)** 86
blanquear 3
blanquecer 52
blasfemar 3
blasonar 3
blindar 3
blocar 14
bloquear 3
bobear 3
bobinar 3
bocadear 3
bocelar 3
bocezar 15
bochar 3
bocinar 3
bodegonear 3
bofarse 3
bogar 16
boicotear 3
bojar 3
bojear 3
bojotear 3
bolear 3
boletar 3
bolichear 3
bolinear 3
bollar 3
bolsear 3
bolsiquear 3
bombardear 3
bombear 3
bonificar 14
boquear 3
borbollar 3
borbollear 3
borbollonear 3
borboritar 3
borbotar 3
borbotear 3
bordar 3
bordear 3
bordejear 3
bordonear 3
bornear 3
borrachear 3
borrajear 3
borrar 3
borronear 3
bosquejar 3
bostear 3
bostezar 15
botar 3
botonar 3
boxear 3
boyar 3
bracear 3
bramar 3
braquiar 3
bravatear 3
bravear 3
bravocear 3
brear 3
bregar 16
brescar 14
brezar 15
bribonear 3
brillar 3
brincar 14
brindar 3
briscar 14
brizar 15
brocearse 3
brochar 3
brollar 3

bromar 3
bromear 3
broncear 3
bronquear 3
broquelarse 3
brotar 3
brozar 15
brujear 3
brujir 5
brujulear 3
brumar 3
bruñir 5
brutalizarse 15
bruzar 15
bucear 3
bufar 3
bufonearse 3
bufonizar 15
buitrear 3
bular 3
bullar 3
bullir 49
burbujear 3
burear 3
burilar 3
burlar 3
burrajear 3
buscar 14
buzar 15
buzonear 3

C

cabalar 3
cabalgar 16
cabalizar 15
caballear 3
caballerear 3
cabecear 3
cabellar 3
caber 28
cabestrar 3
cabestrear 3
cabildear 3
cablegrafiar 13
cabrear 3
cabrevar 3
cabrillear 3
cabriolar 3
cabriolear 3
cabruñar 3
cacarañar 3
cacaraquear 3
cacarear 3
cacear 3
cachañar 3
cachañear 3
cachar 3
cacharpearse 3
cachear 3
cachetear 3
cachifolar 3
cachifollar 3
cachipodar 3
cachiporrearse 3
cachondearse 3
cachuar 6
caculear 3
caducar 14
caer 29
cafetear 3
cagar 16
cairelar 3
calabacear 3
calabriar 11
calabrotar 3
calafatear 3
calafetear 3
calamonarse 3
calandrar 3
calar 3
calarse 3
calaverear 3
calcar 14
calcetar 3
calcificar 14
calcinar 3
calcografiar 13
calcular 3
caldear 3
calecer 52
calecerse 52
calendar 3
calentar 23
caletear 3
calibrar 3
calificar 14
caligrafiar 13
calimbar 3
callantar 3
callar 3
callear 3
callejear 3
calmar 3
calofriarse 13
calosfriarse 13
calotear 3
calumbarse 3
calumniar 11
calvar 3
calzar 15
camandulear 3
camaronear 3
cambalachar 3
cambalachear 3
cambar 3
cambiar 11
cambizar 15
camelar 3
caminar 3
camochar 3
camorrear 3
camotear 3
campanear 3
campanillear 3
campar 3
campear 3
camperear 3
camuflar 3
canalizar 15
cancanear 3
cancelar 3
cancerar 3
canchear 3
candar 3
candiletear 3
candirse 5
candonguear 3
canear 3
cangallar 3
cangar 16
cangrenarse 3
canjear 3
canonizar 15
cansar 3
cantalear 3
cantaletear 3
cantar 3
cantear 3
cantonar 3
cantonear 3
cantonearse 3
canturrear 3

canturriar 11
cantusar 3
cañaverear 3
cañear 3
cañonear 3
capacear 3
capacitar 3
capar 3
capear 3
caperucear 3
capialzar 15
capitalizar 15
capitanear 3
capitular 3
capitulear 3
capolar 3
caponar 3
capotar 3
capotear 3
capsular 3
captar 3
capturar 3
capujar 3
capuzar 15
carabear 3
carabritear 3
caracolear 3
caracterizar 15
caramelear 3
caramelizar 15
carbonar 3
carbonatar 3
carbonear 3
carbonizar 15
carburar 3
carcajear 3
carcavinar 3
carcomer 4
cardar 3
carduzar 15
carear 3
carecer 52
carenar 3
cargar 16
cargosear 3
cariar* **(15) (defect.)** 13
caricaturar 3
caricaturizar 15
cariñar 3
carlear 3
carmenar 3
carnear 3
carnerear 3
carnificarse 14
carochar 3
caroncharse 3
carpintear 3
carpir 5
carraspear 3
carrasquear 3
carretear 3
carrochar 3
carroñar 3
carrozar 15
carrucar 14
cartear 3
casar 3
cascabelear 3
cascamajar 3
cascar 14
cascarrinar 3
caseificar 14
castañetear 3
castellanizar 15
castigar 16
castrar 3
catalizar 15
catalogar 16
catapultar 3
catar 3
catatar 3
catear 3
catequizar 15
catitear 3
catolizar 15
catonizar 15
caucionar 3
causar 12
causear 3
causticar 14
cautelar 3
cauterizar 15
cautivar 3
cavar 3
cavilar 3
cayapear 3
cazar 15
cazcalear 3
cazoletear 3
cazumbrar 3
cebadar 3
cebar 3
cecear 3
cecinar 3
cedacear 3
ceder 4
cedular 3
cefear 3
cegar 83
cejar 3
celar 3
celebrar 3
celeminear 3
cellisquear **(unipers.)** 3
cementar 3
cenar 3
cencerrear 3
cendrar 3
censar 3
censurar 3
centellar 3
centellear 3
centonar 3
centralizar 15
centrar 3
centrifugar 16
centuplicar 14
ceñir 30
cepillar 3
cercar 14
cercear 3
cercenar 3
cerchar 3
cerciorar 3
cerdear 3
cerner 39
cernir 37
cerotear 3
cerrajear 3
cerrar 23
cerrillar 3
certificar 14
cesar 3
cespitar 3

---

(15) cariar Su acentuación vacila, aunque es más frecuente sin diptongo (*caría*), también lo podemos encontrar con diptongo (*caria*) 11

chacanear ... 3
chacolotear ... 3
chacotear ... 3
chafallar ... 3
chafar ... 3
chafarrinar ... 3
chaflanar ... 3
chalanear ... 3
chalar ... 3
chamar ... 3
chamarilear ... 3
chambonear ... 3
chamelar ... 3
champar ... 3
champear ... 3
champurrar ... 3
chamurrar ... 3
chamurrir ... 5
chamuscar ... 14
chancar ... 14
chancear ... 3
chancletear ... 3
changar ... 16
changuear ... 3
chantajear ... 3
chantar ... 3
chapalear ... 3
chapar ... 3
chaparrear **(unipers.)** ... 3
chapear ... 3
chapecar ... 14
chapinizarse ... 3
chapodar ... 3
chapotear ... 3
chapucear ... 3
chapurrar ... 3
chapurrear ... 3
chapuzar ... 15
chaquetear ... 3
charlar ... 3
charlatanear ... 3
charlear ... 3
charlotear ... 3
charolar ... 3
charquear ... 3
charranear ... 3
charrar ... 3
chascar ... 14
chasconear ... 3
chasquear ... 3
chasquir ... 17
chatarrear ... 3
chatear ... 3
chazar ... 15
chequear ... 3
cherchar ... 3
chicharrar ... 3
chichear ... 3
chiclear ... 3
chicolear ... 3
chicotear ... 3
chiflar ... 3
chilinguear ... 3
chillar ... 3
chimar ... 3
chinar ... 3
chinchar ... 3
chinchorrear ... 3
chinear ... 3
chingar ... 16
chinglar ... 3
chinguear ... 3
chiquear ... 3
chirigotear ... 3
chiripear ... 3
chirlar ... 3
chirlatar ... 3
chirlear ... 3
chirrear ... 3
chirriar ... 13
chiscar ... 14
chismar ... 3
chismear ... 3
chismorrear ... 3
chismotear ... 3
chispear **(16)** ... 3
chisporrotear ... 3
chistar ... 3
chitar ... 3
chivar ... 3
chivarse ... 3
chivatear ... 3
chocar ... 14
chocarrear ... 3
chochear ... 3
choclar ... 3
chonguearse ... 3
chopear ... 3
chorrear ... 3
chotear ... 3
chozpar ... 3
chucanear ... 3
chuchear ... 3
chufar ... 3
chuflar ... 3
chufletear ... 3
chulear ... 3
chunguearse ... 3
chupar ... 3
chupetear ... 3
churritar ... 3
churruscar ... 14
chutar ... 3
chuzar ... 15
ciabogar ... 16
ciar ... 13
cicatear ... 3
cicatrizar ... 15
ciclar ... 3
cifrar ... 3
ciguatarse ... 3
cilindrar ... 3
cimarronear ... 3
cimbrar ... 3
cimbrear ... 3
cimentar **(17)** ... 23
cincelar ... 3
cinchacear ... 3
cinchar ... 3
cinematografiar ... 13
cinglar ... 3
cintar ... 3
cintarear ... 3
cintilar ... 3
circuir ... 44
circular ... 3
circuncidar* **(dos part.)** ... 3
circundar ... 3
circunferir ... 66
circunnavegar ... 16
circunscribir* **(part. irreg.)** .. 5
circunstanciar ... 11
circunvalar ... 3
circunvolar ... 32

---

(16) **chispear** En la acepción 'llover muy poco' es unipers.
(17) **cimentar** Predomina su uso como reg., sin diptongo ... 3

(18) **conciliar** Su acentuación vacila, aunque es más frecuente con diptongo (*concilio*), también lo podemos encontrar sin diptongo (*concilío*)............13

contramarcar..............14
contramarchar 3
contraminar 3
contrapasar..................3
contrapear....................3
contrapechar................3
contrapesar..................3
contraponer 57
contrapuntarse 3
contrapuntear..............3
contrapunzar 15
contrariar 13
contrarrestar 3
contrasellar..................3
contrastar 3
contratar 3
contravalar 3
contravenir 71
contribuir 44
contristar......................3
controlar 3
controvertir................66
contundir* **(dos part.)** 5
conturbar 3
convalecer 52
convalidar....................3
convelerse....................4
convencer* **(dos part.)**....19
convenir 71
converger 21
convergir....................22
conversar 3
convertir* **(dos part.)**....66
convidar 3
convivir........................5
convocar 14
convoyar......................3
convulsionar................3
coñearse 3
cooperar 3
cooptar 3
coordinar 3
copar............................3
copear..........................3
copelar 3
copiar 11
copilar..........................3
copinar 3
coplear 3
copular 3
coquear........................3
coquetear 3
coquizar 15
corar 3
corbatear......................3
corcarse......................14
corchar 3
corcovar 3
corcovear 3
corcusir 5
cordelar........................3
corear 3
corlar............................3
corlear..........................3
cornear 3
coronar 3
corporificar 14
correar..........................3
corregir* **(dos part.)**......79
correlacionar................3
correr 4
corresponder 4
corretear 3
corroborar....................3
corroer 4
corromper* **(dos part.)** ..4
corrugar 16
corsear 3
cortar............................3
cortejar 3
cortisquear 3
coruscar 14
corvetear......................3
coscachear 3
coscarse 14
cosechar 3
coser 4
cosificar......................14
cosquillar 3
cosquillear 3
costar..........................32
costear..........................3
cotejar 3
cotillear 3
cotizar 15
cotorrear 3
coyundarse 3
coyundear......................3
craquear 3
crascitar........................3
crear 3
crecer 52
creer 33
crenchar 3
creosotar......................3
crepitar 3
criar 13
cribar............................3
criminar........................3
crinar............................3
crisolar 3
crispar 3
crispir 5
cristalizar....................15
cristianar 3
cristianizar..................15
criticar 14
critiquizar 15
croar 3
crocitar 3
cromar..........................3
cromolitografiar 13
cronometrar 3
croscitar 3
crotorar 3
crucificar 14
crujir 5
cruzar 15
cuacar 14
cuadrar 3
cuadricular 3
cuadruplicar 14
cuajar 3
cualificar 14
cuantiar 13
cuantificar 14
cuartar..........................3
cuartear........................3
cuartelar 3
cuatrodoblar 3
cubanizar 15
cubar............................3
cubicar 14
cubijar 3
cubilar..........................3
cubiletear 3
cubrir* **(part. irreg.)** 5
cucar 14
cuchar 3
cucharear 3
cucharetear..................3
cuchichear 3
cuchichiar 13

cuchuchear.................3
cuerear........................3
cuerpear......................3
cuestionar...................3
cuidar.........................3
cuitear.........................3
culebrear......................3
culminar......................3
culpabilizar................15
culpar.........................3
cultiparlar...................3
cultivar........................3
culturar........................3
culturizar...................15
cumbearse...................3
cumplimentar.............3
cumplir.......................5
cumular.......................3
cunar...........................3
cundir.........................5
cunear.........................3
cuñar...........................3
cuotear........................3
cuquear........................3
curar...........................3
curiosear.....................3
cursar.........................3
curtir...........................5
curvar.........................3
cusir...........................5
custodiar...................11
cutir............................5

D

dactilografiar.............13
dadivar.......................3
daguerrotipar.............3
dallar...........................3
damasquinar...............3
damnificar.................14
danzar.......................15
dañar..........................3
dar............................34
datar..........................3
davalar.......................3
deambular...................3
debatir.........................5
debatirse.....................5
debelar.......................3
deber...........................4
debilitar.......................3
debocar......................14
debruzar....................15
debutar.......................3
decaer.......................29
decalcificar...............14
decalvar......................3
decampar....................3
decantar......................3
decapar.......................3
decapitar.....................3
decentar....................23
decepcionar...............3
decidir.........................5
decir* **(part. irreg.)**........35
declamar.....................3
declarar.......................3
declinar.......................3
decodificar...............14
decolgar....................77
decolorar.....................3
decomisar...................3
decorar.......................3
decorrerse...................4
decorticar.................14
decrecer....................52
decrepitar...................3
decretar.......................3
decuplar......................3
decuplicar.................14
dedicar......................14
dedignar......................3
dedolar.......................3
deducir......................31
defalcar.....................14
defamar.......................3
defecar......................14
defender...................39
defenecer.................52
defenestrar.................3
defensar......................3
deferir.......................66
defesar.......................3
defiar.........................13
definir.........................5
deflagrar.....................3
deflegmar...................3
deforestar...................3
deformar.....................3
defraudar..................12
degenerar...................3
deglutir.......................5
degollar....................32
degradar.....................3
degustar.....................3
dehesar.......................3
deificar.....................14
dejar...........................3
delatar........................3
delegar.....................16
deleitar.......................3
deletrear.....................3
deleznarse...................3
deliberar.....................3
delimitar.....................3
delinear.......................3
delinquir...................17
delirar.........................3
deludir.........................5
demacrarse.................3
demandar....................3
demarcar...................14
demarrar.....................3
demasiarse................13
demediar...................11
dementar.....................3
demeritar....................3
demitir.........................5
democratizar.............15
demodular...................3
demoler.....................48
demorar......................3
demostrar..................32
demudar......................3
denegar.....................83
denegrecer................52
denegrir* **(defect.)**..........5
denigrar......................3
denodarse....................3
denominar..................3
denostar....................32
denotar.......................3
densificar..................14
dentar **(19)**..................23
dentellar......................3
dentellear....................3

---

(19) dentar Hay tendencia a emplearlo con diptongo en toda su flexión.

denudar ... 3
denunciar ... 11
deparar ... 3
departir ... 5
depauperar ... 3
depender ... 4
depilar ... 3
deplorar ... 3
deponer ... 57
deportar ... 3
depositar ... 3
depravar ... 3
deprecar ... 14
depreciar ... 11
depredar ... 3
deprimir ... 5
depurar ... 3
deputar ... 3
derelinquir ... 17
derivar ... 3
derogar ... 16
derrabar ... 3
derramar ... 3
derrapar ... 3
derrelinquir ... 17
derrenegar ... 83
derrengar **(20)** ... 83
derretir ... 53
derribar ... 3
derrocar ... 14
derrochar ... 3
derronchar ... 3
derrostrarse ... 3
derrotar ... 3
derrubiar ... 11
derruir ... 44
derrumbar ... 3
desabarrancar ... 14
desabastecer ... 52
desabejar ... 3
desabollar ... 3
desabonarse ... 3
desabordarse ... 3
desabotonar ... 3
desabrigar ... 16
desabrir* **(part. irreg.)** ... 5
desabrochar ... 3
desacalorarse ... 3
desacatar ... 3
desacedar ... 3
desaceitar ... 3
desacelerar ... 3
desacerar ... 3
desacerbar ... 3
desacertar ... 23
desacidificar ... 14
desacobardar ... 3
desacollar ... 3
desacomodar ... 3
desacompañar ... 3
desaconsejar ... 3
desacoplar ... 3
desacordar ... 32
desacorralar ... 3
desacostumbrar ... 3
desacotar ... 3
desacreditar ... 3
desactivar ... 3
desacuartelar ... 3
desaderezar ... 15
desadeudar ... 3
desadorar ... 3
desadormecer ... 52
desadornar ... 3
desadvertir ... 66
desafear ... 3
desaferrar ... 3
desafiar ... 13
desaficionar ... 3
desafilar ... 3
desafinar ... 3
desaforar ... 32
desaforrar ... 3
desagarrar ... 3
desagraciar ... 11
desagradar ... 3
desagradecer ... 52
desagraviar ... 11
desagregar ... 16
desaguar ... 9
desaguazar ... 15
desaherrojar ... 3
desahijar ... 7
desahitarse ... 7
desahogar ... 16
desahuciar ... 11
desahumar ... 3
desainar ... 7
desairar ... 10
desaislarse ... 7
desajustar ... 3
desalabar ... 3
desalabear ... 3
desalagar ... 16
desalar ... 3
desalbardar ... 3
desalentar ... 23
desalfombrar ... 3
desalforjar ... 3
desalhajar ... 3
desalinear ... 3
desaliñar ... 3
desalivar ... 3
desalmar ... 3
desalmenar ... 3
desalmidonar ... 3
desalojar ... 3
desalquilar ... 3
desalterar ... 3
desamar ... 3
desamarrar ... 3
desamartelar ... 3
desamistarse ... 3
desamoblar ... 32
desamoldar ... 3
desamorar ... 3
desamorrar ... 3
desamortizar ... 15
desamotinarse ... 3
desamparar ... 3
desamueblar ... 3
desamurar ... 3
desanclar ... 3
desancorar ... 3
desandar ... 25
desangrar ... 3
desanidar ... 3
desanimar ... 3
desanublar ... 3
desanudar ... 3
desañudar ... 3
desaojar ... 3
desapadrinar ... 3
desapañar ... 3
desaparear ... 3
desaparecer ... 52
desaparejar ... 3

(20) derrengar Se usa más como reg., sin diptongo ... 3

desaparroquiar 11
desapasionar................3
desapegar 16
desapestar....................3
desapiolar 3
desaplicar 14
desaplomar.................3
desapoderar 3
desapolillar..................3
desaporcar 14
desaposentar 3
desaposesionar............3
desapoyar 3
desapreciar 11
desaprender 4
desaprensar 3
desapretar.................23
desaprisionar 3
desaprobar 32
desapropiarse 11
desaprovechar 3
desapuntalar................3
desapuntar 3
desarbolar....................3
desarenar 3
desarmar......................3
desarraigar 78
desarrancarse 14
desarrebozar..............15
desarrebujar 3
desarreglar 3
desarrendar................23
desarrevolver 48
desarrimar...................3
desarrollar...................3
desarropar...................3
desarrugar.................16
desarrumar 3
desarticular 3
desartillar 3
desarzonar 3
desasear 3
desasegurar.................3
desasentar.................23
desasir.......................26
desasistir 5
desasnar 3
desasociar 11
desasosegar 83
desatacar...................14
desatancar.................14
desatar 3
desatascar 14
desataviar 13
desatelizar.................15
desatender 39
desatentar 23
desaterrar 23
desatesorar 3
desatibar......................3
desatinar......................3
desatollar 3
desatolondrar 3
desatontarse 3
desatorar......................3
desatornillar 3
desatracar 14
desatraer 69
desatraillar 7
desatrampar 3
desatrancar 14
desatufarse 3
desaturdir 5
desautorizar 15
desavahar 3
desavecindarse 3
desavenir 71
desavezar 15
desaviar.....................13
desavisar 3
desayudar 3
desayunar 3
desazogar 16
desazonar 3
desbabar 3
desbagar 16
desbancar 14
desbandarse 3
desbarahustar 3
desbarajustar...............3
desbaratar 3
desbarbar 3
desbarbillar.................3
desbardar 3
desbarrar......................3
desbarretar 3
desbarrigar 16
desbastar......................3
desbautizarse 15
desbeber 4
desbecerrar..................3
desbinzar 15
desbloquear 3
desbocar 14
desbonetarse 3
desboquillar 3
desbordar 3
desbornizar................15
desboronar 3
desborrar 3
desbotonar 3
desbragar 16
desbravar 3
desbravecer 52
desbrazarse 15
desbrevarse.................3
desbridar.....................3
desbriznar...................3
desbrozar 15
desbruar 6
desbrujar.....................3
desbuchar 3
desbullar.....................3
descabalar...................3
descabalgar................16
descabellar 3
descabestrar 3
descabezar 15
descabritar 3
descabullirse 5
descacharrar 3
descachazar 15
descacilar 3
descaderar 3
descadillar...................3
descaecer 52
descaer 29
descafeinar 3
descafilar.....................3
descalabazarse 3
descalabrar 3
descalandrajar.............3
descalcar...................14
descalcificar 14
descalicharse 3
descalificar 14
descalzar* **(part. irreg.)**....15
descamar.....................3
descambiar 11
descaminar 3
descampar 3
descansar 3
descantar.....................3

descantear..........3
descanterar..........3
descantillar..........3
descantonar..........3
descañar..........3
descañonar..........3
descaperuzar..........15
descapillar..........3
descapirotar..........3
descapitalizar..........15
descapotar..........3
descapullar..........3
descararse..........3
descarbonatar..........3
descarburar..........3
descarcañalar..........3
descargar..........16
descariñarse..........3
descarnar..........3
descarriar..........13
descarrilar..........3
descarrillar..........3
descartar..........3
descasar..........3
descascar..........14
descascarar..........3
descascarillar..........3
descaspar..........3
descastar..........3
descatolizar..........15
descebar..........3
descender..........39
descentralizar..........15
descentrar..........3
desceñir* **(dos part.)**....30
descepar..........3
descerar..........3
descercar..........14
descerebrar..........3
descerezar..........15
descerrajar..........3
descerrar..........3
descerrumarse..........3
descervigar..........16
deschuponar..........3
descifrar..........3
descimbrar..........3
descimentar..........23
descinchar..........3
desclasificar..........14
desclavar..........3
descoagular..........3
descobajar..........3
descobijar..........3
descocar..........14
descocarse..........14
descocer..........76
descodificar..........14
descoger..........21
descogollar..........3
descogotar..........3
descolar..........3
descolchar..........3
descolgar..........77
descollar..........32
descolmar..........3
descolmillar..........3
descolocar..........14
descolonizar..........15
descolorar..........3
descolorir* **(defect.)**....86
descombrar..........3
descomedirse..........53
descomer..........4
descompadrar..........3
descompaginar..........3
descompasarse..........3
descompensar..........3
descomponer..........57
descomprimir* **(dos part.)**..5
descomulgar..........16
desconceptuar..........6
desconcertar..........23
desconchar..........3
desconectar..........3
desconfiar..........13
desconformar..........3
descongelar..........3
descongestionar..........3
descongojar..........3
desconocer..........52
desconsejar..........3
desconsentir..........66
desconsiderar..........3
desconsolar..........32
descontagiar..........11
descontaminar..........3
descontar..........32
descontentar* **(dos part.)**..3
descontinuar..........6
descontrolarse..........3
desconvenir..........71
desconversar..........3
desconvidar..........3
desconvocar..........14
descorazonar..........3
descorchar..........3
descordar..........32
descorderar..........3
descoritar..........3
descornar..........32
descoronar..........3
descorrear..........3
descorrer..........4
descortezar..........15
descortinar..........3
descoser..........4
descostillar..........3
descostrar..........3
descotar..........3
descoyuntar..........3
descrecer..........52
descreer..........33
descremar..........3
descrestar..........3
descriarse..........13
describir* **(part. irreg.)**....5
descrismar..........3
descristianar..........3
descristianizar..........15
descruzar..........15
descuadernar..........3
descuadrar..........3
descuadrillarse..........3
descuajar..........3
descuajaringar..........16
descuajeringar..........16
descuartizar..........15
descubrir* **(part. irreg.)**....5
descuerar..........3
descuidar..........3
descular..........3
desdar..........3
desdecir..........35
desdentar **(21)**..........23
desdeñar..........3
desdevanar..........3

---

(21) desdentar Hay tendencia a emplearlo con diptongo en toda su flexión.

desdibujarse 3
desdinerar....................3
desdoblar 3
desdorar 3
desear 3
desecar 14
desechar 3
desedificar 14
deseducar 14
deselectrizar 15
desellar 3
desembalar 3
desembaldosar 3
desemballestar 3
desembalsar 3
desembanastar 3
desembarazar 15
desembarcar 14
desembargar 16
desembarrancar 14
desembarrar 3
desembaular 8
desembebecerse 52
desembelesarse 3
desemblantarse...........3
desembocar 14
desembojar 3
desembolsar 3
desemborrachar 3
desemboscarse 14
desembotar 3
desembozar 15
desembragar 16
desembravecer 52
desembrazar 15
desembriagar 16
desembridar 3
desembrollar................3
desembrozar 15
desembrujar 3
desembuchar 3
desemejar 3
desempacar................14
desempacarse 14
desempachar 3
desempalagar 16
desempañar 3
desempapelar 3
desempaquetar............3
desemparejar 3
desemparvar 3
desempastelar.............3
desempatar 3
desempavonar 3
desempedrar.............23
desempegar 16
desempeñar 3
desempeorarse 3
desemperezar 15
desempolvar 3
desempolvorar 3
desemponzoñar 3
desempotrar 3
desempozar 15
desempulgar 16
desempuñar 3
desenalbardar 3
desenamorar 3
desenastar 3
desencabalgar...........16
desencabestrar 3
desencadenar 3
desencajar 3
desencajonar...............3
desencalabrinar 3
desencalcar 14
desencallar 3
desencaminar 3
desencantar 3
desencantarar 3
desencapar 3
desencapillar 3
desencapotar 3
desencaprichar 3
desencarcelar 3
desencarecer.............52
desencargar 16
desencarnar 3
desencastillar 3
desencerrar 23
desenchufar 3
desencintar 3
desenclavar.................3
desenclavijar...............3
desencofrar.................3
desencoger 21
desencolar 3
desencolerizar 15
desenconar 3
desencordar 32
desencordelar 3
desencorvar 3
desencovar 3
desencrespar...............3
desencuadernar 3
desendemoniar..........11
desendiablar 3
desendiosar 3
desenfadar 3
desenfaldar 3
desenfardar.................3
desenfardelar 3
desenfilar 3
desenfrailar 10
desenfrenar.................3
desenfundar 3
desenfurecer 52
desenfurruñar 3
desenganchar 3
desengañar 3
desengañilar 3
desengarrafar 3
desengarzar 15
desengastar.................3
desengomar 3
desengoznar 3
desengranar 3
desengrasar.................3
desengrilletar 3
desengrosar 32
desengrudar 3
desenguantarse...........3
desenhebrar 3
desenhetrar.................3
desenhornar 3
desenjaezar 15
desenjalmar 3
desenjaular 12
desenlabonar 3
desenladrillar 3
desenlazar.................15
desenlodar 3
desenlosar...................3
desenlutar 3
desenmallar 3
desenmarañar 3
desenmascarar 3
desenmohecer 52
desenmudecer 52
desenojar 3
desenredar 3
desenrizar 15
desenrollar 3

desenronar ...3
desenroscar ...14
desenrudecer ...52
desensamblar ...3
desensañar ...3
desensartar ...3
desensebar ...3
desenseñar ...3
desensillar ...3
desensoberbecer ...52
desentablar ...3
desentalingar ...16
desentarimar ...3
desentechar ...3
desentejar ...3
desentenderse ...39
desenterrar ...23
desentoldar ...3
desentonar ...3
desentornillar ...3
desentorpecer ...52
desentrampar ...3
desentrañar ...3
desentrenar ...3
desentronizar ...15
desentumecer ...52
desentumir ...5
desenvainar ...10
desenvelejar ...3
desenvendar ...3
desenvergar ...16
desenviolar ...3
desenvolver* **(part. irreg.)** ..48
desenzarzar ...15
desequilibrar ...3
desertar ...3
desertizar ...15
deservir ...5
desescombrar ...3
deseslabonar ...3
desespaldar ...3
desespañolizar ...15
desesperanzar ...15
desesperar ...3
desestabilizar ...15
desestancar ...14
desestañar ...3
desesterar ...3
desestibar ...3
desestimar ...3
desfajar ...3
desfalcar ...14
desfallecer ...52
desfamar ...3
desfasar ...3
desfavorecer ...52
desfibrar ...3
desfigurar ...3
desfilar ...3
desflecar ...14
desflemar ...3
desflocar ...14
desflorar ...3
desflorecer ...52
desfogar ...16
desfogonar ...3
desfollonar ...3
desfondar ...3
desforestar ...3
desformar ...3
desfortalecer ...52
desfrenar ...3
desfruncir ...20
desgajar ...3
desgalgar ...16
desgalillarse ...3
desganar ...3
desganchar ...3
desgañifarse ...3
desgañitarse ...3
desgargantarse ...3
desgargolar ...3
desgaritar ...3
desgarrar ...3
desgastar ...3
desgatar ...3
desgaznatarse ...3
desglosar ...3
desgobernar ...23
desgolletar ...3
desgomar ...3
desgonzar ...15
desgoznar ...3
desgraciar ...11
desgramar ...3
desgranar ...3
desgranzar ...15
desgrasar ...3
desgravar ...3
desgreñar ...3
desguañangar ...16
desguarnecer ...52
desguazar ...15
desguindar ...3
desguinzar ...15
deshabitar ...3
deshabituar ...6
deshacer ...43
deshebillar ...3
deshebrar ...3
deshechizar ...15
deshelar ...23
desherbar ...23
desheredar ...3
deshermanar ...3
desherrar ...23
desherrumbrar ...3
deshidratar ...3
deshijar ...3
deshilachar ...3
deshilar ...3
deshilvanar ...3
deshincar ...14
deshinchar ...3
deshipotecar ...14
deshojar ...3
deshollejar ...3
deshollinar ...3
deshonestarse ...3
deshonorar ...3
deshonrar ...3
deshornar ...3
deshuesar ...3
deshumanizar ...15
deshumedecer ...52
designar ...3
desigualar ...3
desilusionar ...3
desimaginar ...3
desimanar ...3
desimantar ...3
desimponer ...57
desimpresionar ...3
desincentivar ...3
desinclinar ...3
desincorporar ...3
desincrustar ...3
desinfartar ...3
desinfectar ...3
desinficionar ...3
desinflamar ...3
desinflar ...3
desinformar ...3

desinhibir 5
desinsacular 3
desinsectar 3
desintegrar 3
desinteresarse..............3
desintestinar 3
desintoxicar 14
desinvernar (22) 23
desistir.........................5
desjarretar....................3
desjugar 16
desjuntar......................3
deslabonar 3
desladrillar 3
deslamar 3
deslastrar......................3
deslatar 3
deslaterizar 15
deslavar........................3
deslavazar..................15
deslazar......................15
deslechar......................3
deslechugar 16
deslechuguillar 3
deslegalizar................15
desleír 61
deslendrar..................23
deslenguar 9
desliar 13
desligar 16
deslindar......................3
desliñar 3
deslizar 15
desloar 3
deslomar......................3
deslucir 47
deslumbrar 3
deslustrar 3
desmadejar 3
desmadrar....................3
desmajolar 3
desmallar 3
desmamar 3
desmamonar 3
desmamparar 3
desmanarse..................3
desmanchar 3
desmandar 3
desmanear 3
desmangar 16
desmantecar 14
desmantelar 3
desmaquillar 3
desmarañar.................3
desmarcarse 14
desmarojar 3
desmatar 3
desmayar 3
desmedirse 53
desmedrar....................3
desmejorar 3
desmelancolizar 15
desmelar 23
desmelenar 3
desmembrar 23
desmemoriarse 11
desmenguar 9
desmentir 66
desmenuzar 15
desmeollar 3
desmerecer 52
desmesurar 3
desmigajar....................3
desmigar 16
desmilitarizar 15
desmochar 3
desmogar 16
desmoler 48
desmonetizar 15
desmontar....................3
desmoñar 3
desmoralizar 15
desmorecerse 52
desmoronar 3
desmostarse 3
desmotar 3
desmotivar 3
desmovilizar 15
desmugrar....................3
desmullir......................5
desmultiplicar............14
desmurar......................3
desnacionalizar..........15
desnarigar 16
desnatar 3
desnaturalizar 15
desnegar 83
desnervar 3
desnevar 23
desnivelar 3
desnortarse 3
desnucar 14
desnudar......................3
desnutrirse 5
desobedecer 52
desobligar 16
desobstruir 44
desocupar....................3
desodorizar................15
desoír 50
desojar 3
desolar 32
desoldar 32
desollar 32
desonzar 15
desopilar......................3
desopinar 3
desoprimir 5
desorbitar 3
desordenar 3
desorejar 3
desorganizar 15
desorientar 3
desorillar......................3
desortijar......................3
desosar 32
desosegar 83
desovar 3
desovillar 3
desoxidar 3
desoxigenar 3
despabilar....................3
despachar 3
despachurrar................3
despajar 3
despaldar 3
despaldillar 3
despaletillar 3
despalillar 3
despalmar 3
despampanar 3
despampanillar............3
despamplonar..............3
despanar 3
despancar 14
despancijar 3
despanzurrar................3

(22) **desinvernar** Se emplea más como reg., sin diptongo 3

despapar 3
desparecer 52
desparedar 3
desparejar 3
desparpajar 3
desparramar 3
desparrancarse 14
despartir 5
desparvar 3
despasar 3
despatarrar 3
despatillar 3
despaturrar 3
despavesar 3
despavonar 3
despavorir* **(defect.)** 86
despearse 3
despechar 3
despechugar 16
despedazar 15
despedir 53
despedrar 23
despedregar 16
despegar 16
despeinar 3
despejar 3
despellejar 3
despelotar 3
despelotarse 3
despelucar 14
despeluchar 3
despeluzar 15
despeluznar 3
despenalizar 15
despenar 3
despender 4
despendolarse 3
despenolar 3
despeñar 3
despepitar 3
despercudir 5
desperdiciar 11
desperdigar 16
desperecerse 52
desperezarse 15
desperfeccionar 3
desperfilar 3
desperfollar 3
despernancarse 14
despernar 23
despersonalizar 15
despertar* **(dos part.)** 23
despesar 3
despestañar 3
despezar 81
despezonar 3
despezuñarse 3
despicar 14
despicarazar 15
despicarse 14
despichar 3
despiezar 15
despilarar 3
despilfarrar 3
despimpollar 3
despinochar 3
despintar 3
despinzar 15
despiojar 3
despistar 3
despizcar 14
desplacer 54
desplanchar 3
desplantar 3
desplatar 3
desplayar 3
desplazar 15
desplegar **(23)** 83
despleguetear 3
desplomar 3
desplumar 3
despoblar 32
despoetizar 15
despojar 3
despolarizar 15
despolitizar 15
despolvar 3
despolvorear 3
despopularizar 15
desporrondingarse 3
desportillar 3
desposar 3
desposeer 33
despostar 3
despotizar 15
despotricar 14
despreciar 11
desprender 4
despreocuparse 3
despresar 3
desprestigiar 11
despresurizar 15
desprivar 3
desprivatizar 15
desproporcionar 3
desproveer* **(dos part.)** 33
despulgar 16
despulpar 3
despulsar 3
despumar 3
despuntar 3
desquebrajar 3
desquejar 3
desquerer 4
desquiciar 11
desquijarar 3
desquijarrar 3
desquijerar 3
desquilatar 3
desquitar 3
desrabar 3
desrabotar 3
desraizar 82
desramar 3
desranchar 3
desraspar 3
desratizar 15
desrayar 3
desreglar 3
desrelingar 16
desrielar 3
desriñonar 3
desriscar 14
desrizar 15
desroblar 3
destacar 14
destachonar 3
destaconar 3
destajar 3
destallar 3
destalonar 3
destapar 3
destapiar 11
destaponar 3
destarar 3
destazar 15
destechar 3

---

(23) desplegar También se usa como reg., sin diptongo 3

destejar 3
destejer 4
destellar 3
destemplar 3
desteñir 30
desternerar 3
desternillarse 3
desterrar 23
desterronar 3
destetar 3
destilar 3
destinar 3
destiñar 3
destituir 44
destocar 14
destoconar 3
destorcer 76
destorgar 16
destornillar 3
destorrentarse 3
destoserse 4
destrabar 3
destramar 3
destrancar 14
destrejar 3
destrenzar 15
destrincar 14
destripar 3
destriunfar 3
destrizar 15
destrocar 85
destronar 3
destroncar 14
destrozar 15
destruir 44
destusar 3
destutanarse 3
desubstanciar 11
desucar 14
desudar 3
desuerar 3
desuncir 20
desunir 5
desuñar 3
desuñir 5
desurcar 14
desurdir 5
desusar 3
desustanciar 11
desvahar 3
desvainar....................10
desvaír* **(defect.)** 89
desvalijar 3
desvalorar 3
desvalorizar 15
desvanecer 52
desvarar 3
desvariar 13
desvasar 3
desvastigar 16
desvedar 3
desvelar 3
desvenar 3
desvencijar 3
desvendar 3
desvergonzarse..........75
desvestir 53
desvezar 15
desviar 13
desviejar 3
desvincular 3
desvirar 3
desvirgar 16
desvirtuar 6
desvitalizar 15
desvitrificar 14
desvivirse 5
desvolcanarse 3
desvolver* **(part. irreg.)** 48
desyemar 3
desyerbar 3
desyugar 16
deszafrar 3
deszocar 14
deszulacar 14
deszumar 3
detallar 3
detectar 3
detener 68
detentar 3
deterger 21
deteriorar 3
determinar 3
detestar 3
detonar 3
detractar 3
detraer........................69
deturpar 3
devalar 3
devaluar 6
devanar 3
devanear 3
devastar 3
develar 3
develizar 15
devengar 16
devenir 71
devisar 3
devolver* **(part. irreg.)** 48
devorar 3
dezmar 23
dezocar 14
diablear 3
diaconar 3
diafanizar 15
diafragmar 3
diagnosticar 14
dializar 15
dialogar 16
dialogizar 15
diamantar 3
dibujar 3
dictaminar 3
dictar 3
dietar 3
diezmar 3
difamar 3
diferenciar..................11
diferir 66
dificultar 3
difluir 44
difractar........................3
difumar 3
difuminar 3
difundir* **(dos part.)** 5
difuntear 3
digerir 66
dignarse 3
dignificar....................14
dilacerar 3
dilapidar 3
dilatar 3
diligenciar..................11
dilucidar 3
diluir 44
diluviar **(unipers.)** 11
dimanar 3
dimidiar......................11
diminuir 44
dimitir 5
dinamitar......................3
dintelar 3
diñar 3

E

elucubrar ... 3
eludir ... 5
emanar ... 3
emancipar ... 3
emascular ... 3
embabucar ... 14
embachar ... 3
embadurnar ... 3
embaír* **(defect.)** ... 89
embalar ... 3
embaldosar ... 3
emballenar ... 3
emballestarse ... 3
embalsamar ... 3
embalsar ... 3
embalumar ... 3
embanastar ... 3
embancarse ... 14
embanderar ... 3
embanquetar ... 3
embarazar ... 15
embarbar ... 3
embarbascarse ... 14
embarbecer ... 52
embarbillar ... 3
embarcar ... 14
embarcinar ... 3
embardar ... 3
embargar ... 16
embarnecer ... 52
embarnizar ... 15
embarrancar ... 14
embarrar ... 3
embarrilar ... 3
embarrotar ... 3
embarullar ... 3
embastar ... 3
embastecer ... 52
embaucar ... 80
embaular ... 8
embayarse ... 3
embazar ... 15
embazarse ... 15
embebecer ... 52
embeber ... 4
embelecar ... 14
embeleñar ... 3
embelesar ... 3
embellaquecerse ... 52
embellecer ... 52
embeodar ... 3
embermejar ... 3
embermejecer ... 52
emberrenchinarse ... 3
emberrincharse ... 3
embestir ... 53
embetunar ... 3
embicar ... 14
embijar ... 3
embizcar ... 14
emblandecer ... 52
emblanquecer ... 52
embobar ... 3
embobecer ... 52
embobinar ... 3
embocar ... 14
embochinchar ... 3
embodegar ... 16
embojar ... 3
embolar ... 3
embolismar ... 3
embolsar ... 3
embonar ... 3
emboñigar ... 16
emboquillar ... 3
emborrachar ... 3
emborrar ... 3
emborrascar ... 14
emborrazar ... 15
emborricarse ... 14
emborrizar ... 15
emborronar ... 3
emborrullarse ... 3
emboscar ... 14
embosquecer ... 52
embostar ... 3
embotar ... 3
embotarse ... 3
embotellar ... 3
emboticar ... 14
embotijar ... 3
embovedar ... 3
embozalar ... 3
embozar ... 15
embracilar ... 3
embragar ... 16
embravecer ... 52
embrazar ... 15
embrear ... 3
embregarse ... 16
embreñarse ... 3
embriagar ... 16
embribar ... 3
embridar ... 3
embrocar ... 14
embrochalar ... 3
embrollar ... 3
embromar ... 3
embroncarse ... 14
embroquelarse ... 3
embroquetar ... 3
embrujar ... 3
embrutecer ... 52
embuchar ... 3
embudar ... 3
embullar ... 3
emburriar ... 3
emburujar ... 3
embustear ... 3
embutir ... 5
emerger ... 21
emigrar ... 3
emitir ... 5
emocionar ... 3
emolir* **(defect.)** ... 86
empacar ... 14
empacarse ... 14
empachar ... 3
empadrarse ... 3
empadronar ... 3
empajar ... 3
empajolar ... 3
empalagar ... 16
empalar ... 3
empalicar ... 14
empalidecer ... 52
empalizar ... 15
empalmar ... 3
empalomar ... 3
empamparse ... 3
empanar ... 3
empandar ... 3
empandillar ... 3
empantanar ... 3
empanzarse ... 15
empañar ... 3
empañetar ... 3
empañicar ... 14
empapar ... 3
empapelar ... 3
empapirotar ... 3
empapuciar ... 11
empapujar ... 3

empapuzar 15
empaquetar 3
emparamar 3
emparamentar 3
emparchar 3
empardar 3
emparedar 3
emparejar 3
emparentar **(24)** 23
emparrar 3
emparrillar 3
emparvar 3
empastar 3
empastelar 3
empatar 3
empavar 3
empavesar 3
empavonar 3
empecer 52
empecinar 3
empecinarse 3
empedernir* **(defect.)** 86
empedrar 23
empegar 16
empeguntar 3
empelar 3
empelazgarse 16
empelechar 3
empellar 3
empellejar 3
empeller 4
empelotarse 3
empenachar 3
empentar 3
empeñar 3
empeorar 3
empequeñecer 52
emperchar 3
empercudir 5
emperdigar 16
emperejilar 3
emperezar 15
empergaminar 3
empericarse 14
emperifollar 3
empernar 3
emperrarse 3
empertigar 16
empesgar 16
empetatar 3
empezar 81
empicarse 14
empicotar 3
empilar 3
empilcharse 3
empilonar 3
empinar 3
empingorotar 3
empiparse 3
empitonar 3
empizarrar 3
emplantillar 3
emplastar 3
emplastecer 52
emplazar 15
emplear 3
emplebeyecer 52
emplomar 3
emplumar 3
emplumecer 52
empobrecer 52
empodrecer 52
empollar 3
empolvar 3
empolvorar 3
empolvorizar 15
emponzoñar 3
empopar 3
emporcar 85
empotrar 3
empotrerar 3
empozar 15
empradizar 15
emprender 4
empreñar 3
emprestar 3
emprimar 3
empringar 16
empuchar 3
empujar 3
empulgar 16
empuntar 3
empuñar 3
empurrarse 3
emputecer 52
emular 3
emulsionar 3
enaceitar 3
enacerar 3
enaguachar 3
enaguar 9
enaguazar 15
enajenar 3
enalbar 3
enalbardar 3
enalmagrar 3
enaltecer 52
enamarillecer 52
enamorar 3
enamoricarse 14
enamoriscarse 14
enancarse 14
enanchar 3
enangostar 3
enanzar 15
enarbolar 3
enarcar 14
enardecer 52
enarenar 3
enarmonar 3
enastar 3
enastilar 3
encabalgar 16
encaballar 3
encabar 3
encabellecerse 52
encabestrar 3
encabezar 15
encabriar 11
encabrillar 3
encabritarse 3
encabullar 3
encachar 3
encadenar 3
encajar 3
encajerarse 3
encajetillar 3
encajonar 3
encalabernarse 3
encalabozar 15
encalabrinar 3
encalambrarse 3
encalamocar 14
encalar 3
encalcar 14
encalillarse 3
encallar 3

---

(24) emparentar También se usa como reg., sin diptongo 3

encallecer 52
encallejonar 3
encalmar 3
encalostrarse................3
encalvecer...................52
encamar 3
encamarar....................3
encambijar 3
encambrar....................3
encambronar 3
encaminar....................3
encamisar 3
encamotarse 3
encampanar 3
encanalar 3
encanalizar 15
encanallar 3
encanarse 3
encanastar....................3
encancerarse................3
encandecer 52
encandelar 3
encandelillar................3
encandilar....................3
encanecer 52
encanijar 3
encanillar 3
encantar 3
encantarar....................3
encantusar 3
encanutar 3
encañamar 3
encañar 3
encañizar 15
encañonar....................3
encapachar 3
encapar 3
encapazar 15
encaperuzar 15
encapillar 3
encapirotar 3
encapotar 3
encapricharse 3
encapsular 3
encapuchar...................3
encapuzar 15
encaramar....................3
encarar 3
encaratularse 3
encarcavinar 3
encarcelar 3
encarecer 52
encargar 16
encariñar......................3
encarnar 3
encarnecer 52
encarnizar 15
encarpetar....................3
encarrilar......................3
encarrillar 3
encarroñar 3
encarrujarse 3
encartar........................3
encartonar....................3
encartuchar..................3
encasar 3
encascabelar 3
encascar 14
encascotar....................3
encasillar......................3
encasquetar 3
encasquillar 3
encastar........................3
encastillar 3
encastrar 3
encatusar......................3
encauchar 12
encausar 12
encauzar 15
encavarse 3
encebadar 3
encebollar....................3
enceguecer 52
encelajarse **(unipers.)** 3
encelar 3
enceldar 3
encellar 3
encenagarse 16
encender 39
encenizar 15
encentar 23
encentrar......................3
encepar 3
encerar 3
encernadar 3
encerotar......................3
encerrar......................23
encerrizar 15
encespedar 3
encestar........................3
encetar 3
enchancletar 3
enchapar.......................3
encharcar 14
enchavetar 3
enchicar 14
enchilar.........................3
enchinar 3
enchinarrar 3
enchipar 3
enchiquerar 3
enchironar 3
enchivarse....................3
enchuecar 14
enchufar 3
enchularse 3
enchuletar....................3
enchumbar 3
encielar 3
encimar 3
encintar 3
encismar 3
encizañar 3
enclaustrar 12
enclavar 3
enclavijar......................3
enclocar 85
encloquecer 52
encobar.........................3
encobijar 3
encobrar 3
encoclar 3
encocorar 3
encodillarse 3
encofrar.........................3
encoger 21
encogollarse 3
encohetar 3
encojar 3
encolar 3
encolerizar 15
encomendar 23
encomiar....................11
encompadrar 3
enconar.........................3
enconcharse 3
enconfitar 3
enconrear 3
encontrar....................32
encopetar 3
encorachar 3
encorajar 3
encorajinarse 3

encorar 32
encorbatarse 3
encorchar 3
encorchetar 3
encordar 32
encordelar 3
encordonar 3
encorecer 52
encornudar 3
encorozar 15
encorralar 3
encorrear 3
encorselar 3
encorsetar 3
encortinar 3
encorujarse 3
encorvar 3
encostalar 3
encostarse 3
encostrar 3
encovar 32
encrasar 3
encrespar 3
encrestarse 3
encristalar 3
encrudecer 52
encruelecer 52
encuadernar 3
encuadrar 3
encuartar 3
encubar 3
encubertar 3
encubrir* **(part. irreg.)** 5
encuerar 3
encuestar 3
encuevar 3
encuitarse 3
enculatar 3
encumbrar 3
encunar 3
encureñar 3
encurtir 5
endechar 3
endehesar 3
endemoniar 11
endentar **(25)** 23
endentecer 52
endeñarse 3
enderechar 3
enderezar 15
endeudarse 3
endiablar 3
endientar 3
endilgar 16
endiñar 3
endiosar 3
enditarse 3
endoblar 3
endomingarse 16
endonar 3
endorsar 3
endosar 3
endoselar 3
endrogarse 16
endulzar 15
endurar 3
endurecer 52
enechar 3
enejar 3
enemistar 3
energizar 15
enervar 3
enfadar 3
enfajar 3
enfaldar 3
enfangar 16
enfardar 3
enfardelar 3
enfascar 14
enfatizar 15
enfermar 3
enfervorizar 15
enfeudar 3
enfielar 3
enfierecerse 52
enfiestarse 3
enfilar 3
enfistolarse 3
enflacar 14
enflaquecer 52
enflautar 12
enflorar 3
enflorecer 52
enfocar 14
enfoscar 14
enfrailar 10
enfranquecer 52
enfrascar 14
enfrascarse 14
enfrenar 3
enfrentar 3
enfriar 13
enfrontar 3
enfrontilar 3
enfroscarse 14
enfullar 3
enfullinarse 3
enfunchar 3
enfundar 3
enfuñarse 3
enfurecer 52
enfurruñarse 3
enfurruscarse 14
enfurtir 5
engafar 3
engaitar 10
engalabernar 3
engalanar 3
engalgar 16
engallarse 3
enganchar 3
engañar 3
engarabatar 3
engarabitar 3
engaratusar 3
engarbarse 3
engarbullar 3
engargantar 3
engargolar 3
engaritar 3
engarrafar 3
engarrar 3
engarriar 3
engarronar 3
engarrotar 3
engarzar 15
engasgarse 16
engastar 3
engatar 3
engatillar 3
engatusar 3
engavetar 3
engaviar 11
engavillar 3
engazar 15
engendrar 3
engerir 66

---

(25) endentar Hay tendencia a usarlo con diptongo en toda su flexión.

engibar 3
englobar 3
engocetar 3
engolar 3
engolfar........................3
engolillarse 3
engolletarse 3
engolliparse 3
engolondrinar..............3
engolosinar..................3
engomar 3
engominarse................3
engonzar.....................15
engorar 32
engordar 3
engorrar 3
engoznar......................3
engranar 3
engrandecer 52
engranerar 3
engranujarse................3
engrapar 3
engrasar 3
engravecer 52
engredar 3
engreír........................61
engrescar 14
engrifar 3
engrillar........................3
engrillarse 3
engrilletar 3
engringarse 16
engrosar **(26)** 32
engrudar 3
engruesar 3
engrumecerse 52
engruñar 3
enguachinar 3
enguadar......................3
engualdrapar 3
engualichar..................3
enguantar 3
enguaraparse 3
enguatar 3
enguedejar 3
enguijarrar 3
enguillotarse................3
enguirnaldar 3
enguitarrarse................3
enguizgar 16
engullir 49
engurrar 3
engurruminar 3
engurrumir 5
engurruñar 3
engurruñir....................5
engusgarse 16
enhacinar 3
enharinar 3
enhastiar 13
enhastillar 3
enhatijar 3
enhebillar 3
enhebrar 3
enhenar........................3
enherbolar 3
enhestar* **(part. irreg.)** 23
enhielar........................3
enhilar..........................3
enhollinarse 3
enhorcar 14
enhornar 3
enhorquetar 3
enhuecar 14
enhuerar 3
enjabonar 3
enjaezar......................15
enjaguar 9
enjalbegar 16
enjalmar 3
enjambrar 3
enjaquimar 3
enjarciar 11
enjardinar 3
enjaretar 3
enjaular 12
enjebar 3
enjergar......................16
enjerir 66
enjertar* **(dos part.)** 3
enjicar 14
enjorguinarse 3
enjoyar 3
enjuagar 16
enjugar* **(dos part.)** 16
enjuiciar 11
enjuncar 14
enjutar..........................3
enlabiar......................11
enlaciar 11
enladrillar 3
enlagunar 3
enlamar........................3
enlardar........................3
enlatar..........................3
enlazar 15
enlechar 3
enlegajar 3
enlegamar....................3
enlejiar 13
enlenzar 81
enlerdar........................3
enligar 16
enlistonar 3
enlizar 15
enllantar 3
enllentecer 52
enllocar 85
enlobreguecer 52
enlodar 3
enlodazar 15
enlomarse 3
enloquecer 52
enlosar 3
enlozanarse..................3
enlozar 15
enlucir 47
enlustrecer 52
enlutar..........................3
enmadejar....................3
enmaderar....................3
enmadrarse..................3
enmagrecer................52
enmalecer..................52
enmalecerse 52
enmallarse 3
enmangar 16
enmaniguarse 9
enmantar......................3
enmarañar....................3
enmararse 3
enmaridar 3
enmarillecerse 52
enmaromar 3

---

(26) **engrosar** Es irreg., pero se usa como reg. en la acepción 'acrecentar'. Para la acepción 'poner grueso' se usa más el verbo *engruesar.*

enmascarar 3
enmasillar 3
enmatarse 3
enmelar......................23
enmendar 23
enmohecer 52
enmollecer 52
enmonarse 3
enmondar 3
enmontarse..................3
enmoquetar 3
enmordazar................15
enmostar......................3
enmotar........................3
enmudecer 52
enmugrar 3
enmugrecer................52
enmustiar 11
enneciarse..................11
ennegrecer 52
ennoblecer 52
ennoviarse 11
ennudecer..................52
enojar 3
enorgullecer 52
enquiciar....................11
enquillotrar..................3
enquistarse 3
enrabar 3
enrabiar......................11
enracimarse 3
enraizar 82
enrajonar......................3
enralecer 52
enramar........................3
enramblar 3
enranciar....................11
enrarecer....................52
enrasar 3
enrasillar 3
enratonarse..................3
enrayar 3
enreciar......................11
enredar 3
enrehojar......................3
enrejalar 3
enrejar..........................3
enresmar 3
enriar..........................13
enrielar 3
enrigidecer 52

enriostrar......................3
enripiar 11
enriquecer..................52
enriscar 14
enristrar........................3
enrizar........................15
enrocar 14
enrocarse 14
enrodar 32
enrodrigar..................16
enrodrigonar................3
enrojar..........................3
enrojecer....................52
enrolar 3
enrollar 3
enromar 3
enronar 3
enronquecer 52
enroñar 3
enroscar 14
enrostrar 3
enrubiar 11
enrudecer 52
enrugar 16
enruinecer..................52
ensabanar 3
ensacar 14
ensalivar 3
ensalmar 3
ensalobrarse 3
ensalzar......................15
ensambenitar 3
ensamblar 3
ensanchar 3
ensandecer 52
ensangostar..................3
ensangrentar..............23
ensañar 3
ensarmentar 23
ensarnecer 52
ensartar 3
ensayar 3
ensebar 3
enselvar........................3
ensenar 3
enseñar 3
enseñorarse 3
enseñorear 3
enserar 3
enserenar 3
enseriarse 11

ensilar 3
ensillar 3
ensilvecerse 52
ensimismarse 3
ensoberbecer 52
ensogar 16
ensolerar......................3
ensolver 48
ensombrecer..............52
ensoñar 32
ensopar 3
ensordecer 52
ensortijar 3
ensotarse......................3
ensuciar......................11
ensugar 16
entabacarse................14
entabicar 14
entablar 3
entablerarse 3
entablillar 3
entalamar 3
entalegar 16
entalingar 16
entallar 3
entallecer 52
entalonar......................3
entamar........................3
entapar 3
entapizar 15
entapujar......................3
entarascar 14
entarimar......................3
entarquinar 3
entarugar....................16
entecarse....................14
entechar 3
entejar 3
entender 39
entenebrecer..............52
enterar..........................3
entercarse 14
enterciar 11
enternecer..................52
enterrar 23
entesar 23
entestar 3
entestecer 52
entibar..........................3
entibiar 11
entiesar 3

entigrecerse 52
entilar 3
entinar..........................3
entintar 3
entisar 3
entizar 15
entiznar.........................3
entolar...........................3
entoldar.........................3
entomizar 15
entonar 3
entonelar.......................3
entongar 16
entontar 3
entontecer..................52
entorchar 3
entorilar 3
entornar 3
entornillar 3
entorpecer 52
entortar 32
entosigar 16
entrabar........................3
entramar 3
entrampar 3
entrampillar 3
entrañar........................3
entrapajar 3
entrapar 3
entrapazar..................15
entrar.............................3
entreabrir* (part. irreg.) 5
entrecavar 3
entrecerrar 23
entrechocar................14
entrecoger..................21
entrecomar 3
entrecomillar................3
entrecortar 3
entrecriarse 13
entrecruzar 15
entredecir 35
entregar.......................16
entrejuntar 3
entrelazar 15
entrelinear....................3
entrelucir....................47
entremediar 11
entremesear 3
entremeter 4
entremezclar................3
entrenar 3
entrencar....................14
entrenzar....................15
entreoír 50
entreparecerse 52
entrepelar 3
entrepernar................23
entrepunzar 15
entrerrenglonar............3
entresacar 14
entretallar 3
entretejer......................4
entretelar......................3
entretener 68
entreuntar 3
entrevenarse 3
entrever......................72
entreverar 3
entrevigar 16
entrevistar 3
entrillar 3
entriparse 3
entristecer 52
entrojar 3
entrometer 4
entronar 3
entroncar....................14
entronerar 3
entronizar 15
entropillar 3
entruchar 3
entrujar 3
entubar 3
entullecer 52
entumecer..................52
entumirse 5
entunicar....................14
entupir 5
enturbiar 11
entusiasmar..................3
enumerar 3
enunciar 11
envaguecer 52
envainar 10
envalentonar.................3
envalijar 3
envanecer 52
envarar 3
envarbascar................14
envaronar 3
envasar 3
envedijarse 3
envegarse 16
envejecer....................52
envelar 3
envendar.......................3
envenenar.....................3
enverar 3
enverdecer 52
envergar 16
envestir 53
enviar 13
enviciar 11
envidar 3
envidiar......................11
envigar 16
envigorizar 15
envilecer 52
envinagrar....................3
envinar 3
envirar..........................3
enviscar......................14
enviudar 3
envolatarse 3
envolver* (part. irreg.)....48
enyerbarse 3
enyesar 3
enyugar......................16
enzainarse..................10
enzalamar 3
enzarzar 15
enzocar 14
enzolvar 3
enzoquetar 3
enzunchar....................3
enzurdecer 52
enzurizar....................15
enzurronar 3
enzurronarse................3
epilogar......................16
epitimar........................3
epitomar 3
equidistar 3
equilibrar 3
equipar 3
equiparar 3
equiponderar 3
equivaler....................70
equivocar 14
erar 3
ergotizar 15
erguir..........................40

erigir 22
erisipelar 3
erizar 15
erogar 16
erosionar 3
erradicar 14
errar 41
eructar 3
erutar 3
esbarar 3
esbarizar 15
esbatimentar 3
esbozar 15
esbrencar 14
escabechar 3
escabrosearse 3
escabullar 3
escabullir 49
escachar 3
escacharrar 3
escachifollar 3
escaecer 52
escafilar 3
escagarruzarse 15
escalabrar 3
escalar 3
escaldar 3
escalfar 3
escalofriar 13
escalonar 3
escamar 3
escamochar 3
escamondar 3
escamonearse 3
escamotar 3
escamotear 3
escampar 3
escamujar 3
escanciar 11
escandalizar 15
escandallar 3
escandir 5
escantillar 3
escapar 3
escapular 3
escaquear 3
escarabajear 3
escaramucear 3
escaramuzar 15
escarapelar 3
escarbar 3
escarcear 3
escarchar 3
escardar 3
escardillar 3
escariar 11
escarificar 14
escarizar 15
escarmenar 3
escarmentar 23
escarnecer 52
escarolar 3
escarpar 3
escarrancharse 3
escarzar 15
escasear 3
escatimar 3
escavanar 3
escavar 3
escayolar 3
escenificar 14
escindir 5
escintilar 3
esclafar 3
esclarecer 52
esclavizar 15
esclerosar 3
escobar 3
escobazar 15
escobetear 3
escobillar 3
escocer 76
escodar 3
escofiar 11
escofinar 3
escoger 21
escolar 32
escolarizar 15
escoliar 11
escollar 3
escoltar 3
escombrar 3
escomerse 4
esconder 4
esconzar 15
escopetar 3
escopetear 3
escoplear 3
escorar 3
escorchar 3
escoriar 11
escornarse 32
escorzar 15
escoscar 14
escotar 3
escribir* **(part. irreg.)** 5
escriturar 3
escrupulizar 15
escrutar 3
escuadrar 3
escuchar 3
escudar 3
escuderear 3
escudillar 3
escudriñar 3
esculcar 14
escullar 3
escullir 5
esculpir 5
esculturar 3
escupir 5
escurar 3
escurrir 5
esdrujulizar 15
esfacelarse 3
esforrocinar 3
esforzar 75
esfoyar 3
esfumar 3
esfuminar 3
esgarrar 3
esgonzar 15
esgrafiar 13
esgrimir 5
esguardamillar 3
esguazar 15
eslabonar 3
esmaltar 3
esmerar 3
esmerilar 3
esmorecer 52
esmuciarse 11
esmuir 44
esmuñir 5
esnifar 3
espabilar 3
espachurrar 3
espaciar 11
espadañar 3
espadar 3
espadillar 3
espalar 3
espaldear 3

espaldonarse 3
espalmar 3
espantar 3
españolar 3
españolizar 15
esparcir 20
esparragar 16
esparramar 3
esparrancarse 14
esparvar 3
espatarrarse 3
especializar 15
especificar 14
especular 3
espejar 3
espejear 3
espelucar 14
espeluzar 15
espeluznar 3
esperanzar 15
esperar 3
esperezarse 3
espernancarse 14
espesar 3
espetar 3
espiar 13
espichar 3
espigar 16
espiguear 3
espinar 3
espinochar 3
espionar 3
espirar 3
espiritar 3
espiritualizar 15
espitar 3
esplender 4
espolear 3
espoliar 11
espolinar 3
espolonear 3
espolvorear 3
espolvorizar 15
esponjar 3
espontanearse 3
esportear 3
esposar 3
esprintar 3
espulgar 16
espumajear 3
espumar 3
espurrear 3
espurriar 3
espurrir 5
esputar 3
esquebrajar 3
esquejar 3
esquematizar 15
esquiar 13
esquifar 3
esquilar 3
esquilmar 3
esquinar 3
esquinzar 15
esquitar 3
esquivar 3
estabilizar 15
establear 3
establecer 52
estabular 3
estacar 14
estacionar 3
estafar 3
estallar 3
estambrar 3
estampar 3
estampillar 3
estancar 14
estandardizar 15
estandarizar 15
estantalar 3
estañar 3
estaquillar 3
estar 42
estarcir 20
estatalizar 15
estatificar 14
estatuar 6
estatuir 44
estebar 3
estenografiar 13
esterar 3
estercolar 3
estereotipar 3
esterilizar 15
estezar 15
estibar 3
estigmatizar 15
estilar 3
estilizar 15
estimar 3
estimular 3
estiomenar 3
estipendiar 11
estipticar 14
estipular 3
estirajar 3
estirar 3
estirazar 15
estofar 3
estomagar 16
estoquear 3
estorbar 3
estordir 5
estornudar 3
estovar 3
estragar 16
estrangular 3
estraperlear 3
estratificar 14
estrechar 3
estregar 83
estrellar 3
estremecer 52
estrenar 3
estreñir 30
estresar 3
estriar 13
estribar 3
estridular 3
estropajear 3
estropear 3
estructurar 3
estrujar 3
estucar 14
estuchar 3
estudiar 11
estuprar 3
esturar 3
esturdir 5
esturgar 16
esturrear 3
esvarar 3
eterizar 15
eternizar 15
etimologizar 15
etiquetar 3
europeizar 15
evacuar 9
evadir 5
evaluar 6
evanecer 52
evanescer 52

evangelizar 15
evaporar 3
evaporizar 15
evidenciar 11
eviscerar 3
evitar 3
evocar 14
evolucionar 3
exacerbar 3
exagerar 3
exaltar 3
examinar 3
exasperar 3
excandecer 52
excarcelar 3
excavar 3
exceder 4
excepcionar 3
exceptuar 6
excitar 3
exclamar 3
exclaustrar 12
excluir* **(dos part.)** 44
excogitar 3
excomulgar 16
excoriar 11
excrementar 3
excretar 3
exculpar 3
excusar 3
execrar 3
exencionar 3
exentar 3
exfoliar 11
exhalar 3
exheredar 3
exhibir 5
exhortar 3
exhumar 3
exigir 22
exiliar 11
eximir* **(dos part.)** 5
existimar 3
existir 5
exonerar 3
exorar 3
exorcizar 15
exornar 3
expandir 5
expansionarse 3
expatriar **(27)** 13
expectorar 3
expedientar 3
expedir 53
expeler* **(dos part.)** 4
expender 4
expensar 3
experimentar 3
expiar 13
expilar 3
expirar 3
explanar 3
explayar 3
explicar 14
explicitar 3
explicotearse 3
explorar 3
explosionar 3
explotar 3
expoliar 11
exponer 57
exportar 3
expresar* **(dos part.)** 3
exprimir 5
expropiar 11
expugnar 3
expulsar* **(dos part.)** 3
expurgar 16
extasiarse 13
extender* **(dos part.)** 39
extenuar 6
exteriorizar 15
exterminar 3
externar 3
extinguir* **(dos part.)** 18
extirpar 3
extorsionar 3
extractar 3
extraditar 3
extraer 69
extralimitarse 3
extranjerizar 15
extrañar 3
extrapolar 3
extravasarse 3
extravenar 3
extraviar 13
extremar 3
extrudir 5
exudar 3
exulcerar 3
exultar 3
eyacular 3
eyectar 3
ezquerdear 3

F

fablar 3
fablistanear 3
fabricar 14
fabular 3
faccionar 3
facer 65
fachear 3
fachendear 3
facilitar 3
facturar 3
facultar 3
faenar 3
fagocitar 3
fajar 3
falagar 16
falcar 14
faldear 3
fallar 3
fallecer 52
fallir **(defect.)** 86
falsar 3
falsear 3
falsificar 14
faltar 3
familiarizar 15
fanatizar 15
fanfarrear 3
fanfarronear 3
fantasear 3
fañar 3
farabustear 3
farachar 3
farandulear 3
fardar 3
farfullar 3
farolear 3

---

(27) expatriar Su acentuación vacila, aunque es más frecuente sin diptongo (*expatrío*), también lo podemos encontrar con diptongo (*expatrio*) 11

farrear 3
farsear 3
fascinar 3
fastidiar 11
fatigar 16
favorecer 52
fechar 3
fecundar 3
fecundizar 15
federar 3
felicitar 3
felpar 3
fenecer 52
fenicar 14
feriar 11
fermentar 3
ferrar 23
ferretear 3
ferrificarse 14
fertilizar 15
fervir 5
fervorar 3
fervorizar 15
festejar 3
festinar 3
festonar 3
festonear 3
feudar 3
fiambrar 3
fiar 13
fibrilar 3
fichar 3
fieltrar 3
figurar 3
fijar* **(dos part.)** 3
filar 3
filetear 3
filiar 11
filmar 3
filosofar 3
filtrar 3
finalizar 15
financiar 11
finar 3
fincar 14
finchar 3
fingir 22
finiquitar 3
finir 5
fintar 3
firmar 3
fiscalizar 15
fisgar 16
fisgonear 3
fisionar 3
fistular 3
flagelar 3
flagrar 3
flamear 3
flanquear 3
flaquear 3
flechar 3
fletar 3
flexibilizar 15
flexionar 3
flirtear 3
flocular 3
flojear 3
florar 3
flordelisar 3
florear 3
florecer 52
floretear 3
florlisar 3
flotar 3
fluctuar 6
fluidificar 14
fluir 44
fogarizar 15
foguear 3
foliar 11
follar **(28)** 3
fomentar 3
fondear 3
forcejar 3
forcejear 3
forestar 3
forjar 3
formalizar 15
formar 3
formatear 3
formular 3
fornecer 52
fornicar 14
forrajear 3
forrar 3
fortalecer 52
fortificar 14
fortunar 3
forzar 75
fosar 3
fosfatar 3
fosforecer 52
fosforescer 52
fosilizarse 3
fotocopiar 11
fotograbar 3
fotografiar 13
fotolitografiar 13
fracasar 3
fraccionar 3
fracturar 3
fragmentar 3
fraguar 9
frangir 22
frangollar 3
franjar 3
franjear 3
franquear 3
frañer 4
frasear 3
fratasar 3
fraternizar 15
frecuentar 3
fregar 83
fregotear 3
freír* **(dos part.)** 61
frenar 3
frenillar 3
fresar 3
frezar 15
fricar 14
friccionar 3
frisar 3
fritar 3
frivolizar 15
frogar 16
frotar 3
fructificar 14
fruir 44
fruncir 20
frustrar 3
frutar 3
frutecer 52
fucilar 3
fufar 3
fugarse 3

---

(28) follar En la acepción 'soplar con el fuelle' es irreg. 32

fulgir 22
fulgurar 3
fulminar 3
fumar 3
fumigar 16
funcionar 3
fundamentar 3
fundar 3
fundir 5
funestar 3
fungir 22
fuñicar 14
fusilar 3
fusionar 3
fustigar 16

G

gafar 3
gaguear 3
galantear 3
galardonar 3
galguear 3
galibar 3
gallar 3
gallardear 3
gallear 3
gallofar 3
gallofear 3
galonear 3
galopar 3
galopear 3
galuchar 3
galvanizar 15
gambetear 3
gamitar 3
ganar 3
gandujar 3
gandulear 3
gangrenarse 3
ganguear 3
gansear 3
ganzuar 6
gañir 49
garabatear 3
garantir* **(29) (defect.)** 86
garantizar 15
garapiñar 3
garbar 3
garbear 3
garbillar 3
garfear 3
gargajear 3
gargantear 3
gargarear 3
gargarizar 15
garlar 3
garrafiñar 3
garramar 3
garrapatear 3
garrapiñar 3
garrar 3
garrear 3
garrir 5
garrochar 3
garrochear 3
garrotear 3
garuar **(unipers.)** 6
gasear 3
gasificar 14
gastar 3
gatear 3
gauchear 3
gaviar 11
gavillar 3
gayar 3
gazmiar 11
gaznar 3
geminar 3
gemiquear 3
gemir 53
generalizar 15
generar 3
gentilizar 15
germanizar 15
germinar 3
gestar 3
gestear 3
gesticular 3
gestionar 3
gibar 3
gimotear 3
girar 3
gitanear 3
glasear 3
gloriar **(30)** 13
glorificar 14
glosar 3
glotonear 3
gluglutear 3
gobernar 23
gofrar 3
golear 3
golfear 3
golletear 3
golosear 3
golosinar 3
golosinear 3
golosmear 3
golpear 3
golpetear 3
goncear 3
gongorizar 15
gorbetear 3
gorgojarse 3
gorgorear 3
gorgoritear 3
gorgotear 3
gorjear 3
gormar 3
gorrear 3
gorronear 3
gotear 3
gozar 15
grabar 3
gracejar 3
gradar 3
graduar 6
grajear 3
gramar 3
gramatiquear 3
granar 3
granear 3
granizar **(31)** 15
granjear 3
granular 3
grapar 3
gratar 3

---

(29) **garantir** En América no es defect.

(30) **gloriar** Su acentuación vacila, aunque es más frecuente sin diptongo (*glorío*), también lo podemos encontrar con diptongo (*glorio*) 11

(31) **granizar** En la acepción 'caer granizo' es unipers.

gratificar 14
gratinar 3
gratular 3
gravar 3
gravear 3
gravitar 3
graznar 3
grecizar 15
greguizar 15
grietarse 3
grietearse 3
grifarse 3
grillar 3
grillarse 3
gripar 3
grisear 3
gritar 3
groar 3
gruir 44
grujir 5
gruñir 49
guachapear 3
guachar 3
guachinear 3
guadañar 3
guadrapear 3
gualdrapear 3
guanaquear 3
guantear 3
guapear 3
guaranguear 3
guardar 3
guarecer 52
guarir 5
guarnecer 52
guarnicionar 3
guarnir* **(defect.)** 86
guarrear 3
guasearse 3
guatear 3
guayar 3
guerrear 3
guerrillear 3
guiar 13
guidar 3
guillarse 3
guillotinar 3
guinchar 3
guindar 3
guiñar 3
guipar 3
guisar 3
guitar 3
guitonear 3
guizgar 16
gulusmear 3
gurruñar 3
gusanear 3
gustar 3

H

haber 1
habilitar 3
habitar 3
habituar 6
hablar 3
hacendar 23
hacer* **(part. irreg.)** 43
hachar 3
hachear 3
hacinar 3
hadar 3
halagar 16
halar 3
halconear 3
haldear 3
hallar 3
hamacar 14
hamaquear 3
hambrear 3
haraganear 3
harbullar 3
harinear **(unipers.)** 3
harmonizar 15
harnear 3
haronear 3
harrear 3
hartar* **(part. irreg.)** 3
hastiar 13
hatear 3
hebraizar 82
hechizar 15
heder 39
helar 23
helear 3
helenizar 15
henchir 30
hender 39
hendir 37
henificar 14
heñir 30
herbajar 3
herbajear 3
herbar 23
herbecer 52
herbolar 3
herborizar 15
heredar 3
herir 66
hermanar 3
hermandarse 3
hermanear 3
hermanecer 52
hermetizar 15
hermosear 3
herniarse 11
herrar 23
herretear 3
herrumbrar 3
herventar 3
hervir 66
hesitar 3
hibernar 3
hidratar 3
higienizar 15
hijear 3
hilar 3
hilvanar 3
himpar 3
himplar 3
hincar 14
hinchar 3
hipar 3
hiperbolizar 15
hiperestesiar 11
hipertrofiarse 11
hipnotizar 15
hipotecar 14
hirmar 3
hisopear 3
hispanizar 15
hispir 5
historiar **(32)** 11

---

(32) **historiar** Su acentuación vacila, aunque es más frecuente con diptongo (*historio*), también lo podemos encontrar sin diptongo (*historío*) 13

hitar 3
hocicar 14
hociquear 3
hojaldrar 3
hojear 3
holear 3
holgar 77
holgazanear 3
hollar 32
hollinar 3
hombrear 3
homenajear 3
homogeneizar 15
homologar 16
hondear 3
honestar 3
honorar 3
honrar 3
hoparse 3
hopear 3
horadar 3
hormiguear 3
hormiguillar 3
hornaguear 3
hornear 3
horquillar 3
horrar 3
horrear 3
horripilar 3
horrorizar 15
hospedar 3
hospitalizar 15
hostigar 16
hostilizar 15
hoyar 3
hozar 15
huachar 3
huaquear 3
huchear 3
huevar 3
hueviar 11
huir 44
humanar 3
humanizar 15
humar 3
humear 3
humectar 3
humedecer 52
humidificar 14
humillar 3
hundir 5
huracanarse 3
hurgar 16
hurgonear 3
hurguetear 3
huronear 3
hurtar 3
husmear 3

I

idealizar 15
idear 3
identificar 14
idiotizar 15
idolatrar 3
ignorar 3
igualar 3
ijadear 3
ilegitimar 3
iludir 5
iluminar 3
ilusionar 3
ilustrar 3
imaginar 3
imanar 3
imantar 3
imbricar 14
imbuir 44
imbunchar 3
imitar 3
impacientar 3
impactar 3
impartir 5
impedir 53
impeler 4
impelir 5
impender 4
imperar 3
impermeabilizar 15
impersonalizar 15
impetrar 3
implantar 3
implar 3
implementar 3
implicar 14
implorar 3
imponer 57
importar 3
importunar 3
imposibilitar 3
impostar 3
imprecar 14
impregnar 3
imprentar 3
impresionar 3
imprimar 3
imprimir* **(dos part.)** 5
improbar 32
improperar 3
improvisar 3
impugnar 3
impulsar 3
impurificar 14
imputar 3
inaugurar 3
incapacitar 3
incardinar 3
incautarse 12
incendiar 11
incensar 23
incentivar 3
incidir 5
incinerar 3
incitar 3
inclaustrar 12
inclinar 3
incluir* **(dos part.)** 44
incoar* **(defect.)** 3
incomodar 3
incomunicar 14
incordiar 11
incorporar 3
incrasar 3
incrementar 3
increpar 3
incriminar 3
incrustar 3
incubar 3
inculcar 14
inculpar 3
incumbir* **(defect.)** 5
incumplir 5
incurrir* **(dos part.)** 5
incursionar 3
incusar 3
indagar 16
indemnizar 15
independizar 15
indexar 3
indicar 14
indiciar 11
indigestarse 3

(33) invernar Se emplea más como reg. 3
(34) jarrear En la acepción 'llover copiosamente' es unipers.

languidecer................52
lanzar 15
lañar 3
lapidar..........................3
lapidificar 14
lapizar.........................15
laquear 3
lardar...........................3
lardear.........................3
largar..........................16
lascar..........................14
lastar 3
lastimar 3
lastrar 3
latear 3
lateralizar 15
laterizar......................15
latiguear 3
latinar 3
latinear 3
latinizar......................15
latir 5
latrocinar......................3
laucar 3
laudar 12
laurear..........................3
lavar 3
lavotear........................3
laxar 3
layar 3
lazar 15
lear 3
lechar 3
lechucear 3
leer 33
legajar 3
legalizar......................15
legar 16
legislar.........................3
legitimar 3
legrar...........................3
lejar 3
lengüear 3
lengüetear....................3
lenificar......................14
lenizar........................15
lentecer......................52
lentificar 14
leñar 3
lerdear..........................3
lesear...........................3
lesionar 3
letificar 14
letrear 3
leudar 3
levantar........................3
levar 3
levigar........................16
levitar 3
liar 13
libar.............................3
libelar 3
liberalizar 15
liberar 3
libertar.........................3
librar 3
librear 3
licenciar 11
licitar 3
licuar **(35)** 9
licuefacer* **(part. irreg.)**..65
liderar 3
lidiar 11
ligar 16
ligerear 3
lignificar 14
lijar 3
lilequear 3
liliquear........................3
limar 3
limitar 3
limosnear 3
limpiar........................11
lincear 3
linchar..........................3
lindar...........................3
linear 3
liofilizar.....................15
liquidar 3
lisiar...........................11
lisonjar 3
lisonjear 3
listar 3
listonar 3
litar 3
litigar.........................16
litografiar...................13
liudar............................3
lividecer 52
lixiviar 13
lizar 15
llagar 16
llamar 3
llamear 3
llanear 3
llapar 3
llauquearse 3
llavear 3
llegar 16
llenar 3
lleudar..........................3
llevar 3
llorar 3
lloriquear 3
llover **(36)** 48
lloviznar **(unipers.)** 3
lluviar 11
loar 3
lobear 3
lobreguecer...............52
localizar.....................15
logar 16
lograr...........................3
logrear..........................3
lombardear 3
lomear..........................3
lonchar 3
lonjear..........................3
loquear 3
losar 3
lotear...........................3
lozanear 3
lubricar 14
lubrificar 14
luchar 3
lucir 47
lucrar...........................3
lucubrar 3
ludir..............................5
luir..............................44
lujar 3
lujuriar.......................11
lustrar 3
lustrear 3

(35) licuar La RAE admite también la conjugación sin diptongo (*licúo*) 6
(36) llover En la acepción 'caer agua de las nubes' es unipers.

M

macadamizar ... 15
macanear ... 3
macar ... 14
macear ... 3
macerar ... 3
machacar ... 14
machar ... 3
machear ... 3
machetear ... 3
machihembrar ... 3
machucar ... 14
macizar ... 15
macollar ... 3
macular ... 3
maderar ... 3
madrearse ... 3
madrigalizar ... 15
madrugar ... 16
madurar ... 3
maestralizar ... 15
maestrear ... 3
magancear ... 3
magnetizar ... 15
magnificar ... 14
magostar ... 3
magrear ... 3
maguarse ... 9
magullar ... 3
maherir ... 5
mahometizar ... 15
majadear ... 3
majaderear ... 3
majar ... 3
malacostumbrar ... 3
malbaratar ... 3
malcasar ... 3
malcomer ... 4
malcriar ... 13
maldecir* **(dos part.)** ... 27
malear ... 3
maleducar ... 14
maleficiar ... 11
malgastar ... 3
malherir ... 66
maliciar ... 11
malignar ... 3
malinterpretar ... 3
mallar ... 3
malmeter ... 4
malograr ... 3
malparar ... 3
malparir ... 5
malquerer* **(dos part.)** ... 59
malquistar ... 3
malrotar ... 3
maltraer ... 69
maltratar ... 3
malvar ... 3
malvender ... 4
malversar ... 3
malvezar ... 15
mamar ... 3
mamonear ... 3
mampostear ... 3
mampresar ... 3
mamujar ... 3
mamullar ... 3
manar ... 3
mancar ... 14
manchar ... 3
mancillar ... 3
mancipar ... 3
mancomunar ... 3
mancornar ... 32
mandar ... 3
mandilar ... 3
manducar ... 14
manear ... 3
manejar ... 3
manganear ... 3
mangar ... 16
mangonear ... 3
manguear ... 3
maniatar ... 3
manifestar* **(dos part.)** ... 23
maniobrar ... 3
manipular ... 3
manir* **(defect.)** ... 86
manjolar ... 3
manobrar ... 3
manojear ... 3
manosear ... 3
manotear ... 3
manquear ... 3
mantear ... 3
mantener ... 68
mantornar ... 3
manufacturar ... 3
manumitir* **(dos part.)** ... 5
manuscribir* **(part. irreg.)** ... 5
manutener ... 68
mañanear ... 3
mañear ... 3
mañosear ... 3
maquear ... 3
maquilar ... 3
maquillar ... 3
maquinar ... 3
marañar ... 3
maravillar ... 3
marcar ... 14
marcear ... 3
marchamar ... 3
marchar ... 3
marchitar ... 3
marear ... 3
margar ... 16
margenar ... 3
marginar ... 3
margullar ... 3
maridar ... 3
marinar ... 3
marinear ... 3
mariposear ... 3
mariscar ... 14
marmotear ... 3
maromear ... 3
marramizar ... 15
marranear ... 3
marrar ... 3
marrear ... 3
martajar ... 3
martillar ... 3
martillear ... 3
martirizar ... 15
masacrar ... 3
masar ... 3
mascar ... 14
mascujar ... 3
mascullar ... 3
masificar ... 14
masticar ... 14
mastigar ... 16
masturbar ... 3
mataperrear ... 3
matar ... 3
matear ... 3
materializar ... 15
maternizar ... 15
matizar ... 15
matraquear ... 3

matrerear 3
matricular 3
matrimoniar 11
matutear 3
maular 12
maulear 3
maullar 8
maximizar 15
mayar 3
mayear 3
mayordomear 3
mazar 15
maznar 3
mazonar 3
mear 3
mecanizar 15
mecanografiar 13
mecer 19
mechar 3
mechificar 14
mechonear 3
mediar 11
mediatizar 15
medicar 14
medicinar 3
medir 53
meditar 3
medrar 3
mejorar 3
melancolizar 15
melar 23
melgar 16
melificar 14
melindrear 3
melindrizar 15
mellar 3
memorar 3
memorizar 15
menar 3
mencionar 3
mendigar 16
menear 3
menequear 3
menguar 9
menoscabar 3
menospreciar 11
menstruar 6
mensurar 3
mentalizar 15
mentar **(37)** 23
mentir 66
menudear 3
merar 3
mercadear 3
mercantilizar 15
mercar 14
mercerizar 15
merecer 52
merendar 23
merengar 16
mermar 3
merodear 3
mesar 3
mestizar 15
mesurar 3
metaforizar 15
metalizar 15
metamorfosear 3
metatizar 15
meteorizar 15
meter 4
metodizar 15
metrificar 14
meucar 14
mezclar 3
mezquinar 3
miañar 3
miar 13
microfilmar 3
migar 16
miguelear 3
milagrear 3
militar 3
militarizar 15
milpear 3
mimar 3
mimbrar 3
mimbrear 3
mimeografiar 13
minar 3
mineralizar 15
miniar 11
miniaturizar 15
minimizar 15
ministrar 3
minorar 3
minusvalorar 3
minutar 3
mirar 3
mirificar 14
mirlarse 3
misar 3
miserear 3
misionar 3
mistar 3
mistificar 14
misturar 3
mitificar 14
mitigar 16
mitrar 3
mixtificar 14
mixturar 3
moblar 32
mocar 14
mocear 3
mochar 3
mocionar 3
modelar 3
moderar 3
modernizar 15
modificar 14
modorrar 3
modular 3
mofar 3
mogollar 3
mohatrar 3
mohecer 52
mohosearse 3
mojar 3
mojonar 3
molar 3
moldar 3
moldear 3
moldurar 3
moler 48
molestar 3
molificar 14
molinetear 3
mollear 3
mollificar 14
molliznar **(unipers.)** 3
molliznear **(unipers.)** 3
molturar 3
momear 3
momificar 14
mondar 3
monear 3

---

(37) **mentar** Es muy frecuente su uso como regular 3

N

Ñ

---

(38) nevar En la acepción 'caer nieve' es unipers.

ñapear 3
ñequear 3

O

obcecar 14
obedecer 52
obispar 3
objetar..........................3
objetivar 3
oblicuar........................9
obligar........................16
obliterar 3
obnubilar 3
obrar 3
obscurecer 52
obsequiar 11
observar 3
obsesionar 3
obstaculizar................15
obstar 3
obstinarse 3
obstruir 44
obtemperar 3
obtener 68
obturar 3
obviar 11
ocalear 3
ocasionar 3
ochavar 3
ociar 11
ocluir..........................44
octavar 3
octuplicar 14
ocultar..........................3
ocupar..........................3
ocurrir 5
odiar 11
ofender 4
ofertar 3
oficializar 15
oficiar 11
ofrecer........................52
ofrendar 3
ofuscar 14
oír 50
ojalar 3
ojear 3
ojetear 3
olear 3
oler 51
olfatear 3
oliscar 14
olismear 3
olisquear 3
olivar............................3
olivarse 3
olorizar 15
olvidar..........................3
ominar..........................3
omitir 5
oncear 3
ondear..........................3
ondular 3
onecer 52
opacar 14
opalizar 15
operar 3
opilar............................3
opinar 3
oponer 57
opositar 3
oprimir* **(part. irreg.)** 5
oprobiar 11
oprobriar....................11
optar 3
optimar 3
optimizar....................15
opugnar 3
orar 3
ordenar 3
ordeñar 3
orear 3
orejear..........................3
organizar....................15
orientar 3
orificar........................14
originar 3
orillar............................3
orinar 3
orlar..............................3
ornamentar 3
ornar 3
ornear 3
orquestar......................3
orvallar **(unipers.)** 3
orzar 15
osar 3
oscilar 3
oscurecer **(39)** 52
osear 3
osificarse 14
ostentar 3
otear 3
otilar 3
otoñar 3
otorgar 16
ovacionar 3
ovalar 3
ovar..............................3
ovillar 3
ovular 3
oxear 3
oxidar 3
oxigenar 3

P

pablar 3
pacer 52
pacificar 14
pactar 3
padecer 52
padrear 3
paganizar 15
pagar* **(dos part.)** 16
paginar 3
pairar..........................10
pajarear 3
pajear 3
paladear 3
palanquear 3
palatalizar 15
palatizar 15
palear 3
palenquear 3
paletear 3
paliar **(40)** 11
palidecer 52
paliquear......................3
pallaquear....................3

---

(39) **oscurecer** En la acepción 'anochecer' es unipers.

(40) **paliar** Su acentuación vacila, aunque es más frecuente con diptongo (*palio*), también lo podemos encontrar sin diptongo (*palío*) 13

pallar....3
palmar....3
palmear....3
palmotear....3
palomear....3
palotear....3
palpar....3
palpitar....3
pampear....3
panadear....3
pandear....3
panderetear....3
panegirizar....15
panificar....14
papachar....3
papar....3
papelear....3
papelonear....3
paporrear....3
paporretear....3
paquear....3
parabolizar....15
parafrasear....3
paragonar....3
parahusar....3
paralelar....3
paraliticarse....14
paralizar....15
paralogizar....15
paramentar....3
parangonar....3
parapetarse....3
parar....3
parasitar....3
parcelar....3
pardear....3
parear....3
parecer....52
parificar....14
parir....5
parlamentar....3
parlar....3
parlotear....3
parodiar....11
parpadear....3
parpar....3
parrafear....3
parrandear....3
parrar....3
partear....3
participar....3
particularizar....15
partir....5
parvificar....14
pasamanar....3
pasaportar....3
pasar....3
pascar....14
pasear....3
pasmar....3
pasquinar....3
pastar....3
pastear....3
pastelear....3
pasterizar....15
pasteurizar....15
pastorear....3
patalear....3
patear....3
patentar....3
patentizar....15
patinar....3
patiquebrar....23
patrocinar....3
patronear....3
patrullar....3
patullar....3
paular....12
pausar....12
pautar....12
pavimentar....3
pavonar....3
pavonear....3
pavordear....3
payar....3
pecar....14
pechar....3
pecorear....3
pedalear....3
pedantear....3
peder....4
pedir....53
pedorrear....3
peer....33
pegar....16
pegotear....3
peguntar....3
peinar....3
pelambrar....3
pelar....3
pelear....3
pelechar....3
peligrar....3
pellizcar....14
pelotear....3
penar....3
pendenciar....11
pender....4
pendonear....3
penetrar....3
penitenciar....11
pensar....23
pensionar....3
peraltar....3
percatar....3
perchar....3
perchonar....3
percibir....5
percudir....5
percutir....5
perder....39
perdigar....16
perdonar....3
perdurar....3
perecear....3
perecer....52
peregrinar....3
perennizar....15
perfeccionar....3
perfilar....3
perforar....3
perfumar....3
perfumear....3
pergeñar....3
periclitar....3
perifonear....3
perifrasear....3
perjudicar....14
perjurar....3
perlar....3
perlongar....16
permanecer....52
permitir....5
permutar....3
pernear....3
perniquebrar....23
pernoctar....3
pernotar....3
perorar....3
perpetrar....3
perpetuar....6
perquirir....24
perseguir....84

perseverar....................3
persignar.....................3
persistir.......................5
personalizar 15
personarse 3
personificar................14
persuadir.....................5
pertenecer..................52
pertrechar...................3
perturbar.....................3
pervertir 66
pervivir 5
pervulgar....................16
pesar 3
pescar 14
pescudar 3
pesiar 11
pespuntar 3
pespuntear 3
pesquisar 3
pestañear 3
petar 3
petardear......................3
petrificar 14
petrolear 3
piafar...........................3
pialar...........................3
piar 13
picanear 3
picar 14
picardear......................3
picarizar 15
pichulear......................3
picotear........................3
pifiar 11
pigmentar 3
pignorar 3
pilar.............................3
pillar 3
pillear 3
pilotar 3
pilotear 3
pimplar 3
pimpollear 3
pimpollecer................52
pincelar........................3
pinchar 3
pindonguear................3
pingar 16
pinjar............................3
pintar...........................3
pintarrajar 3
pintarrajear 3
pintear..........................3
pintiparar 3
pintonear 3
pintorrear 3
pinzar 15
piñonear 3
piolar...........................3
pipar 3
pipetear........................3
pipiar.........................11
pirar 3
piratear 3
pircar..........................14
piropear 3
pirquinear....................3
pirrarse 3
piruetear 3
pisar 3
pisonear 3
pisotear 3
pistar 3
pitar.............................3
pitorrearse....................3
piular...........................3
pivotar..........................3
pizcar 14
placear 3
placer 54
plagar 16
plagiar........................11
planchar 3
planchear 3
planear 3
planificar....................14
plantar..........................3
plantear........................3
plantificar 14
plantillar 3
plañir..........................49
plasmar 3
plastecer 52
plastificar 14
platear..........................3
platicar 14
platinar 3
plegar **(41)** 83
pleitear 3
plisar 3
plomar 3
plomear........................3
plumear........................3
pluralizar....................15
poblar 32
pobretear 3
podar 3
poder 55
podrecer 52
podrir 56
poetizar......................15
polarizar 15
polcar 14
polemizar 15
policromar 3
polimerizar 15
polinizar 15
politiquear 3
politizar......................15
pololear........................3
poltronizarse.............15
polvificar....................14
polvorear 3
polvorizar 15
pompear 3
pomponearse 3
ponderar 3
poner* **(part. irreg.)** 57
pontear 3
pontificar....................14
popar 3
popularizar 15
pordiosear...................3
porfiar 13
porfirizar 15
pormenorizar 15
porrear 3
portar 3
portazgar...................16
portear 3
posar 3
poseer* **(dos part.)** 33
posesionar 3
posibilitar 3
posicionar....................3
positivar 3

---

(41) plegar También se usa como reg., sin diptongo 3

posponer ... 57
postergar ... 16
postilar ... 3
postinear ... 3
postrar ... 3
postular ... 3
potabilizar ... 15
potar ... 3
potenciar ... 11
potrear ... 3
poyar ... 3
practicar ... 14
prear ... 3
prebendar ... 3
precaucionarse ... 3
precautelar ... 3
precaver ... 4
preceder ... 4
preceptuar ... 6
preciar ... 11
precintar ... 3
precipitar ... 3
precisar ... 3
preconcebir ... 53
preconizar ... 15
preconocer ... 52
predecir **(42)** ... 35
predefinir ... 5
predestinar ... 3
predeterminar ... 3
predicar ... 14
predisponer ... 57
predominar ... 3
preelegir* **(dos part.)** ... 79
preexistir ... 5
prefabricar ... 14
preferir ... 66
prefigurar ... 3
prefijar ... 3
prefinir ... 5
pregonar ... 3
preguntar ... 3
pregustar ... 3
prejuzgar ... 16
prelucir ... 47
preludiar ... 11
premeditar ... 3
premiar ... 11
premorir* **(part. irreg.)** ... 38
premostrar ... 32
prendar ... 3
prender* **(dos part.)** ... 4
prenotar ... 3
prensar ... 3
prenunciar ... 11
preñar ... 3
preocupar ... 3
preordinar ... 3
preparar ... 3
preponderar ... 3
preponer ... 57
preposterar ... 3
presagiar ... 11
prescindir ... 5
prescribir* **(part. irreg.)** ... 5
presenciar ... 11
presentar ... 3
presentir ... 66
preservar ... 3
presidiar ... 11
presidir ... 5
presionar ... 3
prestar ... 3
prestigiar ... 11
presumir* **(dos part.)** ... 5
presuponer ... 57
presupuestar ... 3
presurizar ... 15
pretender* **(dos part.)** ... 4
preterir* **(defect.)** ... 87
pretermitir ... 5
preternaturalizar ... 15
pretextar ... 3
prevalecer ... 52
prevaler ... 70
prevaricar ... 14
prevenir ... 71
prever ... 72
primar ... 3
primearse ... 3
primorear ... 3
principiar ... 11
pringar ... 16
privar ... 3
privatizar ... 15
privilegiar ... 11
probar ... 32
proceder ... 4
procesar ... 3
proclamar ... 3
procrastinar ... 3
procrear ... 3
procurar ... 3
prodigar ... 16
producir* **(dos part.)** ... 31
proejar ... 3
profanar ... 3
profazar ... 15
proferir ... 66
profesar ... 3
profesionalizar ... 15
profetizar ... 15
profundar ... 3
profundizar ... 15
programar ... 3
progresar ... 3
prohibir ... 58
prohijar ... 7
proliferar ... 3
prolijear ... 3
prologar ... 16
prolongar ... 16
promanar ... 3
promediar ... 11
prometer ... 4
promiscuar **(43)** ... 9
promocionar ... 3
promover ... 48
promulgar ... 16
pronosticar ... 14
pronunciar ... 11
propagar ... 16
propalar ... 3
propasar ... 3
propender* **(dos part.)** ... 4
propiciar ... 11
propinar ... 3
proponer ... 57

---

(42) **predecir** Las formas del futuro de indicativo y del condicional aparecen frecuentemente como regulares (*predeciré, predeciría*).

(43) **promiscuar** La RAE admite también la conjugación sin diptongo (promiscúo) ... 6

proporcionar................3
propugnar....................3
propulsar 3
prorratear 3
prorrogar....................16
prorrumpir 5
proscribir* (part. irreg.)....5
proseguir....................84
prosificar....................14
prospectar....................3
prosperar 3
prosternarse 3
prostituir* (dos part.)....44
protagonizar 15
proteger 21
protestar 3
protocolar....................3
protocolizar 15
proveer* (dos part.)......33
provenir 71
proverbiar..................11
providenciar 11
provistar 3
provocar 14
proyectar......................3
prudenciarse..............11
psicoanalizar..............15
puar..............................6
pubescer 52
publicar......................14
pudelar 3
pudrir 56
puentear 3
pugnar 3
pujar 3
pulimentar 3
pulir 5
pulsar 3
pulsear 3
pulular 3
pulverizar 15
punchar........................3
puncionar 3
pungir 22
punir 5
puntar 3
puntear 3
puntisecar 14
puntualizar 15
puntuar 6
punzar........................15

pupar 3
purear 3
purgar 16
purificar 14
purpurar 3
purpurear 3
putañear 3
putear 3
puyar............................3

Q

quebrajar......................3
quebrantar 3
quebrar 23
quebrazar 15
quedar..........................3
quejar 3
quejumbrar 3
quemar 3
querellarse 3
querer 59
querochar 3
quesear 3
quietar..........................3
quilatar 3
quilificar 14
quillotrar 3
quimerear 3
quimerizar..................15
quimificar 14
quinchar 3
quinolear 3
quintaesenciar 11
quintar 3
quintuplicar 14
quistarse 3
quitar............................3

R

rabear 3
rabiar..........................11
rabiatar 3
rabilar 3
rabosear 3
rabotear........................3
racanear 3
rachar 3
rachear 3
racimar 3

raciocinar 3
racionalizar 15
racionar........................3
radiar..........................11
radicalizar 15
radicar 14
radiodifundir................5
radiografiar 13
radiotelegrafiar 13
raer 60
rafear............................3
rajar..............................3
ralbar............................3
ralear............................3
ralentizar....................15
rallar 3
ramalear 3
ramificar 14
ramonear 3
rampar 3
rancar 14
ranchear 3
ranciar........................11
rapar 3
rapiñar 3
raposear 3
raptar............................3
rapuzar 15
raquear 3
rarear............................3
rarefacer* (part. irreg.) ..65
rarificar 14
rasar 3
rasarse..........................3
rascar..........................14
rascuñar 3
rasgar 16
rasguear 3
rasguñar 3
rasmillar 3
raspahilar 7
raspar 3
raspear 3
rasquetear....................3
rastillar 3
rastrallar 3
rastrar 3
rastrear 3
rastrillar........................3
rastrojar........................3
rastrojear......................3

rasurar 3
ratear 3
ratificar 14
ratigar 16
ratinar 3
ratonar 3
rayar 3
razonar 3
reabrir* **(part. irreg.)** 5
reabsorber 4
reaccionar 3
reactivar 3
reacuñar 3
readaptar 3
readmitir 5
readquirir 24
reafirmar 3
reagravar 3
reagrupar 3
reagudizar 15
reajustar 3
realegrarse 3
realizar 15
realquilar 3
realzar 15
reamar 3
reanimar 3
reanudar 3
reaparecer 52
reapretar 23
rearar 3
reargüir 44
rearmar 3
reasumir* **(dos part.)** 5
reatar 3
reaventar 3
reavivar 3
rebajar 3
rebalgar 16
rebalsar 3
rebanar 3
rebanear 3
rebañar 3
rebasar 3
rebatir 5
rebautizar 15
rebelarse 3
rebinar 3
rebitar 3
reblandecer 52
reblar 3
rebobinar 3
rebombar 3
reboñar 3
rebordear 3
rebosar 3
rebotar 3
rebozar 15
rebramar 3
rebrincar 14
rebrotar 3
rebudiar 11
rebufar 3
rebujar 3
rebullir 49
rebumbar 3
reburujar 3
rebuscar 14
rebutir 5
rebuznar 3
recabar 3
recadar 3
recaer 29
recalar 3
recalcar 14
recalcificar 14
recalcitrar 3
recalentar 23
recalzar 15
recamar 3
recambiar 11
recapacitar 3
recapitular 3
recargar 16
recatar 3
recatear 3
recatonear 3
recauchar 12
recauchutar 3
recaudar 12
recavar 3
recebar 3
recechar 3
recejar 3
recelar 3
recentar 23
receñir 30
receptar 3
recercar 14
recesar 3
recetar 3
rechazar 15
rechiflar 3
rechinar 3
rechistar 3
recibir 5
reciclar 3
recidivar 3
recinchar 3
reciprocar 14
recitar 3
reclamar 3
reclinar 3
recluir* **(dos part.)** 44
reclutar 3
recobrar 3
recocer 76
recochinearse 3
recodar 3
recoger 21
recolar 32
recolectar 3
recolegir 79
recomendar 23
recomenzar 81
recomerse 4
recompensar 3
recomponer 57
reconcentrar 3
reconciliar **(44)** 11
reconcomerse 4
recondenar 3
reconducir 31
reconfortar 3
reconocer 52
reconquistar 3
reconsiderar 3
reconstituir 44
reconstruir 44
recontar 32
reconvalecer 52
reconvenir 71
reconvertir 66
recopilar 3

---

(44) reconciliar Su acentuación vacila, aunque es más frecuente con diptongo (*reconcilio*), también lo podemos encontrar sin diptongo (*reconcilío*) 13

recordar 32
recorrer 4
recortar 3
recorvar........................3
recoser 4
recostar 32
recovar 3
recrear..........................3
recrecer......................52
recriar 13
recriminar 3
recrudecer..................52
recrujir..........................5
recruzar......................15
rectar 3
rectificar 14
rectorar 3
recuadrar......................3
recubrir* **(part. irreg.)** 5
recudir..........................5
recuestar 3
recular 3
recuñar 3
recuperar 3
recurar..........................3
recurrir 5
recusar 3
redactar 3
redar 3
redargüir 44
redecir........................35
redescontar 32
redhibir 5
rediezmar 3
redilar 3
redilear 3
redimir 5
redistribuir 44
redituar 6
redoblar 3
redoblegar 16
redolar 3
redondear 3
redorar 3
redrojar 3
reducir........................31
redundar 3
reduplicar 14
reedificar....................14
reeditar 3
reeducar 14
reelegir* **(dos part.)** 79
reembarcar 14
reembolsar 3
reemplazar 15
reemprender................4
reencarnar....................3
reencauchar 12
reencontrar 32
reencuadernar 3
reenganchar 3
reengendrar 3
reensayar 3
reenviar......................13
reenvidar......................3
reestrenar 3
reestructurar 3
reexaminar 3
reexpedir 53
reexportar 3
refaccionar 3
refacer........................65
refeccionar 3
referir 66
refertar 3
refigurar 3
refinar 3
refirmar 3
refitolear 3
reflectar........................3
reflejar..........................3
reflexionar 3
reflorecer 52
reflotar 3
refluir 44
refocilar........................3
reforestar......................3
reformar 3
reforzar 75
refractar........................3
refregar 83
refreír* **(dos part.)** 61
refrenar 3
refrendar 3
refrescar 14
refrigerar......................3
refringir 22
refugiar 11
refulgir 22
refundir 5
refunfuñar....................3
refutar 3
regabinar......................3
regacear 3
regalar..........................3
regañar 3
regañir..........................5
regar 83
regatear........................3
regatonear....................3
regazar 15
regenerar 3
regentar........................3
regentear......................3
regimentar..................23
regir 79
registrar........................3
reglamentar..................3
reglar............................3
regletear 3
regocijar 3
regodearse 3
regoldar......................32
regolfar 3
regostarse 3
regraciar 11
regresar........................3
regruñir 5
reguilar 3
regular..........................3
regularizar..................15
regurgitar 3
rehabilitar 3
rehacer 43
rehartar 3
rehelear........................3
rehenchir....................30
reherir 66
reherrar 23
rehervir 66
rehilar 3
rehogar 16
rehollar 32
rehoyar 3
rehuir 44
rehumedecer 52
rehundir 5
rehurtarse 3
rehusar 3
reilar 3
reimplantar 3
reimportar....................3
reimprimir* **(dos part.)** 5

---

(45) relampaguear En la acepción 'haber relámpagos' es unipers.

(46) repatriar Su acentuación vacila, aunque es más frecuente sin diptongo (*repatrío*), también lo podemos encontrar con diptongo (*repatrio*) 11

replegar (47) 83
repletar 3
replicar 14
repoblar 32
repodar 3
repodrir........................5
repollar 3
reponer 57
reportar........................3
reportear 3
reposar 3
repostar........................3
repoyar 3
repreguntar..................3
reprehender 4
reprender 4
represar........................3
representar 3
reprimir........................5
reprivatizar 15
reprobar 32
reprochar 3
reproducir..................31
repropiarse 11
reptar 3
repuchar 3
repudiar 11
repudrir........................5
repugnar 3
repujar..........................3
repulgar 16
repulir 5
repulsar........................3
repuntar 3
repurgar 16
reputar 3
requebrar 23
requemar 3
requerir 66
requintar 3
requisar........................3
requisicionar................3
resaber 63
resabiar 11
resacar........................14
resalir 64
resallar 3
resaltar 3
resaludar......................3
resanar 3
resarcir 20
resbalar........................3
rescaldar 3
rescatar 3
rescindir 5
rescoldar......................3
rescontrar 32
rescribir* (part. irreg.) 5
resecar........................14
resegar 83
reseguir......................84
resellar 3
resembrar 23
resentirse....................66
reseñar 3
reservar........................3
resfriar........................13
resguardar....................3
residenciar 11
residir 5
resignar........................3
resinar..........................3
resinificar 14
resisar 3
resistir 5
resobar 3
resobrar........................3
resollar 32
resolver* (part. irreg.)....48
resonar 32
resondrar 3
resoplar........................3
resorber........................4
respahilar 7
respaldar......................3
respectar 3
respeluzar 15
respetar........................3
respigar 16
respingar....................16
respirar 3
resplandecer..............52
responder (48)..............4
responsabilizar 15
responsar 3
responsear 3
resquebrajar 3
resquebrar..................23
resquemar....................3
resquilar 3
restablecer 52
restallar 3
restampar 3
restañar 3
restar 3
restaurar 12
restear 3
restituir 44
restregar 83
restribar........................3
restringir 22
restriñir 5
resucitar 3
resudar 3
resultar 3
resumir 5
resurgir 22
resurtir..........................5
retacar 14
retacear 3
retajar 3
retallar..........................3
retallecer 52
retar..............................3
retardar 3
retasar 3
retazar 15
retejar 3
retejer 4
retemblar....................23
retemplar 3
retener........................68
retentar 23
reteñir* (dos part.)........30
retesar 3

(47) **replegar** También se usa como reg., sin diptongo 3

(48) **responder** En la acepción 'replicar a los requerimientos o afirmaciones de otro' conserva también su pret. perfecto simple originario irreg., que coincide con el de *reponer* (*repuse, repusiste, repuso* ...), junto con las formas reg. (*respondí, respondiste, respondió* ...).

retestinar 3
retinar 3
retinglar....................3
retiñir 5
retirar 3
retobar 3
retocar....................14
retomar 3
retoñar 3
retoñecer....................52
retorcer* **(dos part.)**......76
retoricar....................14
retornar....................3
retortijar 3
retostar 32
retozar....................15
retractar....................3
retraducir 31
retraer 69
retrancar 14
retranquear....................3
retransmitir 5
retrasar 3
retratar 3
retrechar 3
retreparse 3
retribuir....................44
retrillar 3
retrocar 85
retroceder 4
retrogradar 3
retronar....................32
retrotraer....................69
retrovender....................4
retrucar 14
retumbar....................3
retundir....................5
reunificar....................14
reunir 5
reuntar 3
revacunar 3
revalidar 3
revalorizar....................15
revaluar....................6
revejecer 52
revelar....................3
reveler....................4
revenar 3
revender 4
revenir....................71
reventar....................23
rever 72
reverberar....................3
reverdecer....................52
reverenciar 11
reverter 39
revertir 66
revesar 3
revestir 53
revezar 15
revidar....................3
revigorizar....................15
revinar....................3
revindicar 14
revirar 3
revisar 3
revistar 3
revitalizar 15
revivificar 14
revivir 5
revocar 14
revolar....................32
revolcar....................85
revolear....................3
revoletear 3
revolotear 3
revolucionar 3
revolver* **(part. irreg.)** 48
revotarse 3
reyar 3
reyertar 3
reyunar 3
rezagar 16
rezar 15
rezondrar 3
rezongar 16
rezonglar....................3
rezumar....................3
rezurcir 20
ribetear 3
ridiculizar 15
rielar 3
rifar 3
rilar 3
rimar 3
rimbombar 3
ringar....................16
ringletear....................3
riostrar....................3
ripiar 11
riscar 14
risotear 3
rispar....................3
ritmar 3
rivalizar 15
rizar....................15
robar 3
roblar 3
roblonar 3
roborar 3
robrar 3
robustecer....................52
rochar 3
rociar **(49)** 13
rodajear....................3
rodar 32
rodear 3
rodrigar....................16
roer 62
rogar 77
rojear....................3
rolar....................3
roldar 3
rollar 3
romadizarse 3
romanar 3
romancear....................3
romanear 3
romanizar 15
romanzar....................15
romper* **(part. irreg.)** 4
roncar 14
roncear 3
ronchar 3
rondar 3
ronquear 3
ronronear 3
ronzar 15
roñar 3
rorar 3
rosar **(unipers.)** 3
rosarse....................3
roscar 14
rosear 3
rosigar....................16
rosquear 3
rostir 5

---

(49) rociar En la acepción ‘caer sobre la tierra el rocío’ es unipers.

rotar	3
rotular	3
roturar	3
rozar	15
roznar	3
ruar	6
rubificar	14
ruborizar	15
rubricar	14
rucar	14
ruchar	3
rufianear	3
rugar	16
rugir	22
ruinar	3
rujiar	11
rular	3
rumbar	3
rumbear	3
rumiar	11
rumorar	3
rumorear	3
runflar	3
runrunear	3
ruñar	3
rusentar	3
rusificar	14
rusticar	14
rustir	5
rustrir	5
rutar	3
rutilar	3

S

sabanear	3
sabatizar	15
saber	63
sablear	3
saborear	3
saborgar	16
sabotear	3
saburrar	3
sacar	14
sacarificar	14
sachar	3
saciar	11
sacralizar	15
sacramentar	3
sacrificar	14
sacudir	5
saetar	3
saetear	3
safar	3
sahornarse	3
sahumar	3
sainar	7
sainetear	3
sajar	3
sajelar	3
salabardear	3
salar	3
salariar	11
salcochar	3
saldar	3
salearse	3
salegar	16
salgar	16
salificar	14
salir	64
salivar	3
sallar	3
salmar	3
salmear	3
salmodiar	11
salmuerarse	3
salomar	3
salpicar	14
salpimentar	23
salpresar* **(dos part.)**	3
salpullir	5
salsamentar	3
salsear	3
saltar	3
saltear	3
saludar	3
salvaguardar	3
salvar* **(dos part.)**	3
sambenitar	3
samurrar	3
sanar	3
sancionar	3
sancochar	3
sandunguear	3
sanear	3
sangrar	3
sangrentar	3
sanguificar	14
sanjar	3
santificar	14
santiguar	9
saponificar	14
saquear	3
sargentear	3
sarmentar	23
sarpullir	5
sarracear **(unipers.)**	3
satinar	3
satirizar	15
satisfacer* **(part. irreg.)**	65
saturar	3
sazonar	3
secar	14
seccionar	3
secrestar	3
secretar	3
secretear	3
secuenciar	11
secuestrar	3
secularizar	15
secundar	3
sedar	3
sedear	3
sedimentar	3
seducir	31
seer	4
segar	83
segmentar	3
segregar	16
seguetear	3
seguir	84
segundar	3
segurar	3
seisavar	3
seleccionar	3
sellar	3
semblantear	3
semblar	23
sembrar	23
semejar	3
sementar	23
senderar	3
senderear	3
sensibilizar	15
sentar	23
sentenciar	11
sentir	66
señalar	3
señalizar **(unipers.)**	15
señar	3
señolear	3
señorear	3
separar	3

sepelir* **(dos part.)**..........5
septuplicar 14
sepultar* **(dos part.)** 3
ser 2
seranear 3
serenar 3
seriar 11
sermonar......................3
sermonear....................3
serpear 3
serpentear....................3
serpollar 3
serrar 23
serruchar......................3
servar 3
serviciar......................11
servir 53
sesear 3
sesgar 16
sesionar........................3
sestar 3
sestear 3
setenar 3
sextaferiar 11
sextavar.......................3
sextuplicar 14
sicoanalizar................15
sigilar 3
signar 3
significar 14
silabar 3
silabear 3
silabizar......................15
silbar 3
silenciar......................11
silgar 16
silogizar......................15
siluetar 3
siluetear 3
simbolizar 15
simetrizar 15
simpatizar 15
simplificar 14
simular 3
simultanear 3
sinalefar 3
sincerar 3
sincopar 3
sincopizar 15
sincronizar 15
sindicar 14
singar 16
singlar 3
singularizar 15
sinonimizar 15
sinterizar 15
sintetizar 15
sintonizar 15
sirgar 16
sisar 3
sisear 3
sistematizar 15
sitar 3
sitiar 11
situar 6
soalzar........................15
soasar 3
sobajar 3
sobajear........................3
sobar 3
sobarcar 14
soberanear 3
soberbiar....................11
sobornar 3
sobradar 3
sobrar 3
sobrasar 3
sobreabundar 3
sobreaguar 9
sobrealimentar 3
sobrealzar 15
sobreañadir..................5
sobrearar......................3
sobreasar......................3
sobrebarrer 4
sobrebeber 4
sobrecargar 16
sobrecartar 3
sobrecenar 3
sobrecoger 21
sobrecoser 4
sobrecrecer 52
sobrecurar....................3
sobredorar 3
sobreedificar..............14
sobreentender 39
sobreestimar 3
sobreexceder 4
sobreexcitar 3
sobreganar 3
sobregirar 3
sobrehilar 3
sobreimprimir..............5
sobrellavar 3
sobrellenar 3
sobrellevar 3
sobrenadar 3
sobrenaturalizar 15
sobrentender 39
sobrepasar 3
sobrepintarse 3
sobreponer 57
sobrepujar....................3
sobresalir 64
sobresaltar 3
sobresanar 3
sobresaturar 3
sobrescribir* **(part irreg.)** ..5
sobreseer 33
sobresembrar 23
sobresolar 32
sobrestimar 3
sobrevalorar 3
sobrevenir..................71
sobreverterse 39
sobrevestir 53
sobrevivir 5
sobrevolar..................32
sobrexceder 4
sobrexcitar 3
socaliñar 3
socalzar......................15
socapar 3
socarrar 3
socavar 3
socializar 15
socorrer........................4
sodomizar 15
sofaldar 3
sofisticar 14
soflamar 3
sofocar 14
sofreír* **(dos part.)** 61
sofrenar........................3
soguear 3
sojuzgar......................16
solacear........................3
solapar 3
solapear 3
solar 32
solazar........................15
soldar 32
solear 3

solemnizar 15
soler* **(defect.)**..............48
soletar 3
soletear 3
solevantar 3
solevar 3
solfear 3
solicitar 3
solidar 3
solidarizar 15
solidificar 14
soliloquiar 11
soliviantar 3
soliviar 11
sollamar 3
sollar 3
sollisparse 3
sollozar 15
solmenar 3
soltar* **(dos part.)**..........32
solucionar 3
solventar 3
solver 48
somarrar 3
somatar 3
sombrar 3
sombrear 3
someter 4
somorgujar 3
somormujar..................3
sompesar 3
sonajear........................3
sonar 32
sondar 3
sondear 3
sonetear 3
sonetizar 15
sonochar 3
sonorear 3
sonorizar 15
sonreír 61
sonrisar 3
sonrodarse 3
sonrojar 3
sonrojear 3
sonrosar 3
sonrosear 3
sonsacar 14
sonsañar 3
soñar 32
sopalancar..................14
sopapear 3
sopar 3
sopear 3
sopesar 3
sopetear 3
soplar 3
soplonear 3
soportar........................3
sopuntar 3
sorber 4
sornar 3
sorocharse 3
sorprender 4
sorrabar........................3
sorrapear......................3
sorregar......................83
sortear 3
sosañar 3
sosegar 83
soslayar 3
sospechar 3
sospesar 3
sostener......................68
sotanear 3
sotar 3
sotaventarse 3
sotaventearse 3
soterrar 23
sovietizar....................15
sponsorizar 15
suadir 5
suavizar......................15
subalternar 3
subarrendar................23
subastar........................3
subdelegar 16
subdistinguir 18
subdividir 5
subentender 4
suberificarse 14
subestimar 3
subintrar 3
subir 5
sublevar 3
sublimar 3
subministrar 3
subordinar 3
subrayar 3
subrogar 16
subsanar 3
subscribir* **(part. irreg.)** 5
subseguir 84
subsidiar 11
subsistir........................5
subsolar 3
substanciar 11
substantivar..................3
substituir* **(dos part.)**....44
substraer 69
subsumir 5
subtender* **(part. irreg.)**....39
subtitular......................3
subvencionar 3
subvenir 71
subvertir 66
subyacer 73
subyugar 16
succionar 3
suceder 4
sucintarse 3
sucumbir 5
sudar 3
suflar 3
sufocar 14
sufragar 16
sufrir 5
sugerir 66
sugestionar 3
suicidarse 3
sujetar* **(dos part.)**..........3
sulfatar 3
sulfurar 3
sumar 3
sumariar 11
sumergir 22
suministrar 3
sumir 5
supeditar 3
superabundar 3
superar 3
superentender 39
superponer 57
supervalorar 3
supervenir..................71
supervisar 3
suplantar 3
suplicar 14
suplir 5
suponer......................57
suportar........................3
suprimir* **(dos part.)** 5
supurar 3

suputar 3
surcar 14
surdir 5
surgir 22
surtir 5
suscitar 3
suscribir* **(part. irreg.)** 5
suspender* **(dos part.)** 4
suspirar 3
sustanciar 11
sustantivar 3
sustentar 3
sustituir* **(dos part.)** 44
sustraer 69
susurrar 3
sutilizar 15
suturar 3

T

tabalear 3
tabaquear 3
tabear 3
tabellar 3
tabicar 14
tablear 3
tabletear 3
tabular 3
tacanear 3
tacañear 3
tacar 14
tachar 3
tachonar 3
taconear 3
tafiletear 3
tagarotear 3
taguar 9
taimarse 10
tajar 3
taladrar 3
talar 3
talionar 3
tallar 3
tallecer 52
talonear 3
tambalear 3
tambar 3
tamborear 3
tamborilear 3
tamboritear 3
tamillear 3
tamizar 15
tanatear 3
tandear 3
tangalear 3
tangir 22
tanquear 3
tantear 3
tañar 3
tañer 67
tapar 3
taperujarse 3
tapialar 3
tapiar 11
tapirujarse 3
tapiscar 14
tapizar 15
taponar 3
tapujarse 3
taquear 3
taquigrafiar 13
taracear 3
tarar 3
tararear 3
tarascar 14
tarazar 15
tardar 3
tardear 3
tardecer **(unipers.)** 52
tarifar 3
tarjar 3
tarrascar 14
tartajear 3
tartalear 3
tartamudear 3
tartarizar 15
tasajear 3
tasar 3
tascar 14
tasquear 3
tastar 3
tatarear 3
tatemar 3
tatolear 3
tatuar 6
taucar 14
tazar 15
teatralizar 15
techar 3
teclear 3
tecnificar 14
tecolotear 3
tediar 11
tejar 3
tejer 4
teledirigir 22
telefonear 3
telegrafiar 13
televisar 3
temblar 23
temblequear 3
temblequetear 3
tembliquear 3
temblotear 3
temer 4
tempanar 3
temperar 3
tempestar 3
tempestear 3
templar 3
temporalizar 15
temporejar 3
temporizar 15
tenacear 3
tender 39
tener 68
tensar 3
tentalear 3
tentar 23
teñir* **(dos part.)** 30
teologizar 15
teorizar 15
tercerear 3
terciar 11
tergiversar 3
terminar 3
terquear 3
terraplenar 3
terrear 3
terrecer 52
tersar 3
tertuliar 11
tesar* **(dos part.)** 3
tesaurizar 15
tesorizar 15
testar 3
testarear 3
testificar 14
testiguar 9
testimoniar 11
tetar 3
texturizar 15
tibiar 11

tijeretear 3
tildar 3
tillar 3
timar 3
timbrar 3
timonear 3
timpanizarse 15
tincar 14
tindalizar 15
tinglar 3
tintar 3
tintinar 3
tintinear 3
tinturar 3
tipificar 14
tiramollar 3
tiranizar 15
tirantear 3
tirar 3
tiritar 3
tironear 3
tirotear 3
titar 3
titear 3
titilar 3
titiritar 3
titubar 3
titubear 3
titular 3
tizar 15
tiznar 3
tizonear 3
toar 3
tocar 14
toldar 3
tolerar 3
tollecer 52
toller 4
tollir 5
tomar 3
tonar **(unipers.)** 3
tonificar 14
tonsurar 3
tontear 3
topar 3
topear 3
topetar 3
toquetear 3
torcer* **(dos part.)** 76
torear 3
tormentar 3
tornar 3
tornasolar 3
tornear 3
torpecer 52
torpedear 3
torrar 3
torrear 3
tortear 3
torturar 3
toser 4
tosigar 16
tostar 32
totalizar 15
toxicar 14
tozar 15
trabajar 3
trabar 3
trabucar 14
tractorar 3
tractorear 3
traducir 31
traer 69
trafagar 16
traficar 14
tragar 16
tragonear 3
traicionar 3
traillar 7
trajear 3
trajinar 3
tramar 3
tramitar 3
tramontar 3
trampear 3
trancar 14
tranquear 3
tranquilar 3
tranquilizar 15
transar 3
transbordar 3
transcender 39
transcribir* **(part. irreg.)** ..5
transcurrir 5
transferir 66
transfigurar 3
transflorar 3
transflorear 3
transformar 3
transfregar 83
transfretar 3
transfundir 5
transgredir* **(defect.)** 86
transigir 22
transir* **(defect.)** 5
transitar 3
translimitar 3
translinear 3
transliterar 3
translucirse 47
transmigrar 3
transmitir 5
transmontar 3
transmudar 3
transmutar 3
transparentar 3
transpirar 3
transponer 57
transportar 3
transterminar 3
transubstanciar 11
transvasar 3
tranzar 15
trapacear 3
trapalear 3
trapazar 15
trapear 3
trapichear 3
trapisondear 3
traquear 3
traquetear 3
trasbocar 14
trasbordar 3
trascartarse 3
trascender 39
trascolar 32
trasconejarse 3
trascordarse 32
trascribir* **(part. irreg.)** 5
trascurrir 5
trasdoblar 3
trasdosear 3
trasechar 3
trasegar 83
traseñalar 3
trasferir 66
trasfigurar 3
trasflorar 3
trasflorear 3
trasformar 3
trasfregar 83
trasfretar 3
trasfundir 5

(50) tronar En la acepción 'sonar truenos' es unipers.

turrar 3
tusar 3
tutear............................3
tutelar 3
tutorar 3

U

ubicar 14
ufanarse 3
ulcerar..........................3
ultimar..........................3
ultrajar..........................3
ultrapasar 3
ulular............................3
umbralar 3
uncir 20
undular 3
ungir 22
unificar 14
uniformar 3
unimismar....................3
unir 5
unisonar 32
universalizar 15
univocarse 14
untar 3
uñar..............................3
uñir 5
upar..............................3
urajear..........................3
urbanizar....................15
urdir 5
urgir 22
usar 3
usucapir* (defect.)..........5
usufructuar 6
usurar 3
usurear 3
usurpar 3
utilizar........................15

V

vacar 14
vaciar (51) 13
vacilar 3
vacunar 3
vadear 3
vagabundear................3
vagamundear 3
vagar 16
vaguear 3
vahar 3
vahear 3
vaivenear 3
valer 70
validar 3
valladear 3
vallar 3
valonar 3
valorar..........................3
valorear 3
valorizar 15
valsar............................3
valuar 6
vanagloriarse 11
vanear 3
vanecerse 52
vaporar 3
vaporear 3
vaporizar....................15
vapular 3
vapulear 3
vaquear 3
varar 3
varear 3
varetear 3
variar 13
varraquear....................3
vastar............................3
vaticinar 3
vecindar 3
vedar 3
veer 4
vegetar 3
vejar 3
vejecer........................52
velar 3
velarizar 15
velicar 14
venadear 3
vencer 19
vendar 3
vender 4
vendimiar 11
veneficiar 11
venenar 3
venerar 3
vengar 16
venir 71
ventajear 3
ventanear 3
ventar (52) 23
ventear (53) 3
ventilar 3
ventiscar (unipers.)......14
ventisquear (unipers.) ..3
ventosear 3
ver 72
veranar 3
veranear 3
verbenear 3
verberar 3
verdear 3
verdecer 52
verdeguear 3
verguear 3
verificar......................14
verilear 3
verraquear 3
verruguetear 3
versar 3
versear 3
versificar 14
vertebrar 3
verter..........................39
vestir 53
vetar 3
vetear 3
vezar 15
viajar 3
viaticar 14
viborear........................3
vibrar............................3
vichear 3
viciar 11
victimar........................3

(51) **vaciar** Su acentuación vacila, en la lengua culta es más frecuente sin diptongo (*vacío*) y en la popular con diptongo (*vacio*)................................11
(52) **ventar** En la acepción 'soplar el viento' es unipers.
(53) **ventear** En la acepción 'soplar el viento' es unipers.

victorear 3
vidriar **(54)** 11
vigiar 13
vigilar 3
vigorar.......................... 3
vigorizar 15
vilecer 52
vilipendiar...................... 11
viltrotear 3
vincular 3
vindicar 14
violar 3
violentar 3
virar 3
virilizarse...................... 15
visar 3
visear 3
visibilizar...................... 15
visionar 3
visitar 3
vislumbrar....................... 3
vistear 3
visualizar....................... 15
vitalizar 15
vitar 3
vitorear 3
vitrificar 14
vituallar 3
vituperar 3
vivaquear 3
vivar 3
vivificar 14
vivir 5
vocalizar 15
vocear 3
vociferar 3
volar 32
volatilizar 15
volatizar 15
volcar 85
volear 3
voletear 3
volitar 3
volquearse 3
voltear 3
voltejear 3
volver* **(part. irreg.)** 48
vomitar 3
vosear 3
votar 3
voznar 3
vulcanizar 15
vulgarizar 15
vulnerar......................... 3

X

xerocopiar....................... 11
xerografiar 13

Y

yacer 73
yantar 3
yapar 3
yermar........................... 3
yodurar 3
yugular 3
yuntar 3
yuxtaponer 57

Z

zabordar 3
zabucar 14
zabullir 5
zabuquear........................ 3
zacear 3
zafar 3
zaherir 66
zahondar......................... 3
zahorar 3
zahoriar......................... 13
zalear 3
zallar 3
zamarrear 3
zamarronear 3
zambucar 14
zambullir........................ 49
zaminar 3
zampar 3
zampear 3
zampuzar 15
zancadillear..................... 3
zancajear........................ 3
zanganear 3
zangarrear 3
zangolotear 3
zangotear 3
zanjar 3
zanquear 3
zapar 3
zaparrastrar..................... 3
zapatear 3
zapear 3
zapuzar 15
zaquear 3
zarabutear 3
zaragutear 3
zarandar 3
zarandear 3
zarcear 3
zarpar 3
zarpear 3
zascandilear 3
zigzaguear....................... 3
zocatearse 3
zollipar 3
zonificar 14
zorzalear 3
zozobrar 3
zulacar 14
zulaquear 3
zullarse 3
zumacar 14
zumbar 3
zunchar 3
zuñir 5
zurcir 20
zurdear 3
zurear 3
zurrar 3
zurrarse 3
zurriagar 16
zurriar **(55)** 13
zurrir 5
zurruscarse 14
zuzar 15

---

(54) **vidriar** Su acentuación vacila, aunque es más frecuente sin diptongo (*vidrío*), también lo podemos encontrar con diptongo (*vidrio*) 11

(55) **zurriar** Su acentuación vacila, aunque es más frecuente sin diptongo (*vidrío*), también lo podemos encontrar con diptongo (*vidrio*) 11